El elefante de Shakespeare

en la Inglaterra más oscura

Wes Jamroz

Troubadour Publications

El elefante de Shakespeare
en la Inglaterra más oscura

Titulo original: *Shakespeare's Elephant in Darkest England*

© De la traducción: *Carmen Liaño*

Diseño portada: *Pablo Conde*

Montreal, QC, Canada

TroubadourPubs@aol.com
http://www.troubadourpublications

ISBN: 978-1-928060-05-5

ÍNDICE

4

EL ELEFANTE

Un elefante de una troupe ambulante se hallaba en un establo de una ciudad en la que nadie había visto antes a semejante paquidermo.

Los habitantes estaban ansiosos de ver el elefante. Los más curiosos, al enterarse de la oculta maravilla, corrieron como locos para contemplarlo. Al llegar al establo descubrieron que no había luz y, por tanto, su investigación se realizó en la oscuridad. Como ni siquiera sabían qué forma tenía el animal, palparon a su alrededor, obteniendo información tocando algunas de sus partes. Cada uno pensó que sabía algo, porque podía tocar una parte. Cuando volvieron con sus conciudadanos, ávidos grupos se arremolinaron a su alrededor, preguntando sobre la forma, el aspecto y la naturaleza del elefante, y escucharon lo que les contaban.

El hombre cuya mano había alcanzado la oreja dijo:

—Es una cosa grande, basta y ancha, como una alfombra.

El que había tocado la trompa dijo:

—Yo tengo los auténticos datos. Es como una tubería estrecha y hueca, terrible y destructiva.

El que había palpado los pies y las patas dijo:

—Es poderoso y firme, como una columna.

El cuarto, que había puesto la mano sobre el lomo, dijo que los demás se equivocaban porque era como una especie de trono. Cada uno había tocado una parte entre muchas. Nadie podía hacerse la imagen completa y sólo podían referirse a la parte que habían palpado en términos de cosas que ya conocían. Todos estaban convencidos de tener razón; los demás ciudadanos no podían entender lo que había ocurrido y la experiencia por la que habían pasado los investigadores. El resultado de la empresa fue la confusión.[1]

---

[1] Este cuento se incluye en el *Mathnawi* de Jalaluddin Rumi. La presente versión se ha adaptado de *Tales of the Dervishes* de Idries Shah (Octagon Press, Londres, 1967)

***

Jalaluddin Rumi, poeta persa del siglo XIII, explica que esta fábula se usa para ilustrar las limitaciones de los sentidos y facultades ordinarios del hombre. Es decir, hay ciertas experiencias que no pueden comprenderse hasta que se desarrollan facultades de la mente más sutiles:

«La forma de percepción sensorial es la de los asnos. ... Junto a los cinco sentidos físicos hay otros cinco espirituales: éstos son como oro rojo mientras aquéllos son como cobre».

(*Mathnawi, libro 2*)[2]

El elefante del cuento representa simbólicamente una gama de dichas experiencias sutiles. El propósito fundamental de la troupe ambulante era mostrar a los ciudadanos sus limitaciones y ayudarles a acceder a estos medios de percepción más sutiles.

***

Una troupe ambulante similar llegó con su exhibición a la Inglaterra más oscura a finales del siglo XVI, trayendo un *elefante* de una remota estepa de la India que se hallaba dentro de una tienda. El líder de la troupe era un apuesto joven, hijo de un rey de la India. El propósito de su llegada era el mismo que describía Jalaluddin Rumi: exponer al hombre a impactos que estimularan capas sutiles de la mente y darle una oportunidad de alcanzar experiencias más allá de los reflejos emocionales o intelectuales.

Igual que en la fábula de Rumi, muchos curiosos e impacientes se acercaron al «elefante», es decir, a una experiencia desconocida para ellos. El joven príncipe estaba cerca de la tienda y observaba a los que intentaban descubrir qué era el elefante, ninguno de los cuales le prestó la más mínima atención. No se dieron cuenta de que, sin

---

[2] *Shakespeare's Sequel to Rumi's Teaching*, W. Jamroz, Troubadour Publications (2015). Traducción española: *Rumi y Shakespeare*, Editorial Sufi.

la ayuda del príncipe, no tenían ninguna posibilidad de experimentar el elefante. Pero un hombre entre todos los visitantes se fijó en el joven. Este hombre era un poeta. En lugar de adentrarse corriendo en la tienda, se acercó al chico. En ese momento, el poeta no sabía que el viaje del príncipe a Inglaterra se había organizado para encontrase con él. El poeta y el príncipe se hicieron muy amigos. Fue el príncipe quien le dijo al poeta que malgastaba su tiempo y su talento en actividades inútiles y escritos sin sentido.

Más tarde, el poeta describió los encuentros con el príncipe en sus sonetos, que son un registro de sus interacciones, es decir, en los sonetos hay dos voces[3]. Primero oímos al príncipe, durante los primeros dieciséis sonetos, que apela a la conciencia del poeta señalando cómo desperdicia su vida y sus escritos. Luego escuchamos la reacción del poeta. A continuación se ve el intercambio de argumentos entre ambos. Por ejemplo, en el soneto 2, el príncipe se dirige así al poeta:

Cuando cuarenta inviernos asedien tu frente,
Y excaven profundos surcos en el campo de tu belleza,
El glorioso atavío de tu juventud, tan admirado ahora,
Será un andrajoso trapo de muy poco valor.
Cuando te pregunten dónde está toda tu belleza,
Dónde está el tesoro de tus días de pasión,
Decir que se hallan en tus ojos tan hundidos
Sería una profunda vergüenza y un alarde inútil.
Si pudieras responder: este hermoso hijo mío
Saldará mi cuenta y excusará mi vejez,
Demostrarías que su belleza la hereda de ti.
Te hará renacer cuando seas viejo,
Y tu sangre se calentará cuando la sientas fría.

---

[3] *Shakespeare's Sonnets or How heavy do I journey on the way*, W. Jamroz, Troubadour Publications (2014). Traducción española: *Shakespeare y su maestro. Los sonetos*, Editorial Sufí.

En este soneto el príncipe dice al poeta que tiene un increíble potencial de desarrollo evolutivo, pero que hay un plazo límite en el que puede progresar, al que se refiere como «cuarenta inviernos». Tras vivir cuarenta estaciones ociosas el poeta verá cómo las arrugas estropean su bello rostro, del que tan orgulloso está ahora y que se convertirá, dice el príncipe, en un trapo carente de valor. Luego, continúa el príncipe, se le preguntará qué ha pasado con su belleza y dónde están los tesoros de su juventud y el poeta tendrá que contestar que lo malgastó todo en actividades inútiles y alabanzas despreciables. En este contexto, la belleza significa el ser interior del poeta que permanece en estado latente. Cuánto más valioso sería, argumenta el príncipe, si contestara que sus esfuerzos condujeron a un testimonio perdurable del uso adecuado de su talento. El príncipe concluye que este «hijo», el ser interior inmortal, sobrevivirá cuando haya muerto el cuerpo del poeta y lo convertirá en un hombre nuevo.

El soneto 17 es la primera reacción del poeta a las apelaciones del príncipe:

¿Quién creerá mis versos en el futuro,
Si estuvieran llenos de tus más altas excelencias?
Aunque el cielo sabe que no es más que una tumba
Que esconde tu vida y no muestra ni la mitad de tus cualidades:
Si pudiera escribir la belleza de tus ojos
Y con números nuevos numerar todas tus gracias,
El tiempo venidero diría que este poeta miente,
Tan celestiales toques jamás rozaron rostros terrestres.
Así mis escritos (amarilleando con la edad)
Serían despreciados como ancianos con menos verdad que lengua,
Y tus verdaderas facultades calificadas de locura del poeta
Y exagerada métrica de una canción antigua.
Pero si algún hijo tuyo viviera en esa época
Vivirías dos veces, en él y en mis rimas.

El poeta pretende retratar al príncipe pero se da cuenta de que, si lo hace, los lectores no entenderán sus versos. No podrá describir al príncipe, su función y su capacidad de una manera suficientemente convincente. Si lo intenta y escribe versos detallando los maravillosos atributos del príncipe, los lectores le acusarán de mentir, diciendo que ningún ser humano es tan divino. La poesía se despreciará, como a viejos que parlotean sin decir nada sustancioso: la descripción del papel del príncipe y su función se descartará por ser una locura. El poeta teme que sus versos se perciban como una exagerada fantasía, no obstante, espera que los lectores del futuro los comprendan preservando, así, la enseñanza del príncipe.

Parece que el poeta sabía, desde el principio, que la comprensión de sus sonetos y obras de teatro llevaría mucho tiempo.

***

El príncipe concedió al poeta muchas visitas a la tienda y, gracias a la *luz* que suministraba el príncipe, el poeta pudo reconocer gradualmente la naturaleza del *elefante*. Más tarde, el poeta usaría a Berowne, un personaje de *Trabajos de amor perdidos* para explicar la búsqueda del elefante:

«Estudiar dolorosamente un libro, buscar la luz de la verdad mientras la verdad ciega falsamente a la vista: luz que busca luz engaña a la luz de la luz, de forma que antes de que encontréis dónde está la luz en la oscuridad, vuestra luz se oscurece por la pérdida de vuestros ojos. Estudiad cómo complacer al ojo fijándolo en un ojo más bello que, deslumbrando, captará su atención y le dará la luz con la que fue cegado. Ese estudio es como el glorioso sol del cielo que no permite que las miradas impertinentes le observen en profundidad».
(*Trabajos de amor perdidos*, I.1)

El poeta afirma que la sabiduría (*la luz de la verdad*) no se aprende de un libro porque es incomprensible para el intelecto ordinario *(ciega falsamente a la vista)*. Se necesita un ojo interior *(luz que busca luz)* porque al intelecto le ofusca la verdad *(engaña a la luz de la luz)*, de modo que antes de averiguar dónde se esconde la sabiduría *(dónde está la luz en la oscuridad)* el ojo interior ha de trascender sus facultades ordinarias *(por la pérdida de vuestros ojos)*. Por tanto, aconseja el poeta, hay que acercarse a la sabiduría centrando la atención en el guía *(fijándolo en un ojo más bello)* que es como una estrella deslumbrante que el ojo interior puede reconocer *(captará su atención)*. Entonces, el guía transmitirá la sabiduría oculta *(le dará la luz con la que fue cegado)*. Este estudio, concluye el poeta, es como mirar al glorioso sol del cielo que no se deja penetrar por ojos arrogantes *(no permite que las miradas impertinentes le observen en profundidad)*.

La meditación de Berowne es la versión condensada de Shakespeare del cuento del elefante en la oscuridad.

✳✳✳

El poeta dedicó sus obras a ilustrar sus encuentros con el *elefante*, su esencia y el desarrollo gradual de un conjunto de experiencias originalmente simples a unas más avanzadas. Cuando se publicaron sus obras de teatro muchos investigadores intentaron explicar el significado de esta última descripción del elefante, intentando resolver su enigma mediante el razonamiento. No se percataron de que semejante enfoque intelectual no podía tener éxito. Los investigadores intentaban dar una explicación de este fenómeno curioso e incomprensible para ellos desde la «oscuridad» de su intelecto y razón ordinarios. Tal enfoque es tan infructuoso como intentar explicar la mecánica cuántica usando las leyes de la mecánica clásica. Nadie podía hacerse una imagen completa y la parte que cada uno sentía sólo podía referirla en términos de lo que ya conocía. Todos imaginaban algo, algo fragmentario. No obstante, cada investigador creía estar en lo cierto.

Los investigadores creyeron que bastaba con prestar atención a la tienda en la que se guardaba al supuesto elefante. Estudiaron la forma externa de la tienda, sus colores y tela. De hecho, en las paredes exteriores había imágenes de batallas históricas y de diversas escenas cómicas y trágicas. No se dieron cuenta de que tales imágenes no eran sino las sombras del contenido interior de la tienda. Supusieron que todo lo que había estaba expuesto en el exterior de la tienda. «Resultaría estúpido y contrario a nuestra conciencia erudita» dijeron «tan siquiera pensar en la existencia de ningún tipo de elefante». No sabían que había una puerta que conducía al interior de la tienda.

- Algunos investigadores decidieron que la naturaleza del elefante podía explicarse tratando las imágenes desde la perspectiva de los campos de investigación intelectuales, como la psicología, el psicoanálisis, el estructuralismo, el historicismo, las teorías postcoloniales, la moralidad, el pacifismo, el feminismo, etcétera, etcétera. Y cada vez hay más áreas de erudición que se inventan continuamente y se añaden a la lista.

- Otros grupos afirmaban que la forma del elefante podía deducirse de las imágenes empleando diversos métodos estadísticos, de estilo y métrica. Con ordenadores y sofisticados algoritmos, concluyeron que la tienda la habían decorado varios diseñadores y, entonces, intentaron identificarlos.

- Algunos de los investigadores creían que los detalles de la anatomía del elefante sólo podían entenderse mediante un uso muy sofisticado de códigos tediosos y secretos basados en fragmentos de antiguas leyendas y misterios.

- Algunos pensaban que el diseño de la tienda era un signo de extraordinarios logros humanos, cognitivos, estéticos e incluso espirituales. Pero su naturaleza era impenetrable para sus mentes.

- Otros sugerían que el elefante se componía casi exclusivamente del debate teológico entre diversas sectas religiosas. Algunos de ellos insistían en que la tienda también contenía un proyecto de intriga política o una especie de propaganda del gobierno.

- A otros no les satisfacían estas explicaciones por lo que hicieron una propuesta para desacreditar todas las características del elefante previamente reivindicadas. Aseveraban que el elefante encerraba el registro biográfico de la vida de alguien.

- Y aún entró en escena otro grupo que afirmaba que cuanto se había propuesto hasta el momento no era más que tonterías. Sólo una persona desplazada, un inmigrante que añoraba su tierra natal, podría experimentar la profundidad de sentimiento del elefante.

Todas estas declaraciones animaron a muchos a exponer sus propias ideas. Todos argüían con vehemencia que eran los únicos capaces de comprender el auténtico significado del elefante. Todos estos enfoques han llevado la discusión a un nivel tal que incita a los ciudadanos con tendencia a argumentar para que manifiesten sus propios gustos y disgustos sobre la idea del elefante. Y no hay indicios de que la disputa vaya a resolverse en breve. El intelecto ordinario es de un modo que si se menciona la palabra *elefante*, percibirá simplemente un elefante, independientemente de cuál sea la realidad de dicha experiencia.

***

Mientras tanto los lectores y espectadores han disfrutado de las obras. Intuitivamente han reconocido que eran extrañamente relevantes para sus vidas. Las obras han provocado una sed de un conocimiento desconocido pero importante. Dicha sed es ahora más grande que nunca.

***

Durante unos cuatrocientos años, los guardianes del elefante han estado observando pacientemente estas sorprendentes, aunque predecibles, reacciones. Los guardianes provocaron intencionadamente tal situación porque era la forma más eficiente de demostrar las limitaciones de la razón e intelecto ordinarios. Sabían que se tardarían cientos de años antes de que la mente humana pudiera responder constructivamente al impacto administrado del *elefante*. Llegaría un momento en el que el hombre comprendería que debía haber formas más eficaces de abordar al elefante. Entonces, todos los hechos e indicaciones descubiertos previamente –excluyendo los que eran simplemente productos de la imaginación motivados por el egoísmo y las creencias tendenciosas– empezarían a conformar una imagen única y coherente del elefante. En ese momento los guardianes del elefante proporcionarían más pistas que combinarían el hecho de darse cuenta de las limitaciones con la sed de conocimiento ignoto, lo que llevaría a un entendimiento gradual de conceptos como la evolución de la mente humana, la relación entre macrocosmos y microcosmos y la relatividad del tiempo y la existencia. Esta comprensión señalaría el comienzo de un nuevo milenio espiritual.

INTRODUCCIÓN

Una fascinante narrativa se esconde en las obras de teatro de Shakespeare[4], consistente en 37 capítulos presentados en sus 37 dramas, lo que significa que todos ellos están enlazados mediante una sutil señal sobreimpuesta en los argumentos. Shakespeare se refiere a ella como la «música que no se puede oír». Para discernir el cuento de Shakespeare, los lectores deben reconocer y seguir esa música no audible, pero sólo ocurre ocasionalmente y durante breves instantes:

«Esta música se deslizó junto a mí sobre las aguas, calmando tanto su furia como mi pasión con su dulce melodía: desde allí la he seguido o más bien ella me ha traído. Pero se ha marchado. No, vuelve a comenzar». (*La tempestad*, I.2)

Mientras los lectores se acerquen a las obras con ideas preconcebidas, enfoques favoritos u opiniones personales preferidas, la «música» permanece imperceptible. Es decir, la narrativa no se puede percibir con la mente racional o el intelecto especulativo. O, como expresaba el perceptivo Lorenzo en *El mercader de Venecia*:

«Pero mientras esta fangosa vestidura de descomposición la encierra burdamente, no podemos oírla».
(*El mercader de Venecia*, V.1)

El propósito de este tipo de presentación literaria es darle la oportunidad al hombre para intentar alcanzar experiencias que sobrepasan las percepciones de la mente ordinaria. Tan

---

[4] La narrativa que aquí se presenta se ha extraído de los cuatro volúmenes publicados de *Shakespeare for the Seeker*, W. Jamroz, Troubadour Publications, (traducción española: *Shakespeare para el buscador*, Editorial Sufi) cuyo ampliado análisis permite desvelar otra capa del cuento de Shakespeare. Desde esta perspectiva, como si se alejara la lente de la cámara, pueden discernirse en sus obras nuevas vistas, formas y estructuras.

constructivo impacto se transmite incorporando capas sutiles de la mente humana como personajes de las obras. A medida que se familiariza con estas relaciones mentales ilustrativas, la persona puede aprender cosas que, de otro modo, le costarían años de observación y estudio interior. Así se expone al hombre a impactos que estimulan las capas sutiles de la mente. Semejante función de los dramas se indicaba en una instrucción incluida en el Primer Folio, la primera colección de obras de teatro de Shakespeare impresa en 1623. La instrucción decía:

«Leedle, pues, una y otra vez. Y si entonces no os gusta, sin duda os halláis en peligro manifiesto de no entenderle. Y así os dejamos con otros de sus Amigos que, si lo necesitáis, pueden ser vuestros guías: si no lo necesitáis, os podéis guiar vosotros mismos y a otros. Y tales lectores le deseamos».

Leyendo y releyendo las obras se puede discernir su contenido interior. No obstante, la instrucción da a entender que tener «Amigos» como guías podría ayudar a desentrañar el sentido interno de las obras de Shakespeare. Los custodios del *elefante*, como el príncipe indio, son esos Amigos.

Como es arriba, así es abajo

Las obras de Shakespeare están diseñadas siguiendo la fórmula «como es arriba, así es abajo», según la cual una estructura más avanzada sirve de plantilla a una inferior. El universo físico, el cuerpo humano, la mente, la materia espiritual y la esencia espiritual representan, consecutivamente, sustancias de mayor grado de refinamiento. El universo, con sus estrellas, galaxias y planetas es la morada de las sustancias materiales. La mente habita en el cuerpo humano y en la mente habitan la esencia y materia espirituales. En otras palabras, el universo físico es un reflejo de la mente humana. El descubrimiento de nuevas galaxias es una proyección del desarrollo de estados mentales más elevados que estaban latentes antes de su activación.

El desarrollo de la mente es el foco de la fase más reciente de la evolución humana. La evolución ha sido dirigida y sigue siendo guiada, estimulada o frenada para alinearse con un plan universal, según el cual la humanidad evoluciona hacia cierto destino. Durante los últimos diez mil años a la humanidad se le ha dado la posibilidad de evolucionar conscientemente. De hecho, el futuro de la humanidad depende de este reciente y selecto proceso. Como parte de la actual fase evolutiva, el organismo humano está produciendo un nuevo conjunto de facultades interiores o, como las denomina Rumi, sentidos espirituales, que están relacionados con trascender el tiempo y la existencia. Brotes esporádicos y ocasionales de poderes telepáticos o proféticos son las muestras iniciales del funcionamiento de dichas facultades.

La evolución se lleva a cabo mediante una sucesión de energías evolutivas que se han hecho disponibles en la Tierra en distintos momentos de la historia planetaria. Para ilustrar simbólicamente sus efectos pueden describirse como un espectro de siete modos secuenciales: el constructivo, el vital, el sensitivo, el consciente, el creativo, el unitivo y el supracognitivo que se activaron sucesivamente. Cada modo energético tenía un potencial de desarrollo superior al anterior.

La activación de la energía constructiva produjo la formación del mundo mineral. Esta energía era necesaria para el desarrollo del cuerpo físico humano.

Después se activó la energía vital que desencadenó el desarrollo de los sentidos físicos del hombre cuya función principal era la subsistencia.

El siguiente modo de energía evolutiva, la sensitiva, permitió la formación de las facultades ordinarias: ego, corazón e intelecto que constituyen el alma humana ordinaria, es decir, no refinada. Los atributos de la facultad ego son la supervivencia, así como el deseo y la búsqueda de placer, las ambiciones, la propia importancia y la codicia. Tener sentimientos de amor y odio, mostrar valentía o cobardía, formar una intención y llevar a cabo una determinada acción son características de la facultad corazón. La comprensión y el conocimiento, la capacidad de percibir, de recordar cosas del pasado y planificar para el futuro son cualidades que se atribuyen a la facultad intelecto. En su forma ordinaria, el corazón y el intelecto se hallan bajo el control de la facultad ego y se emplean para satisfacer la supervivencia física, la codicia y la sensualidad del hombre.

El siguiente modo de energías evolutivas, la energía consciente, condujo a la aparición del hombre racional con su intelecto y razón. Esta energía es necesaria para la correcta alineación (reforma) de las facultades ordinarias de la persona, es decir, cuando el intelecto y el corazón pueden dominar a la facultad ego. En este punto, el ser humano se enfrentó a su mayor reto: la evolución consciente.

La posición de las facultades ordinarias en el cuerpo humano está precisamente determinada. La facultad ego infiltra todo el cuerpo pero está firmemente enraizada en el hígado; la facultad corazón está presente por todo el cuerpo pero se arraiga en el corazón físico; y la facultad intelecto también impregna el cuerpo entero pero se asienta firmemente en el cerebro. El duque Orsino, un personaje de *Noche de epifanía*, se refiere al hígado, el corazón y el cerebro como «esos tronos soberanos». Define el resultado de la correcta alineación de facultades manifiestas como la aparición de «un ser rey»:

> «¡Cómo amará cuando la rica flecha de oro haya matado al rebaño de los otros afectos que en ella viven; cuando el hígado, el cerebro y el corazón, estos tronos soberanos, se hallen todos provistos y sus dulces perfecciones estén llenas de un ser rey!»
> (*Noche de epifanía*, I.1)

A la liberación de energía consciente le siguió la descarga de energía creativa, que proporcionó al hombre la posibilidad de activar capas sutiles de las facultades corazón e intelecto (purificación). Sir John Falstaff en *Enrique IV* da una poderosa descripción de la purificación de las facultades intelecto y corazón. Shakespeare usa la palabra «jerez» (vino) para representar a la energía creativa. El proceso de purificación se compara al efecto del jerez en el ser interior de un hombre («este pequeño reino»):

> «Un buen vino de jerez produce un doble efecto. Primero, asciende hasta el cerebro y seca todas las nieblas estúpidas, sosas y coaguladas que lo envuelven. Vuelve al cerebro agudo, rápido e inventivo; repleto de ideas ágiles, fogosas y bellas que, comunicadas a la voz y la lengua, nacen y se transforman en excelente ingenio. La segunda propiedad del buen vino es calentar la sangre. Antes del vino, la sangre está fría y aletargada lo cual hace que el hígado, órgano de la pasión, se encuentre blanco y pálido, signo de cobardía y pusilanimidad. Pero el vino calienta la sangre y la hace circular desde el interior a las extremidades. La sangre ilumina el rostro que, como un faro, avisa al resto de este pequeño reino, el hombre, para que tome

las armas. Entonces los plebeyos vitales y los espíritus menores internos se agrupan tras su capitán: el corazón. El corazón crecido y ufano debido a sus seguidores puede realizar cualquier acto valeroso. Tal es el coraje que proviene del vino».
(*Enrique IV, parte 2*, IV.3)

Shakespeare indica que exponiendo sus facultades ordinarias (cerebro, corazón e hígado) a la energía creativa, una persona sombría se vuelve alegre, un cobarde se hace valiente y un ignorante se torna inteligente.

La energía unitiva del amor es la segunda más elevada disponible en la galaxia. Esta energía es necesaria para fusionar (unir) las capas purificadas del intelecto y el corazón que pueden entonces transmutarse en un nuevo órgano de percepción, al que a veces se denomina alma angélica. Permite al hombre percibir y funcionar de acuerdo con los requisitos del Dominio, es decir, fuera de las limitaciones espaciotemporales ordinarias. El órgano de percepción interior ya existía en la eternidad y se requería que se hiciera realidad en el tiempo. Aunque está latente desde que el humano emergió de sus ancestros primates, es un órgano de experiencia que sólo ha estado activo intermitentemente en ciertos individuos excepcionales. El hombre lo heredará algún día como parte de su experiencia total. El Duque mayor en *Como gustéis* se refiere al órgano como esa joya preciosa escondida en la cabeza de un sapo feo y venenoso:

«Dulces son los usos de la adversidad que, como el sapo, feo y venenoso, lleva una preciosa joya en su cabeza».
(*Como gustéis*, II.1)

El hombre ordinario es como un feo sapo que lleva dentro un increíble potencial.

La energía supracognitiva es la más elevada disponible en la galaxia. Actúa como catalizador necesario para la activación del órgano de percepción interior. Shakespeare se refiere al funcionamiento de la percepción supracognitiva como «música que no se puede oír». Este es el comentario del Bufón en *Otelo*:

> «Si tenéis alguna música que no se pueda oír, tocadla de nuevo, pero en cuanto a escuchar música, al general no le importa mucho». (*Otelo*, III.1)

Cada nuevo modo de energía evolutiva se hizo disponible mientras el hombre aún se estaba esforzando por asimilar los anteriores. Por ello, el hombre moderno se ha enfrentado al muy difícil reto de adaptarse a estas potencialidades evolutivas que se le han ofrecido. Los escritos de Shakespeare están diseñados para ayudar a superar este reto.

La estructura de la mente

El universo físico es un reflejo de la mente humana, por lo tanto se puede usar la estructura cósmica general para desvelar las capas internas de la mente.

El Absoluto emana una matriz cósmica que contiene un plan para la evolución de la humanidad. Esta matriz, que es como el ADN de la mente humana, hay que absorberla, digerirla y emularla. Los elementos de la matriz se codifican en rayos de creación que se filtran a través de los diversos estratos cósmicos hasta que llegan al nivel más bajo, el del hombre corriente, proporcionándole así una escalera evolutiva. Subiéndola, el hombre puede ascender de su estado animal ordinario y dirigirse al Absoluto.

El nivel inmediatamente inferior al Absoluto se describe como el Dominio, que es el nivel superior de la cadena de transmisión. Por debajo de él hay una estructura de múltiples niveles que se compone de mundos elevados, intermedios y el mundo físico que se corresponden con las diversas capas de la mente humana.

Shakespeare incluyó la historia de Labán del Génesis para ilustrar el funcionamiento de la cadena de transmisión evolutiva. Shylock la cita en *El mercader de Venecia*:

«Cuando Labán y él acordaron que todos los corderos que nacieran moteados o con rayas serían el salario de Jacob, y las ovejas, al final del otoño, fueron en busca de los machos, y la obra de reproducción de estos lanudos animales estaba teniendo lugar, el hábil pastor peló ciertas ramas y, mientras se reproducían, las ponía ante las ovejas en celo que concibieron y en la época de parir, dieron corderos de varios colores, y esos fueron para Jacob». (*El mercader de Venecia*, I.3)

En esta historia, Jacob usa ramas parcialmente peladas que coloca ante las ovejas y, en consecuencia, éstas paren corderos de varios tonos los cuales, según su contrato con Labán, eran propiedad de Jacob. Podemos reconocer que un ángel (que inspiró a Jacob en la historia original), Jacob, las ovejas en celo y los corderos representan el Dominio y los tres niveles de la cadena evolutiva, es decir, el mundo superior, el intermedio y el físico. Las ramas peladas representan una matriz evolutiva proyectada desde el Dominio. De acuerdo con la voluntad del Absoluto, esta matriz debe ejecutarse en el mundo físico, el del hombre corriente. La matriz (el dibujo a cuadros de las ramas peladas) se filtra desde el Dominio (el ángel) a través del mundo superior (Jacob) y el intermedio (las ovejas preñadas) hasta que llega al mundo del hombre ordinario (los corderos). Así se hace realidad la voluntad del Absoluto entre los hombres ordinarios.

En esta estructura jerárquica las facultades ordinarias del hombre constituyen el mundo más bajo, es decir, el estado mental ordinario. El comportamiento de un ser humano normal está determinado por sus necesidades de supervivencia y por los deseos de su facultad ego. Semejante conducta no desarrollada socava y contamina el funcionamiento adecuado del corazón y el intelecto. En tal etapa subdesarrollada el hombre no puede usar la vida plenamente; podría decirse que está dormido.

El ser humano puede «despertarse» realizando esfuerzos conscientes para activar las capas sutiles de la mente y, de ese modo, reformar y purificar las facultades ordinarias, lo que le permite empezar a subir la escalera evolutiva.

La primera etapa del desarrollo es la de reforma: el correcto alineamiento de las facultades ordinarias. La reforma es un proceso que consta de dos etapas. La primera se consigue cuando la facultad intelecto controla al corazón y al ego. La segunda requiere que el intelecto controle al corazón, y el corazón gobierne al ego. La combinación de estas dos formas de control lleva a la aparición del primer escalón de la escalera evolutiva: el hombre puede entrar en el mundo intermedio.

Tomemos una antigua parábola para explicar la función de la alineación adecuada de las facultades ordinarias. En esta parábola la estructura mental interna se compara a un carro. Un conductor se sienta en él y un caballo lo mueve[5]. El carro representa a la facultad ego, la forma externa que permite al conductor desplazarse hacia su objetivo. El caballo, que es la fuerza motriz que permite realizar una intención y llevar a cabo una acción determinada, representa la facultad corazón. El conductor representa a la facultad intelecto la cual, de una manera superior, percibe el propósito y la viabilidad de la situación y posibilita que el carro avance y consiga su objetivo. Cada uno de los tres, por sí solo, podría cumplir su limitada función, pero la función combinada de alcanzar su destino no puede realizarse si las tres facultades no están correctamente alineadas. En *Julio César* Shakespeare usa al triunvirato romano para ilustrar la función de las facultades reformadas. El triunvirato lo forman César Octavio, Marco Antonio y Lépido. Octavio representa el papel de auriga y su función es preparar la necesaria estructura de desarrollo. Marco Antonio ilustra un aspecto de la facultad corazón y Lépido uno de la facultad ego. El triunvirato, como el carro, proporciona la disposición básica necesaria para iniciar el proceso evolutivo.

Las facultades intelecto y corazón no son homogéneas, tiene una estructura de múltiples capas que puede desplegarse, capa a capa, durante el proceso de purificación. Es comparable a la fisión de los orbitales atómicos. En su forma natural, los orbitales permanecen degenerados pero cuando se exponen a un campo magnético fuerte, pueden dividirse en varios subniveles.

Estas facultades interiores o sutiles están entrelazadas. Quiere decir que están vinculadas entre sí aunque cada una de ellas esté

---

[5] Esta versión de la parábola se ha adaptado de *Tales of the Dervishes* de Idries Shah.

expuesta a experiencias distintas. De ese modo se puede acelerar mucho el proceso: la reforma y la purificación se pueden realizar en paralelo. En *La comedia de los errores* Shakespeare usa a los gemelos Antífolos para ilustrar esa parte del proceso. Los gemelos representan dos capas del intelecto. Así describe Egeón su nacimiento:

«No llevaba mucho tiempo allí cuando se convirtió en la feliz madre de dos niños. Era extraño: se parecían tanto que la única forma de distinguirlos era por sus nombres».
(*La comedia de los errores*, I.1)

Los gemelos de Egeón están entrelazados, lo que significa que esas dos capas del intelecto están ligadas aunque tengan experiencias distintas por hallarse en lugares, entornos o dimensiones temporales diferentes.

La unión de las facultades sutiles lleva a la formación de un nuevo órgano de percepción supracognitiva que conduce al hombre al Dominio. Entonces es cuando el hombre, como Pericles en *Pericles, príncipe de Tiro*, se convierte en «el maestro de la música»:

«Señor, sois el maestro de la música».
(*Pericles, príncipe de Tiro*, II.5)

Es decir, un hombre así puede tocar «música que no se puede oír». En la práctica significa que puede volver sobre las diversas etapas de la escalera de transmisión evolutiva y acceder al Dominio. De este modo supera las limitaciones del tiempo y el espacio y adquiere permanencia. Puede decirse que en este punto consigue un alma angélica, es decir «este hermoso hijo mío» mencionado en el soneto 2.

La matriz cósmica evolutiva

Podemos considerar el Dominio como una plantilla del «cielo», plantilla que puede lograrse mediante la activación de estados mentales más elevados. No obstante, Shakespeare indica que la plantilla evolutiva o matriz cósmica no es estática; está viva. Cambia según el progreso evolutivo de la mente humana. Cada importante avance espiritual en el nivel del hombre ordinario está señalado por un cambio en la matriz cósmica. El proceso evolutivo se ejecuta mediante tan gradual progreso.

Las distintas formas de matrices cósmicas pueden representarse con diagramas geométricos, que son ilustraciones simplificadas de la estructura interna de la mente. Para describir la secuencia del progreso evolutivo se usan un triángulo, un cuadrado, un octógono y un eneágono. Esta secuencia de diagramas geométricos es la base sobre la que se construyen los dramas de Shakespeare. En la primera etapa debe desarrollarse una estructura interior con forma de triángulo. Esto corresponde a un carro. Una estructura triangular así alineada permite absorber un impulso de energía evolutiva. De este modo se transforma el «carro» en una tríada evolutiva, es decir, portadora de energía evolutiva. Por ejemplo, una transformación de ese tipo se describe en *Antonio y Cleopatra* donde el triunvirato romano se cambia por una tríada compuesta por Octavio, Marco Antonio y Octavia, la hermana de Octavio que representa un impulso de energía unitiva. En palabras de Octavio, Octavia es «el cemento de nuestro amor»:

«...la pieza de virtud colocada entre nosotros como cemento de nuestro amor». (*Antonio y Cleopatra*, III.2)

Esta tríada es una forma más elevada que el triunvirato romano.

Durante la siguiente fase del proceso una de las dos facultades, corazón o intelecto, se divide en dos capas sutiles. Gráficamente puede presentarse como la transformación de un triángulo en un cuadrado: una tríada evoluciona a un cuarteto espiritual. La nueva estructura es capaz de absorber dos impulsos. Shakespeare representa el cuarteto como dos parejas que se casan a la vez. Esta fase del proceso suele tener lugar durante el destierro, es decir, cuando una persona se ve forzada a abandonar su entorno y actividades rutinarias normales. Por ejemplo, la escena final de *Los dos hidalgos de Verona* describe la formación de un cuarteto espiritual en un bosque cercano a Mantua: Silvia con Valentín y Julia con Proteo forman un cuarteto de la facultad corazón. Así lo resume Valentín:

«Una fiesta, una casa, una felicidad mutua».
(*Los dos hidalgos de Verona*, V.4)

Luego se puede formar un octógono, superponiendo dos cuadrados: uno representa al corazón espiritual y el otro al intelecto espiritual. Simbólicamente, se presenta como cuatro parejas que se casan al mismo tiempo. Un ejemplo de ello se encuentra al final de *Como gustéis*. Según Himeneo, es necesaria tal estructura interior octogonal para que la verdad tenga «auténticos contenidos»:

«He aquí ocho que han de darse las manos y unirse en los lazos de Himeneo, si la verdad tiene auténticos contenidos».
(*Como gustéis*, V.4)

El octógono representa el «equilibrio perfecto». La formación del octógono es un prerrequisito para que aparezca un noveno punto formando así el eneágono, que representa el «conocimiento secreto». La aparición del eneágono señala la transmutación de la mente ordinaria en un alma angélica. La secuencia de desarrollo correcta requiere lograr el «equilibrio perfecto» (octógono) como paso necesario que conduce al «conocimiento secreto» (eneágono). Una escena con Escaro en *Antonio y Cleopatra* se refiere a esta secuencia del proceso. Escaro, uno de los soldados de Antonio, le enseña una herida que ha recibido durante la batalla. Tiene la forma de una T pero cambia y se convierte en una H:

«Tenía una herida aquí que era como una T, pero ahora se ha convertido en una H». (*Antonio y Cleopatra*, IV.7)

Shakespeare utiliza un sistema de equivalencia de números y letras en el que la «T» y la «H» representan el número nueve (eneágono) y el número ocho (octógono) respectivamente. Según el proceso evolutivo la secuencia correcta requiere la transición de la «H» a la «T». Pero el mensaje de Escaro indica la secuencia inversa. Esta escena, por tanto, es una advertencia a Antonio de que, al abandonar a Octavia, se ha desviado del camino evolutivo. No puede avanzar si no trabaja armónicamente en la tríada con Octavio y Octavia, es decir, en una forma intermedia que conduce a la estructura interna octogonal.

La meta final del proceso descrito en las obras de Shakespeare es alcanzar un estado donde se forme una estructura interna octogonal, ya sea temporal o permanente. La secuencia de las obras está organizada de tal manera que se da un progreso gradual hacia una situación en la que se configura la estructura octogonal interior: se casan cuatro parejas a la vez.

Símbolos

Shakespeare emplea una amplia gama de símbolos al presentar el proceso evolutivo. Números, lugares, nombres, situaciones y diversos personajes se usan como ilustración simbólica de las facultades ordinarias y sutiles, los impulsos de energía evolutiva y la aparición de diversos estados de la mente humana. Sería imposible apreciar plenamente las obras de Shakespeare sin comprender estos símbolos.

No obstante, los símbolos de Shakespeare no son estáticos ni fijos, son como criaturas vivientes: se mueven, cambian. A veces significan una cosa, otras veces nada y otras algo distinto o incluso opuesto. No hay, por tanto, un glosario de símbolos shakespearianos. El significado de cada símbolo depende del contexto y el mismo símbolo puede significar distintas cosas según la situación en la que se aplica.

Números

Un ejemplo de la aplicación dinámica de tales símbolos es la serie de números que cita el Pastor en *El cuento de invierno*. Cuando el Pastor aparece en el bosque de Bohemia comenta lo siguiente:

«Quisiera que no hubiera edades entre los dieciséis y los veintitrés o que la juventud las durmiera, pues no hay nada en medio sino embarazar a las chicas, insultar a los ancianos, robar y pelear». (*El cuento de invierno*, III.3)

En el contexto de dicha obra, la edad simbólica entre dieciséis y veintitrés está relacionada con las siete etapas de un ciclo evolutivo, desde su inicio hasta que se completa. La primera etapa la representa el período entre 16 y 17 y la séptima tiene lugar entre 22 y 23. Antes de los dieciséis no se puede hacer nada. Por eso el invierno espiritual del *Cuento de invierno* dura dieciséis años. La edad de veintitrés señala que se ha completado un determinado ciclo o viaje espiritual. En el siguiente comentario sobre su hijo, el rey Leontes, otro personaje de la obra, se refiere a la terminación de su propio viaje:

«Contemplando las líneas de la cara de mi hijo, me pareció retroceder veintitrés años». (*El cuento de invierno*, I.2)

El progreso dentro de un ciclo de desarrollo no es lineal, hay «intervalos» o «brechas». El Pastor los indica como diecinueve y veintidós:

«¿Quién cazaría con este tiempo salvo esos cerebros hervidos de diecinueve y veintidós? Han espantado a dos de mis mejores ovejas y temo que las encuentre el lobo antes que el amo». (*El cuento de invierno*, III.3)

El «lobo» de esta cita equivale a la facultad ego sin reformar movida por los celos o la venganza. Es el «lobo» quien interfiere con el proceso y causa las brechas, que son las etapas más difíciles del proceso. *El cuento de invierno* es el tercer drama de la rama evolutiva bohemia shakespeariana y corresponde a la primera brecha (diecinueve) de dicha rama. La segunda brecha (veintidós) se ilustra en *Hamlet*, la sexta obra de la rama.

El rey espiritual

El universo está organizado según un diseño universal basado en el principio de jerarquía, jerarquía que puede compararse a los diseños que se observan en la naturaleza, en las plantas, animales y planetas. Por ejemplo, la rosa tiene la misma categoría entre las flores que el roble entre los árboles, la abeja entre los insectos, el águila entre las aves, el león entre los animales o el sol entre los cuerpos celestes. Entre los hombres, un rey está por encima de sus súbditos. Sin embargo, la noción de «rey» se usa en un contexto distinto al habitual. Un hombre espiritualmente desarrollado es superior a los demás. Es una especie aparte de los distintos tipos de personas, igual que el hombre es una especie diferente de las otras criaturas. Por eso un monarca reinante se suele comparar a un león, un águila o el sol. En este lenguaje simbólico el «rey» representa al ser humano desarrollado mientras que los miembros de la corte simbolizan las diversas facultades ordinarias y sutiles. El concepto de reino se usa para ilustrar la estructura interna de la mente humana.

El rey espiritual o guía es una característica discernible de los escritos de Shakespeare, pero aclaremos que no se trata de un gurú, un predicador o un proveedor de rituales. Es un ejemplo viviente de perfección humana. La función y actos del guía son invisibles para las personas corrientes. Dependiendo del entorno en el que tenga que trabajar, la apariencia del guía puede variar. En las obras de teatro, por ejemplo, aparece como rey, reina, un marido, una esposa, un granuja, un loco, un príncipe, una doncella, un noble, un bastardo, un mago, un artesano, un general o un bufón. En los sonetos aparece como un apuesto joven. Shakespeare no identifica a sus guías, deja que el espectador los reconozca por sus actos y el efecto que tienen sobre los que les rodean. Como ejemplo, ésta es la definición que hace Viola de Feste, el personaje que representa al guía en *Noche de epifanía*:

«Este individuo es lo bastante sabio como para hacerse el necio y hacerlo bien requiere un cierto ingenio. Debe observar el humor de aquéllos a quienes hace bromas, la calidad de las personas y el momento y, como el halcón, comprueba cada pluma que pasa ante sus ojos. Es un trabajo tan laborioso como el arte del sabio pues la locura que él muestra sabiamente es adecuada, mientras que los sabios, haciendo de locos, pierden su cordura». (*Noche de epifanía*, III.1)

Viola comenta que Feste es suficientemente sabio para ser el *necio* porque hace falta sabiduría para hacer el trabajo del necio. Un necio actúa sabiamente mientras que los que piensan que son sabios son, en realidad, necios.

Impulsos evolutivos

Shakespeare usa a hombres jóvenes como representación simbólica de las facultades sutiles latentes; jóvenes mujeres encarnan los diversos impulsos de energías evolutivas. Las facultades latentes pueden activarse entrando en contacto con estos impulsos. Por tanto, un matrimonio indica que un determinado impulso se ha asimilado con éxito y así se transmuta una facultad ordinaria en sutil. No obstante, con frecuencia, el héroe no entiende su situación: cuando se le acerca la mujer, no la reconoce. En los dramas se ilustra con la aparición de una bella dama que se enamora de un hombre que aparentemente no lo merece. En cada caso su amor tendrá efectos reformadores o purificadores en él. Igualmente, al encontrarse con él, ella deja de ser una niña inmadura para convertirse en una mujer sabia.

Las mujeres que representan impulsos evolutivos son perfectas en su esencia pero su manifestación externa puede alterarse si se ponen en un entorno inferior. Es tarea del guía desvelar su perfección.

A veces es necesario dividir un impulso más elevado en sus modos inferiores del espectro evolutivo. Esto ocurre cuando se envía un impulso desde el mundo superior al mundo físico ordinario. De esta forma los modos divididos pueden interactuar simultáneamente con diversas facultades. Después los modos divididos se recombinan al entrar en el mundo superior.

Las diversas energías evolutivas se hicieron disponibles en distintas épocas. Por eso tienen una jerarquía. Las más recientes son más sutiles que las primeras. Por ejemplo, la energía unitiva se liberó más tarde y tiene un potencial evolutivo superior al de la energía creativa. Por consiguiente, una mujer que encarna un impulso de energía unitiva se presentará como más joven o más alta que la que representa al impulso creativo. Así Celia en *Como gustéis* se describe como «inferior» a su prima Rosalinda:

«La inferior es su hija, la otra es hija del duque desterrado».
(*Como gustéis*, I.2)

De forma similar, Helena en *Sueño de una noche de verano* es más alta que Hermia:

«Y con su persona, su alta persona, su estatura, en verdad se ha impuesto a él». (*Sueño de una noche de verano*, III.2)

Shakespeare también emplea un código de colores para indicar las funciones evolutivas de los diversos impulsos, según el cual el *amarillo* y el *blanco* señalan los impulsos de energías creativas destinados a las facultades corazón e intelecto, respectivamente, mientras que el *rojo* y el *negro* indican los impulsos de energías unitivas dirigidos respectivamente al corazón y al intelecto.

La etapa final del proceso puede presentarse como la unión de cuatro colores: amarillo, rojo, blanco y negro. Es entonces cuando se puede activar el órgano de percepción supracognitiva, cuya formación se indica simbólicamente por la aparición del color *verde* («El verde, en efecto, es el color de los amantes»). Shakespeare hace referencia al código de colores en esta conversación aparentemente sin sentido de *Trabajos de amor perdidos* entre Don Adriano y su paje Polilla:

Don Adriano:

«¿Quién fue el amor de Sansón, querido Polilla?»

Polilla:

«Una mujer, amo».

Don Adriano:

«¿De qué color era su cara?»

Polilla:

«De los cuatro, o de tres, o de dos, o uno de los cuatro».

Don Adriano:

«Dime exactamente de qué color era su tez».

Polilla:

«Verde como el agua de mar, señor».

Don Adriano:

«¿Es ése uno de los cuatro colores de cara?»

Polilla:

«Así lo he leído, señor, y es el mejor de ellos».

Don Adriano:

«El verde, en efecto, es el color de los amantes».
(*Trabajos de amor perdidos*, I.2)

A consecuencia de estar expuestas a las energías evolutivas «de las cuatro, o de tres, o de dos, o una de las cuatro» se pueden activar las facultades sutiles. No obstante, sólo cuando están las cuatro presentes es posible su unión, que lleva a la aparición de «la mejor de ellas», el «verde, el color de los amantes». El verde es equivalente al surgimiento del noveno punto en la estructura interna octogonal y señala la formación del eneágono. Esto significa que la energía supracognitiva, la más elevada disponible en la galaxia, se encuentra dentro de la mente humana:

«Que, como el sapo, feo y venenoso, lleva una preciosa joya en su cabeza». (*Como gustéis*, II.1)

En *Los dos hidalgos de Verona* Julia representa un impulso de energía creativa (*amarillo*) y Silvia de energía unitiva (*rojo*, cobrizo).

El comentario de Julia acerca del retrato de Silvia es una referencia a sus funciones respectivas:

«Su cabello es cobrizo, el mío es de un amarillo perfecto».
(*Los dos hidalgos de Verona*, IV.4)

Catalina en *Trabajos de amor perdidos* es un impulso creativo coloreado para la facultad corazón (*amarillo*, ámbar):

«Su cabello de ámbar». (*Trabajos de amor perdidos*, V.3)

Se describe a María, en la misma obra, como «la vestida de blanco», es decir, un impulso de energía creativa dirigido a la facultad intelecto (*blanco*), mientras que Rosalina es un impulso de energía unitiva para la facultad intelecto (*negro*):

«Por el cielo, tu amor es negro como el ébano».
(*Trabajos de amor perdidos*, IV.3)

Igualmente, la Dama Oscura de los sonetos de Shakespeare representa un impulso de energía unitiva:

«Pues he jurado que eras bella y pensaba que brillabas
Pero eres negra como el infierno, oscura como la noche».
(Soneto 147, 13-14)

La aparición de la Dama Oscura indica experiencias asociadas a las primeras manifestaciones de una facultad intelecto purificada que, al principio, son difíciles y causan confusión porque llevan a darse cuenta de la limitación del conocimiento y comprensión ordinarios. Por eso se describen esas experiencias como «tiránicas» y «crueles»:

«Eres tan tiránica, tal como eres,
Como aquéllos a quienes su belleza con orgullo vuelve crueles».
(Soneto 131, 1-2)

Las mujeres que representan impulsos evolutivos son como rayos proyectados desde la no existencia hacia el mundo físico. Shakespeare recalca su origen no terrestre haciéndolas medio huérfanas: sus madres no aparecen en las obras. Según el código de Shakespeare ninguna de las mujeres que representan a un impulso evolutivo tiene una madre viva o conocida, a no ser que la madre también represente uno de los impulsos evolutivos.

A través de todas las obras, Shakespeare localiza todos los impulsos que, según su presentación, se liberaron en el planeta para desarrollar la sociedad europea moderna. Por tanto, las personas que representan los impulsos evolutivos son los personajes clave de la narrativa de Shakespeare (ver cuadro al final del capítulo). La humanidad se sostiene gracias a la presencia de estos diversos modos de energías evolutivas, de lo contrario, según la ley de la entropía, el mundo físico dejaría de existir:

«Los tiempos cesarían,
Y en sesenta años el mundo desaparecería».
(Soneto 11, 7-8)

Sin energías evolutivas sólo habría ignorancia, destrucción y muerte. El tiempo se terminaría y el mundo entero se colapsaría en el plazo de una vida humana («en sesenta años el mundo desaparecería»).

Bosques, islas y lugares imaginarios

Una corte, una ciudad o un país se usan para ilustrar el estado mental ordinario.

Una isla representa un estado intermedio.

Un lugar imaginario señala un estado superior.

Shakespeare indica el primer paso hacia el desarrollo de estados elevados con un destierro. Normalmente se destierra el aspecto más perceptivo de un determinado ser porque no se ajusta a las normas aceptadas o al protocolo social. Durante el destierro, que señala la iniciación, el héroe acaba llegando a un bosque donde normalmente tiene lugar el primer encuentro con los impulsos evolutivos. Por ejemplo, el bosque de Arden en *Como gustéis* o el bosque cerca de Mantua en *Los dos hidalgos de Verona* representan ese estado transitorio. Así describe el bosque de Arden el Duque mayor:

«¿Acaso, compañeros míos y hermanos en el exilio, la experiencia no ha hecho que esta vida sea más agradable que la adornada pompa? ¿No están estos bosques más libres de peligro que la envidiosa corte? Aquí no sentimos más que el castigo de Adán, la diferencia de las estaciones, como el helado colmillo y la ruda barahúnda del viento de invierno, que cuando muerde y sopla sobre mi cuerpo hasta encogerme de frío, me hace sonreír y decir: "Esto no es adulación: son consejeros que me muestran lo que soy"» (*Como gustéis*, II.1)

Un viaje por mar a una isla significa una transición de un estado ordinario a uno intermedio. Un periplo así suele estar asociado con una ruptura de la limitación temporal. Las islas Mitilene en *Pericles, príncipe de Tiro*, Chipre en *Otelo*, Sicilia en *El cuento de invierno* y *Mucho ruido y pocas nueces* ilustran estados intermedios.

Un viaje a un lugar imaginario indica una transición a un estado superior y suele recalcarse con una violenta tormenta marina. Mientras se halla en el estado superior, el héroe no está sometido a las limitaciones del tiempo y el espacio. Pentápolis en *Pericles, príncipe de Tiro*, Mauritania en *Otelo*, Mesalina en *Noche de epifanía*, la Isla de Próspero en *La tempestad* y el País de las hadas en *Sueño de una noche de verano* representan estados superiores.

Personajes clave

Obra	Época	Rama	Personajes clave
Troilo y Cresida	Siglo XIII a.c.	Punto de inicio	Helena
El rey Lear	Siglo IX a.c.	Celta	Cordelia
Coriolano	Siglo V a.c.	Romana	Virgilia
Julio César	44 a.c.	Romana	Calpurnia
Antonio y Cleopatra	33 - 30 a.c.	Romana	Octavia, Fulvia
Tito Andrónico	Siglo IV d.C.	Romana	Lavinia
Pericles, príncipe de Tiro	el siglo IX a.c. al siglo XIII d.c.	Ciclo moderno	Marina, la Dama silenciosa
Cimbelino	Siglo I, IX y XVI d.c.	Celta	Imogen
Macbeth	Siglo XI d.C.	Celta	
Timón de Atenas	Siglo IV, VII d.c.	Bohemia	Timandra
La comedia de los errores	Siglo X d.c.	Bohemia	Luciana, Cortesana
Cuento de invierno	Siglo XIII d.C.	Bohemia/ Italiana	Perdita
Noche de epifanía	Siglo XV d.c.	Bohemia	Viola, Sebastián
Medida por medida	Siglo XVI d.C.	Bohemia	Isabela, Mariana, Claudio, Kate
Hamlet	Siglo XVI d.C.	Bohemia	Ofelia, Laertes
Bien está lo que bien acaba	Siglos XIII, XVI d.c.	Francesa	Mariana, Helena, Diana,Violenta
Como gustéis	Siglo XV d.C.	Francesa	Phoebe, Audrey, Rosalinda, Celia
Trabajos de amor perdidos	Siglo XVI d.C.	Francesa	Rosalina, Maria, Princesa, Catalina
Otelo	Siglo XIV d.C.	Italiana	Desdémona, Bianca
Mucho ruido y pocas nueces	Siglo XV d.C.	Italiana	Imogen, Beatriz
El Mercader de Venecia	Siglo XVI d.C.	Italiana	Portia, Jessica
La fierecilla domada	Siglo XVI d.C.	Italiana	Bianca, Catalina
Romeo y Julieta	Siglo XVI d.C.	Italiana	Julieta, Rosalina
Los dos hidalgos de Verona	Siglo XVI d.C.	Italiana	Dama de Verona, Sivia, Julia
La tempestad	Siglo XVII d.C.	Nuevo ciclo	Juno, Miranda, Claribel
El Rey Juan	1199-1216	Inglesa	
Ricardo II	1377-1399	Inglesa	
Enrique IV (1º y 2ª parte)	1399-1413	Inglesa	
Enrique V	1413-1422	Inglesa	
Enrique VI (1ª, 2ª y 3ª parte)	1422-1471	Inglesa	
Ricardo III	1483-1485	Inglesa	
Enrique VIII	1509-1533	Inglesa	
Las alegres comadres de Windsor	Siglo XVII d.C.	Nuevo ciclo	Ana, señora Quickly, señora Page, señora Ford
Sueño de una noche de verano	Siglo XVII d.C.	Conclusión	Titania, Hipólita, Helena, Hermia

BREVE HISTORIA DE LA EVOLUCIÓN HUMANA

La narrativa de Shakespeare comprende una breve historia de la evolución humana. Cada uno de sus dramas ilustra un episodio del proceso evolutivo.

De acuerdo con esta narrativa, el hombre fue desconectado del Dominio en la prehistoria, suceso que se denomina simbólicamente como la Caída. Inmediatamente después, al hombre se le reveló una metodología de desarrollo pero personas parcialmente desarrolladas la corrompieron. Impulsados por su egoísmo y sensualidad estos hombres abusaron de sus extraordinarios poderes y de la responsabilidad que se les había encargado. En lugar de supervisar el proceso evolutivo, estas personas de la antigüedad centraron sus actividades en conseguir objetivos inferiores. Empezaron a comportarse como semidioses, interfiriendo con el proceso evolutivo, lo que lo pervirtió. De nuevo la humanidad se separó del Dominio. Otelo se refiere a dicha situación como caos:

«¡Cuánto te quiero! Y cuando no te quiero, regresa el caos».
(*Otelo*, III.3)

Este periodo de caos evolutivo es el que se recoge en los antiguos mitos, leyendas y «misterios».

La civilización helena

La narrativa de Shakespeare empieza con la antigua civilización helena. *Troilo y Cresida* ilustra el caos evolutivo que ocurrió en épocas pretéritas. Proporciona un análisis de las circunstancias existentes previas al inicio del proceso que condujo a la fundación de la civilización occidental. En este contexto, dicha obra constituye el punto inicial de todos los dramas de Shakespeare. *Troilo y Cresida* transcurre durante la guerra de Troya, en el siglo XIII a.c. Shakespeare escogió un episodio de esa guerra para ilustrar la naturaleza de la corrupción que llevó a la disrupción evolutiva, la cual afectó al mundo antiguo.

Troilo y Cresida

Troilo y Cresida ilustra simbólicamente el estado mental del mundo antiguo, representado por Grecia y Troya. Grecia es un estado ordinario y la ciudad de Troya una forma degenerada de un estado intermedio. A consecuencia de la ruptura de la cadena de transmisión evolutiva, el mundo antiguo quedó sin acceso al flujo de energías evolutivas. Antes de la ruptura había sido expuesto a las energías consciente y creativa. La consciente es necesaria para establecer una jerarquía interior correcta (reforma). La exposición a la energía creativa permite reconocer la prioridad suprema (purificación). La corrupción de la antigüedad perturbó ambas condiciones: los griegos ignoraron la jerarquía correcta y a los troyanos les movía la idolatría.

El funcionamiento adecuado de la mente humana se basa en el principio de jerarquía; cuando éste no se respeta, el sistema general empieza a funcionar mal, enferma y gradualmente se degenera. En *Troilo y Cresida* la estructura interior de la mente se compara a la graduación militar de las tropas griegas. Ulises, uno de los personajes de la obra, explica que la «negligencia con respecto al grado» es la causa de su enfermedad actual. Usa las abejas melíferas como ejemplo:

> «Cuando el general no es como el panal al que deben regresar todos las recolectoras, ¿qué miel puede esperarse?»
> (*Troilo y Cresida*, I.3)

Luego se extiende sobre los desastrosos efectos de incumplir los grados jerárquicos:

> «Cuando se enmascara el grado, el más indigno puede parecer bueno bajo la máscara. Los propios cielos, los planetas y este centro respetan el grado, la prioridad y el lugar, la fijeza, el curso, la proporción, la estación, la forma, la función y la regularidad, en todos los órdenes; por ello este glorioso planeta Sol está entronizado en su esfera con noble eminencia sobre los otros; su ojo medicinal corrige los aspectos de los malos planetas y manda sin impedimentos, como la orden de un rey, a buenos y malos: pero cuando los planetas en malvada mezcla vagan hacia el desorden, ¡qué plagas y qué portentos! ¡Qué motín! ¡Qué rugir del mar y qué temblores de tierra! ¡Conmoción en los vientos! ¡Pavor, cambios y horrores desvían y parten, desgarran y desarraigan la unidad y la acoplada calma de los estados! ¡Oh, cuando se quebranta el grado, que es la escalera hacia todo diseño superior, la empresa está enferma!»
> (*Troilo y Cresida*, I.3)

Tras describir la importancia de la jerarquía, Ulises explica el mecanismo de la degeneración. Si no se respeta el grado, hay un abuso de «poder» que conduce a una «voluntad» indisciplinada que se manifiesta como «apetito» descontrolado:

> «Entonces todo se incluye en el poder, el poder en la voluntad, la voluntad en el apetito y el apetito, un lobo universal, respaldado doblemente por la voluntad y el poder, por fuerza

convertiría al universo en su presa y finalmente, se devoraría a sí mismo». (*Troilo y Cresida*, I.3)

El parlamento de Ulises es una descripción simbólica del funcionamiento de las facultades ordinarias. «Poder» hace referencia a la facultad corazón, «voluntad» al intelecto y «apetito» al ego. Los grados jerárquicos son necesarios para que las facultades funcionen correctamente: el intelecto debe controlar al corazón y el corazón al ego. Si esta jerarquía interior se corrompe, cuando al «poder» y a la «voluntad» los mueve el «apetito», la facultad ego se convierte en un «lobo universal» que lleva al hombre a su extinción.

Por otro lado, los troyanos se olvidaron de su prioridad, lo que se refleja en el desafío de Héctor a los guerreros griegos:

«Si hay alguien entre los mejores de Grecia que valore más su honor que su comodidad, que busque la alabanza más de lo que teme al peligro, que conozca su valor y no conozca su miedo, que ame a su amante más de lo que indolentemente confiesa quererla junto a sus labios y se atreva a proclamar su belleza y su mérito en otros brazos distintos a los suyos, a él se dirige este desafío» (*Troilo y Cresida*, I.3)

Héctor, el príncipe troyano, propone un combate singular con un noble griego por el honor de sus respectivas damas. Podemos reconocer en este desafío el principio sobre el que se formarán las futuras cortes de amor caballeresco. Pero la «dama» de las cortes caballerescas no era una mujer corriente sino una representación simbólica de la prioridad suprema. Sin embargo, el desafío de Héctor se refiere a una dama efímera y terrenal. Este desvío de la prioridad, o idolatría, es la causa principal de la enfermedad de Troya. El mecanismo que lleva a la formación de ídolos se explica en el debate que se produce entre el rey Príamo y sus hijos en Troya. Argumentan los pros y contras de continuar la guerra y la posibilidad de terminarla devolviendo a Helena a los griegos.

Héctor arguye que mientras el rapto de Helena puede haber sido un acto valiente, ella no vale el enorme y sangriento precio que están pagando por mantenerla:

«Hermano, no vale lo que cuesta conservarla».
(*Troilo y Cresida*, II.2)

Por tanto los troyanos deberían entregar a Helena ya que claramente carece de valor inherente para compensar tanta muerte. Declara que su actitud es «loca idolatría». Al final de la discusión, Héctor cede y acepta continuar la guerra. Así pues, no es una sorpresa que hasta el personaje más razonable capitule con facilidad al término del debate. Recordemos que el propio Héctor daba el mismo valor al bienestar de Troya que a su señora terrenal. Es un momento sintomático porque reafirma el comportamiento idólatra de los troyanos.

Era necesario que Helena, la cual representa un impulso de energía creativa, estuviera entre los griegos; su presencia era necesaria para inducir cierto impacto en los hombres ordinarios. Pero los troyanos, como los semidioses mitológicos, interfirieron en el proceso, perturbándolo gravemente al llevársela de Grecia.

Tersites actúa como el bufón de Shakespeare, el aspecto guía del ser, pero su papel en el drama es muy limitado. La etapa de desarrollo del mundo antiguo ha alcanzado un nivel tan bajo que no hay lugar para una acción constructiva. Así pues, Tersites sólo puede comentar la situación e interpretarla para el público: ésa es su función en la obra.

Tersites, cuyo lenguaje tiende a ser insultante y basto, hace un amargo y amonestador comentario sobre los aspectos principales de Grecia y Troya. Sigamos su descripción de los personajes importantes.

Así describe a su señor, Ayax, un famoso guerrero griego:

«Quisiera que escocieras de la cabeza a los pies y yo te rascara; te convertiría en la costra más repugnante de Grecia».
(*Troilo y Cresida*, II.1)

En otras palabras, no hay mayor estúpido que Ayax.

Aquiles, el héroe de Homero y el mejor guerrero griego, se describe como una figura desagradable, ridícula e infame. Su comportamiento, como el de otros héroes griegos, está muy lejos de ser honorable y valiente. Esto es lo que Tersites comenta sobre él:

«¡Ojalá la fuente de tu mente volviera a estar clara para poder abrevar a un burro en ella! Prefiero ser una garrapata en una oveja que tener una ignorancia tan brava».
(*Troilo y Cresida*, III.3)

Agamenón es el general griego pero Tersites declara que:

«Aquí está Agamenón, un tipo bastante honrado al que le gustan las codornices; pero más que cerebro tiene cera de oídos».
(*Troilo y Cresida*, IV.1)

A Néstor, famoso por su valentía y elocuencia, le llama queso rancio comido por los ratones:

«Por otro lado, la política de estos hábiles pícaros, ese viejo queso rancio comido por los ratones, Néstor».
(*Troilo y Cresida*, V.4)

Y hasta Ulises, célebre por su astucia e inventiva, es sólo un perro zorro:

«Y el propio perro zorro Ulises, no vale ni una mora».
(*Troilo y Cresida*, V.4)

A Troilo, un príncipe de Troya, lo retrata como un asno enamorado de una ramera:

> «Me gustaría que ese mismo burro troyano que ama a esa puta de ahí, mandara con un golpe de manga a ese rufián griego de vuelta a la ramera lujuriosa y farsante con un mensaje sin mangas». (*Troilo y Cresida*, V.4)

Finalmente, Tersites condensa la naturaleza del conflicto entre troyanos y griegos en su memorable frase:

> «Todo el argumento es un cornudo y una ramera».
> (*Troilo y Cresida*, II.3)

En resumen, *Troilo y Cresida* presenta a los famosos personajes griegos y troyanos como necios violentos, lascivos y nada heroicos. El mundo antiguo se muestra como un ser en el que los nobles guerreros resultan ser brutos y las bellas mujeres son libertinas y prostitutas.

Shakespeare utiliza a los principales personajes femeninos de sus obras para representar impulsos evolutivos. Cresida es un impulso de energía consciente y Helena de energía creativa. El hecho de que se las describa como prostitutas recalca las consecuencias resultantes de la separación del mundo antiguo de la cadena de transmisión. Los troyanos y los griegos usaron mal las energías evolutivas disponibles y por ello se presenta a Helena y Cresida como conchas vacías sin valor inherente. Estos impulsos no pueden producir impactos acordes con su potencial. Si un impulso se sitúa en un entorno inferior adquiere un velo que cubre su valor interior. Bajo esta forma no puede cumplir su función adecuadamente. Desvelarlo exige un procedimiento muy sofisticado que sólo está disponible para el guía espiritual. Pero antes, el entorno general debe prepararse correctamente.

El mundo antiguo se desconectó de la cadena de transmisión. Esta brecha ocurrió entre el Dominio y el estado superior. En segundo lugar, el estado superior se contaminó, contaminación que se manifestó mediante la interferencia de diversos semidioses en los asuntos humanos. Esta situación de desarrollo degenerada es la que se registró en los antiguos mitos y leyendas. Los sucesos narrados en las mitologías griega y romana son ilustraciones simbólicas de las consecuencias del fracaso evolutivo.

En este punto se inició una nueva fase del proceso evolutivo para remediar la situación. De acuerdo con el plan universal, la siguiente fase del proceso evolutivo debía llevarse a cabo en Europa occidental.

La reina de Cartago

A pesar de que la humanidad fue desconectada de la cadena de transmisión, el desarrollo general de la galaxia debía mantenerse acorde con el plan universal. Independientemente de si la humanidad estaba preparada o no para su eficaz asimilación, era necesario liberar en el planeta los siguientes modos de energías evolutivas, según el plan original. Debido a su corrupción, la antigua Grecia no era un «contenedor» adecuado para liberar el siguiente modo de energía evolutiva. Había que construir una nueva infraestructura como sustituta. En lo alto de la jerarquía evolutiva se decidió fundar Roma como receptáculo de la futura emisión de la segunda energía más elevada de la galaxia: la energía unitiva del amor. Para cumplir su función, era necesario primero volver a conectar a Roma con la cadena de transmisión evolutiva. Después, tendría que asimilar las energías consciente y creativa liberadas previamente. Shakespeare indica que, debido a la interferencia de los semidioses antiguos, la fundación de Roma no se ejecutó correctamente.

Shakespeare usa la historia de Dido, reina de Cartago, para describir las circunstancias que condujeron a la fundación de Roma. La historia de Dido se presenta en varios episodios incluidos en diversas obras. Sigamos su crónica como la cuenta Shakespeare.

Dido era hija del rey de Tiro. Según la presentación de Shakespeare, Tiro fue un ancla terrestre de la cadena de transmisión y una receptora de las energías evolutivas. La antigua Grecia usó mal el impulso de creatividad liberado anteriormente que, en tiempos de *Troilo y Cresida*, estaba representado por Helena. Más tarde, la viuda Dido simboliza una forma renovada de dicho impulso. Roma debía asimilar plenamente esta energía antes de que se liberase la energía unitiva.

Tras el asesinato de su marido, Dido huye de Tiro y se establece en Cartago. En sólo siete años desde que se fue de Tiro, erigió bajo su gobierno un próspero reino. Cuando Eneas escapó de Troya, una tormenta le llevó a Cartago. Eneas fue uno de los pocos troyanos que no murió o fue esclavizado al caer Troya. Los semidioses le ordenaron que viajara a la península Apenina y fundara Roma allí. Pero la diosa Juno interfirió con el plan y organizó que una tempestad obligara a Eneas a desembarcar en Cartago, donde se encontró con Dido. En *Tito Andrónico* Tamora describe el encuentro de Dido y Eneas:

«Sentémonos y oigamos sus ladridos; y tras la lid de la que supuestamente disfrutaron el príncipe errante y Dido, cuando sorprendidos por una feliz tormenta se cobijaron en una discreta cueva, podemos, enlazados en los brazos del otro, después de nuestras diversiones, tener un sueño dorado».
(*Tito Andrónico*, II.3)

Juno y Venus usaron a Cupido para manchar la relación de Dido y Eneas con sensualidad. Cupido se disfraza de Ascanio, hijo de Eneas, y cautiva a Dido relatándole historias de la valentía de Eneas en Troya. Esta parte la menciona la reina Margarita en su conversación con el rey Enrique VI:

«¡Agente de tu vil inconstancia, sentarte y hechizarme, como hizo Ascanio cuando a la enloquecida Dido narraba los actos de su padre iniciados en la incendiada Troya! ¿Acaso no estoy, como ella, hechizada? ¿Y no eres tú falso como él?»
(*Enrique VI, segunda parte*, III.2)

Después, Mercurio obliga a Eneas a abandonar Cartago y continuar su viaje porque no quería que se quedara en Cartago. Mercurio recuerda a Eneas que tenía que fundar Roma. Eneas se marcha dejando atrás a Dido. Así lo comenta Lorenzo en *El mercader de Venecia*:

«En una noche como ésta se alzaba Dido sobre la orilla del mar con una rama de sauce en la mano haciendo gestos a su amor para que regresara a Cartago». (*El mercader de Venecia*, V.1)

Tras la partida de Eneas, Dido no puede soportar la vida. Pide a su hermana Ana que haga una pira con el pretexto de quemar todo lo que le recordaba a Eneas. Lucentio en *La fierecilla domada* narra este episodio:

«Y ahora francamente te confieso que eres para mí tan querido confidente como lo era Ana para la reina de Cartago; Tranio, me quemaré, me consumiré, pereceré, Tranio, si no consigo a esta modesta joven». (*La fierecilla domada*, I.1)

Dido asciende a la pira, se recuesta sobre el lecho que había compartido con Eneas y se deja caer sobre la espada que Eneas le había regalado. La muerte de Dido la relata Hermia en *Sueño de una noche de verano*:

«Y por ese fuego que consumió a la reina de Cartago cuando vio zarpar al falso troyano». (*Sueño de una noche de verano*, I.1)

Finalmente, el ingenioso Mercucio en *Romeo y Julieta* resume toda la historia de Dido:

«Tuvo mejor amante que le hiciera versos; Dido una chabacana, Cleopatra una gitana, Helena y Hero busconas y rameras; Tisbe tenía el ojo gris, o así, pero no viene al caso».
(*Romeo y Julieta*, II.4)

Mercucio da una lista de las heroínas míticas que, según narra Shakespeare, o bien fueron incapaces de cumplir su función evolutiva o bien interferían con el proceso. Así indica que también Dido fue una de las antiguas heroínas incapaz de llevar a cabo correctamente su cometido evolutivo. Este determinado impulso de energía creativa tuvo que transferirse a otro entorno.

Shakespeare señala que el propósito de fundar Roma era cortocircuitar un fracaso evolutivo de la antigüedad. El encuentro de Eneas y Dido era una fase preparatoria y Cartago simbolizaba una etapa intermedia del proceso. Se suponía que en su viaje desde la corrompida Troya, Eneas debía casarse con Dido y permanecer con ella como rey de Cartago. En ese momento, Eneas no estaba preparado aún para fundar Roma. Puede suponerse que era tarea de Ascanio, su hijo, continuar el viaje de su padre y fundar Roma. Obligado por los semidioses, Eneas abandona a Dido y parte hacia Italia para hacer allí un nuevo asentamiento. En Italia se casa con Lavinia, hija de un rey de los latinos. Como consecuencia de la interferencia de los semidioses, la fundación de Roma no se ejecuta correctamente y su futuro queda gravemente comprometido antes incluso de ser fundada.

La rama evolutiva celta

Debido a que la concepción de Roma no se ejecutó correctamente, era necesario abordar una alternativa para continuar el proceso y se eligió el entorno de la antigua Britania celta. Como parte del plan de contingencia, se transfirió a la Britania prerromana un impulso de energía creativa. Anteriormente lo había encarnado Dido pero en la Britania prerromana este impulso aparece como Cordelia, la hija pequeña del rey Lear. La aparición de este impulso condujo a la activación de la rama evolutiva celta, que debía ser el plan de respaldo de Roma. Shakespeare ilustra esta rama en su trilogía celta: *El rey Lear*, *Cimbelino* y *Macbeth*. *El rey Lear* es el primer drama de la trilogía y transcurre en la Britania del siglo IX a.C. (aproximadamente).

El rey Lear

El rey Lear es el aspecto principal de la Britania prerromana. Por la razón que sea, este aspecto no se ha desarrollado de acuerdo con su potencial. *El rey Lear* está acostumbrado al poder absoluto y a la adulación; no responde bien cuando le contradicen o desafían. Quiere mantener el poder de un rey sin asumir la responsabilidad. Esto se ilustra en la primera escena donde anuncia sus planes para su reino:

> «Sabed que hemos dividido nuestro reino en tres y que es nuestra firme intención sacudir todo cuidado y negocio de nuestra vejez, confiriéndoselos a fuerzas más jóvenes, mientras nosotros, libres de cargas, nos arrastramos hacia la muerte».
> (*El rey Lear*, I.1)

Como Cordelia es su hija favorita, el rey Lear tiene intención de darle la parte más grande de su reino y espera que Cordelia actuará según sus deseos. Quiere que Cordelia demuestre abierta y públicamente su obediencia, pero la función de Cordelia es demasiado avanzada para rebajarse a los deseos egoístas de su padre. Ella guarda silencio:

«Estoy segura de que mi amor es más grande que mis palabras». (*El rey Lear*, I.1)

Cuando el rey Lear insiste, Cordelia intenta explicárselo:

«Mi señor, me habéis concebido, criado y amado: yo os lo devuelvo como es procedente, os obedezco, amo y honro sobremanera. ¿Por qué tienen maridos mis hermanas si, como dicen, no os aman más que a vos? Puede que, cuando me case, el esposo a quien dé mi mano se lleve la mitad de mi amor con él, la mitad de mi solicitud y deber: ciertamente nunca me casaré como mis hermanas para amar solamente a mi padre». (*El rey Lear*, I.1)

En su respuesta, Cordelia indica claramente que su futuro marido tendrá la mitad de su amor; la otra mitad estará dedicada a su deber evolutivo. Pero Lear es incapaz de entender el papel de Cordelia, su función evolutiva ni la situación. En su lugar, tiene un ataque de rabia, la repudia y la destierra de Britania. Cometiendo este error fundamental, pone en marcha los trágicos sucesos descritos en el drama.

Cordelia, cuyo «amor es más grande que mis palabras», representa un impulso de energía creativa, pero ninguno de los hombres que la cortejan es de Britania, son extranjeros: el duque de Borgoña y el rey de Francia. Por tanto, desde el principio de la obra es evidente que este impulso no lo puede asimilar Britania eficazmente, lo que significa que debe cumplir un propósito distinto. Toda la obra explica cuál era el propósito secundario y cómo se logró.

El rey de Francia, uno de sus pretendientes, sabe cuál es el auténtico papel de Cordelia. Se le ha enviado a Britania para protegerla. Cuando el rey Lear la repudia y el duque de Borgoña se niega a casarse con ella, el rey de Francia se la lleva de Britania.

Adviértase que la acción del *Rey Lear* transcurre aproximadamente en el siglo IX a.c., momento en el que no existía el reino de Francia, que se estableció mucho más tarde, en el siglo V d.c. Desde la perspectiva de la Britania del siglo IX a.c., Francia es una entidad que existe en el futuro. También es importante observar que la relación entre el rey de Francia y Cordelia se basa en el código caballeresco y de amor cortesano. Ello se refleja en la forma con la que el rey de Francia se dirige a Cordelia como «reina nuestra, de los nuestros y de nuestra hermosa Francia»:

«Bella Cordelia, ¡eres más rica siendo pobre, más valiosa siendo repudiada y más amada siendo postergada! Te tomo a ti y a tus virtudes, siendo lícito apropiarse de lo rechazado. ¡Dioses, dioses! Es extraño que por su frío desprecio mi amor se prenda en inflamado respeto. Tu hija sin dote, rey, arrojada a nos, es reina nuestra, de los nuestros y de nuestra hermosa Francia: ni todos los duques de la débil Borgoña pueden comprarme esta inapreciable doncella. Despídete de ellos, Cordelia, aunque hayan sido crueles: pierdes aquí para encontrar un lugar mejor».
(*El rey Lear*, I.1)

El rey de Francia es un caballero. Las órdenes de caballería se establecieron en Francia en el siglo XI, lo que indica que el rey de Francia representa un aspecto de un estado superior que opera fuera de las limitaciones del tiempo convencional. Al rey se le envió a Francia para proteger a Cordelia. La presencia de «Francia» en la Britania del siglo IX a.c. es un ejemplo de intervención evolutiva, en la que se induce un suceso en un estado ordinario desde otro más elevado.

Así pues, ¿cuál es el papel de Cordelia en la Britania del rey Lear?

Los logros evolutivos sólo se pueden conseguir con un entorno de fricción intencionalmente creado. Tal enfoque puede parecer extraño y contrario al criterio humano corriente, sin embargo lo permite la medida de libre albedrío que tiene el hombre, y sus consecuencias no las pueden anular las fuerzas evolutivas, por mucho que esté en juego. Todo lo que cabe hacer es organizar situaciones que proporcionarán oportunidades adicionales para que el hombre elija de un modo diferente.

Esta situación se ilustra en *El rey Lear*. Aunque la muerte de Cordelia al final del drama señala la retirada de este determinado impulso, se consiguieron algunos avances evolutivos en el ser de Britania: se eliminaron los aspectos más destructivos y al final sólo quedan en escena los más constructivos. Entre ellos Edgar, un joven noble y honorable. En ese momento no había oportunidad para que se encontraran Cordelia y Edgar. En su lugar, se utilizó la presencia de Cordelia para limpiar Britania de sus aspectos más desestabilizadores y preparar su ser para un suceso que se actualizaría en el futuro, nueve siglos más tarde. Shakespeare lo describe en *Cimbelino*, el segundo drama de la trilogía celta. Pero sigamos antes los acontecimientos que moldearon la rama evolutiva romana. Ahí es donde se transfirió el impulso de energía creativa desde Britania.

La rama evolutiva romana

Tras retirarse de Britania, el impulso de energía creativa se puso en la recién fundada Roma. A pesar de que Roma no estaba adecuadamente preparada para asimilar eficazmente dicha energía, la transferencia era necesaria para el plan evolutivo general. Aún había una oportunidad de que, con increíbles esfuerzos y determinación, Roma pudiera superar sus próximos desafíos.

Shakespeare describe el efecto de la energía creativa en su tetralogía romana: *Coriolano*, *Julio César*, *Antonio y Cleopatra* y *Tito Andrónico*. En su primera manifestación romana el impulso de energía creativa lo representa Virgilia, un personaje de *Coriolano*.

Coriolano

Coriolano es la primera obra de la tetralogía romana de Shakespeare y se sitúa en el siglo V a.C. En esa época Roma estaba en una transición entre la monarquía tiránica previa y la república, que sería un paso intermedio antes del futuro imperio. Shakespeare elige este momento histórico para describir un periodo en el que el hombre sólo era capaz de tener una mínima consciencia y, sin embargo, se enfrentaba a la creatividad. En este sentido, *Coriolano* es la obra de referencia para las etapas evolutivas más avanzadas que se describen en los siguientes dramas de la tetralogía. Es una de las razones por las que *Coriolano* está escrito de manera que presenta a Roma como un ser relativamente simplista y no sofisticado. Los personajes que aparecen no han estado expuestos todavía a energías evolutivas más elevadas por lo que se les presenta intencionadamente como unidimensionales y sin refinar.

Puede ser de ayuda para seguir la narrativa de Shakespeare ver que el pan (grano, trigo), el oro y el vino se usan como símbolos para señalar el efecto de los modos de energías evolutivas más recientes. Las tres sustancias se obtienen mediante procesos que requieren una forma de extracción consecutivamente más refinada. El grano se cosecha, el oro se extrae del mineral, el vino es producto de la fermentación. En esta simbología, el pan, el oro y el vino representan el efecto de las energías consciente, creativa y unitiva respectivamente.

La primera escena describe las revueltas en las calles de Roma. La república romana padece escasez de trigo y los disturbios se iniciaron después de que no se diera acceso a los ciudadanos corrientes a las reservas de grano. Así indica Shakespeare que la Roma del siglo V a.C. no era capaz de usar la energía consciente correctamente. La energía consciente era necesaria para forma una estructura jerárquica interior adecuada sin la cual Roma no estaba preparada para la siguiente fase del proceso evolutivo.

Menenio, un patricio romano, lo detalla en su parábola del estómago, donde explica a los plebeyos la importancia de la correcta estructura jerárquica para el apropiado funcionamiento de la ciudad. En la parábola de Menenio, así describe el estómago su función:

«Yo recibo primero el alimento del que vivís; y así debe ser, pues soy el almacén y la tienda de todo el cuerpo: mas, si os acordáis, lo envío por los ríos de vuestra sangre incluso hasta la corte, el corazón, hasta la sede del cerebro; y, por medio de las manivelas y despachos del hombre, los nervios más fuertes y las pequeñas venas menores reciben de mí la ración necesaria con la que viven». (*Coriolano*, I.1)

Menenio explica que el Senado romano, como el estómago, sirve de almacén para los nutrientes que luego distribuye por el resto del cuerpo. Luego especifica el papel de los plebeyos:

«Vosotros, el dedo gordo del pie de esta asamblea». (*Coriolano*, I.1)

La parábola se emplea para ilustrar el estado evolutivo actual de Roma: sólo consigue tener un mínimo de conciencia pero se enfrenta a la creatividad. Para aprovechar plenamente esta nueva clase de «alimento» evolutivo, hay que desarrollar un sistema digestivo que funcione adecuadamente. Mientras Roma sea incapaz de distribuir y digerir «trigo» padecerá la indigestión de desarrollo que perturba su correcto crecimiento.

Virgilia es, simbólicamente, el impulso de energía creativa; es el personaje más moderado y la proyección actual de Cordelia. Como Cordelia cuyo «amor es más grande que mis palabras», Virgilia se distingue por ser... elocuentemente callada. Así indica Shakespeare que en época de Coriolano este impulso estuvo a disposición de Roma, pero aún no se había asimilado plenamente. Se había implantado en Roma antes de que la ciudad estuviera preparada para él, lo que dio como resultado una facultad corazón sobrecrecida. La facultad corazón la representa Cayo Marcio, el marido de Virgilia, que es un valiente general, temible en la batalla y extremadamente honorable. Sin embargo, es demasiado orgulloso, inflexible y terco. Estas características, combinadas con un furibundo desprecio por los plebeyos, lo convierten en un aspecto incongruente de Roma. A pesar de su incuestionable habilidad militar, no hay lugar para él entre los romanos. De hecho, no hay entorno o mecanismo adecuados para aprovechar la capacidad que se le ha concedido a este determinado aspecto de Roma. Podría suponerse que Cayo Marcio habría sido expuesto a la energía creativa prematuramente, lo que condijo a su crecimiento deformado. Menenio lo compara a un incómodo dragón que evolucionó de un hombre corriente:

«Hay una diferencia entre una oruga y una mariposa; pero la mariposa antes fue oruga. Este Marcio se ha transformado de hombre en dragón: tiene alas; es más que una criatura reptante». (*Coriolano*, V.4)

La situación actual se continúa explicando en la parábola del estómago en la que los otros miembros del cuerpo se rebelan contra el estómago. El ser no puede funcionar correctamente con semejante gobierno. Roma puede describirse como una ciudad al revés:

«Ésa es la forma de asolar una ciudad; bajar el tejado a los cimientos y enterrarlo todo, convertir lo que estaba ordenado en montones y pilas de ruinas». (*Coriolano*, III.1)

La escasez de trigo indica que la energía consciente liberada con anterioridad no se había asimilado correctamente. No hay señal de que la Roma de *Coriolano* sea capaz de progresar evolutivamente. No obstante, unos cinco siglos más tarde, Roma se convirtió en el centro de un imperio que abarcaba de Britania al norte de Africa y desde España hasta Persia. Ello sugeriría que algo importante ocurrió en Roma entre el siglo V y el I a.c. Este «algo» amplió mucho el potencial evolutivo de Roma.

Puede suponerse que en ese período Roma estuvo expuesta a un importante acontecimiento evolutivo. Shakespeare alude a ello sin entrar en detalles, pero luego los describe en *Julio César*.

Julio César

Julio César es la segunda obra de la tetralogía romana. Shakespeare usa la figura histórica de Julio César para simbolizar a un guía espiritual. Julio César tiene la increíblemente difícil tarea de facilitar la utilización de la recién emitida energía unitiva del amor. A pesar de que Roma no está preparada aún, el plan cósmico requería liberar dicha energía en el planeta en ese momento. Julio César dirige esta fase del proceso evolutivo.

Roma puede beneficiarse de la presencia del rey espiritual sólo si los romanos son capaces de reconocer su papel y función, pero los romanos no entienden la necesidad de semejante rey. Basándose en sus pasadas experiencias, asocian el concepto de «rey» con su forma ordinaria y corrupta; para ellos «rey» significa tiranía y es, por tanto, enemigo del pueblo. No hay que permitir que el rey ejerza el poder, antes al contrario, hay que eliminarlo para preservar el bienestar de la República.

Conviene recalcar que César nunca dice explícitamente que es el rey, es más, rechaza la corona en una dramática demostración pública. Además, en varias ocasiones César se asegura de que sus compañeros se den cuenta de que es una criatura mortal. No obstante, al mismo tiempo, dice cosas que indican que es especial y superior a otros mortales. En sus propias palabras, se refiere a sí mismo como «la estrella polar»:

«Soy constante como la estrella polar, cuya cualidad fija e inmóvil no tiene igual en el firmamento. Los cielos están pintados con innumerables destellos, todos son fuego y todos brillan. Pero sólo uno entre todos permanece en su lugar. Así ocurre en el mundo, está bien poblado de hombres y los hombres son carne y sangre y raciocinio; pero en ese número no conozco más que a uno que mantenga inexpugnable su posición». (*Julio César*, III.1)

Al comparar a César con la estrella polar, Shakespeare define claramente su posición en la jerarquía espiritual. La estrella polar es única en su fijeza, nunca cambia su posición en el cielo. Es la estrella con la que los marinos han navegado desde la antigüedad, el astro que les guía en sus viajes. Esa descripción corresponde a un hombre altamente desarrollado.

El estado actual de Roma es tal que es incapaz de absorber el recién liberado impulso de energía evolutiva. La incapacidad se indica en el episodio en el que César pide a unos sacerdotes que

62

hagan un sacrificio animal para averiguar el estado de Roma. Los sacerdotes llevan a cabo el sacrificio y descubren que:

«Sacaron las entrañas del animal sacrificado y no pudieron encontrar el corazón». (*Julio César*, II.2)

Es decir, Roma es como una bestia sin «corazón» espiritual; su estructura interior no se ha desarrollado todavía. No hay contnedor adecuado para albergar la carga espiritual recién emitida.

Calpurnia, la mujer de Julio César, representa la manifestación actual de energía creativa; es la heredera espiritual de Virgilia en *Coriolano*. La aparición de Julio César permitió la asimilación de la creatividad y así se aceleró mucho el proceso. Shakespeare incluye un episodio con Calpurnia que aclara más el estado espiritual de Roma: César pide a Marco Antonio que «toque» a Calpurnia cuando participe en la carrera:

«Con la velocidad no te olvides, Antonio, de tocar a Calpurnia pues dicen nuestros ancianos que las infecundas, cuando las tocan en esta sagrada carrera, se libran de su maldición de esterilidad». (*Julio César*, I.2)

La «esterilidad» de la cita no se refiere a Calpurnia sino al corazón espiritual romano. Antonio representa un aspecto de esta facultad; es la manifestación presente del aspecto encarnado por Cayo Marcio en *Coriolano*. César señala que Antonio puede despertarse con un «toque» de creatividad. Mientras participa en la «sagrada carrera», Antonio puede librarse de la «maldición de esterilidad» del corazón romano, al absorber energía creativa. Este episodio explica la función de la tríada espiritual que, más tarde, llevaron los trovadores a Europa. La tríada romana se compone de Julio César, Antonio y Calpurnia, es decir, un guía, un discípulo y un impulso de energía evolutiva respectivamente. Pero Calpurnia no es doncella, está casada, por lo que dicho impulso se halla fuera del alcance de Antonio. Tal «*ménage à trois*» simboliza una tríada estéril.

Representa cierto potencial; sirviendo debidamente al rey y con el «toque» de la dama, el discípulo puede desprenderse de su esterilidad. Y ésta es la función actual de esa forma de la tríada romana.

Sin embargo Roma rechazó la presencia del rey espiritual. Esta tríada romana se destruyó, lo que se ilustra con el asesinato de Julio César. El rechazo es posible por la medida de libre albedrío que tiene Roma pero perturbó el plan general cósmico. Por eso Roma se vio asolada por violentas tormentas y una variedad de malos augurios y portentos, muertos que andaban y leones que acechaban por la ciudad. Horacio en *Hamlet* describe vívidamente esa noche:

«En la época más gloriosa del imperio romano, justo antes de que el poderoso Julio cayera, las tumbas se quedaron vacías mientras los muertos, envueltos en sus mortajas, chillaban y proferían galimatías vagando por las calles romanas; se vieron estrellas con colas de fuego y rocíos de sangre; desastres en el sol; y el húmedo astro bajo cuya influencia se halla el imperio de Neptuno, enfermo casi hasta morir por un eclipse».
(*Hamlet*, I.1)

En palabras de Antonio, la caída afectó a todo el mundo:

«El gran César cayó. ¡Oh, qué caída, compatriotas! En ese momento yo, vosotros y todos nosotros caímos».
(*Julio César*, III.2)

Rechazando al rey espiritual, Roma demostró que no estaba preparada para asimilar la energía unitiva. El proceso tuvo que retrasarse.

La energía unitiva se liberó en el planeta pero la humanidad no pudo beneficiarse de ella, de modo que el impulso tuvo que permanecer latente. Shakespeare usa a Octavia para representar a este impulso. Octavia es la hermana de Octavio, hijo adoptivo de Julio César, y aparece en la tercera obra de la tetralogía romana.

Antonio y Cleopatra

Se necesitaba una jerarquía interna adecuada antes de que Roma estuviera lista para absorber las energías evolutivas disponibles, lo que significa que las facultades ordinarias deben estar correctamente alineadas: el intelecto controla al corazón y el corazón gobierna la facultad ego. Shakespeare usa el triunvirato histórico para ilustrar cómo funciona un ser interior reformado. El triunvirato, como el antiguo carro, proporciona la disposición básica requerida para la asimilación eficaz de un impulso evolutivo.

Octavio es el hijo adoptivo de César y su sucesor espiritual. Entra en escena justo después del asesinato de César. Su función es preparar la estructura de desarrollo que permita la asimilación retardada de la energía unitiva. A su llegada a Roma, Octavio forma un triunvirato con Antonio y Lépido. Octavio hace el papel de conductor. Lépido representa un aspecto de la facultad ego y Antonio de la facultad corazón. Por el «toque» de Calpurnia, Antonio estaba preparado para ser expuesto a la creatividad. En época de *Antonio y Cleopatra*, Antonio había absorbido un impacto inicial de creatividad, lo que en la obra se señala mediante su casamiento con Fulvia, quien representa la manifestación actual de la energía creativa. Semejante transición de un «carro» debidamente alineado (Octavio, Antonio y Lépido) a una tríada (Octavio, Antonio y Fulvia) corresponde a una iniciación. Gráficamente, se representa con una estrella de seis puntas formada por la superposición de dos triángulos equiláteros. Por ello puede usarse la estrella de seis puntas para representar una «apertura», es decir, una iniciación espiritual.

No obstante a Antonio todavía le afectan las inadecuaciones espirituales de Roma. No comprende la función general ni su papel en el triunvirato. Intenta controlar a Octavio y, al hacerlo, corrompe el adecuado funcionamiento de la tríada evolutiva. En lugar de trabajar con Octavio, abandona a Fulvia y se marcha a Egipto para estar con Cleopatra. La atracción que siente Antonio por Cleopatra disminuye el efecto de la creatividad. En esta obra, ello se señala simbólicamente con la muerte de Fulvia. El comportamiento de Antonio es una muestra de la recurrencia de las tendencias que aparecieron en época de *Coriolano*, manifestadas por la conducta errática de Cayo Marcio.

Aún había una oportunidad de que el proceso avanzara. Roma podía superar sus errores anteriores formando una tríada activa capaz de absorber un impulso de energía unitiva, es decir, un modo más elevado del espectro evolutivo. Dicha tríada podría haberse formado juntando a Octavio, Antonio y Octavia. Octavio inicia y dirige la preparación para la tríada. Esa etapa del proceso requiere que Antonio se case con Octavia. La boda va seguida de una fiesta en la que se bebe vino, símbolo del efecto de la energía unitiva. El efecto del «vino» es probar la capacidad de Antonio de absorber eficazmente la energía unitiva.

Antonio tiene dificultades con el «vino». Cuando Octavio interrumpe las festividades para recordarle a Antonio que hay temas más serios de los que ocuparse, la respuesta de Antonio es muy descriptiva de su estado interior:

«Sé hijo del momento». (*Antonio y Cleopatra*, II.7)

Antonio intenta convencer a Octavio para que se olvide del deber e insta a sus hombres a beber hasta caer en el letargo:

«Vamos, tomémonos de la mano hasta que el vino conquistador sumerja nuestros sentidos en un suave y delicado Leteo». (*Antonio y Cleopatra*, II.7)

En este contexto, «suave y delicado Leteo» indica intoxicación espiritual. El propósito fundamental de que esa experiencia esté disponible no es disfrutarla, sino adquirir capacidad para desempeñar responsabilidades adicionales. Pero Antonio prefiere recrearse en el momento. Desatiende sus deberes para disfrutar de la «ebriedad». Su tendencia a vivir en el momento, sin considerar el proceso general, es uno de los factores de su fracaso. Después de la fiesta, Antonio abandona a Octavia y regresa a Egipto. En este punto se colapsa la tríada romana; el impulso de energía unitiva se retira de Roma, tras lo cual la función evolutiva romana se anula y Roma queda abandonada a su desintegración.

Roma no pudo cumplir con la función prevista para ella y el resultado de su fracaso lo resume Shakespeare en *Tito Andrónico*, último drama de la tetralogía romana.

Tito Andrónico

En el siglo IV a.C., en la época de *Tito Andrónico*, Roma se hallaba en un estado bastante degenerado. Los aspectos principales de este ser eran ignorantes, corruptos o estaban bajo la influencia de elementos destructivos. El modus operandi de Roma era la crueldad y la venganza.

Tito Andrónico es, de lejos, la obra más cruenta de Shakespeare. Algunos eruditos han sugerido que, dada su «barbarie no shakespeariana», Shakespeare no la escribió. A estas alturas podemos entender que las obras de Shakespeare describen una serie de acontecimientos que reflejan el proceso evolutivo, por lo que su significado no puede extraerse usando una moral convencional o unas normas psicológicas. Los criterios sociales, emocionales o intelectuales ordinarios no son aplicables en la interpretación del proceso evolutivo.

La crueldad de las fuerzas destructivas se corresponde con el estado del ser. Cuanto más degenerado es el ser, más crueles son las fuerzas ligadas a él. En época de *Coriolano* fue Bruto, un tribuno, quien dirigió a los plebeyos para que se rebelaran contra Coriolano. Luego Casio, en *Julio César*, fue el líder de los asesinos de César. En

Antonio y Cleopatra, el papel destructivo lo encarna Cleopatra. Ahora es Aarón quien representa el agente destructivo ligado a Roma. No obstante, no hay comparación entre el grado de crueldad de Aarón y el comportamiento de sus predecesores. Shakespeare lo recalca haciendo que este drama sea el más sanguinario: en *Tito Andrónico* hay catorce asesinatos, seis mutilaciones, una violación, un enterramiento en vivo y un caso de canibalismo.

Hay que observar, sin embargo, que Aarón perpetró sus mayores crímenes justo antes de que lo enterraran hasta el pecho y lo dejaran morir de hambre y sed. Consiguió salvar a su bebé recién nacido a cambio de revelarle a Lucio todos los horrores que había cometido. Así pudo Aarón preservar sus raíces en Roma. Salvando la vida de la criatura, Aarón reimplantó en el continente europeo una semilla de destrucción que crecerá hasta adoptar su forma maligna. Su fruto reaparecerá en el inicio del ciclo evolutivo más reciente.

En *Tito Andrónico*, Lavinia representa el impulso de energía creativa incrustado en Roma. Según la metodología de desarrollo, Roma ha sido expuesta varias veces a la energía creativa, o se le han dado diversas capas de ella. Este determinado impulso lo representaban anteriormente Virgilia en *Coriolano*, Calpurnia en *Julio César* y Fulvia en *Antonio y Cleopatra*, pero no ha sido asimilado plenamente. No ha tenido oportunidad de cumplir su potencial de desarrollo en la rama evolutiva romana. Al final de *Tito Andrónico* se desactiva, lo que se ilustra simbólicamente con la brutal violación y posterior muerte de Lavinia. Después, dicho impulso se retira del estado ordinario y se transfiere al estado intermedio de Mitilene, que se activó entonces. El período que sigue a los sucesos descritos en *Tito Andrónico* se conoce en la historia europea como la Edad de las Tinieblas y fue una época de desorden en los acontecimientos, confusión entre los hombres, procesos sin diseño y una humanidad sin dirección.

Tito Andrónico es el final de los dramas romanos. Al describir el ciclo romano con cuatro obras, Shakespeare señala que no se completó; se detuvo en la cuarta etapa lo que significa que Roma no pudo desarrollar la suficiente fuerza interior para alcanzar la siguiente etapa evolutiva. Shakespeare traza el origen de tal incapacidad en la fundación de Roma, ya que no se llevó a cabo correctamente.

Observemos que el estado evolutivo de Roma en tiempos de *Tito Andrónico* es similar al de la Grecia descrita en *Troilo y Cresida*. *Tito Andrónico* ilustra el estado de Roma cuando se colapsó, lo que condujo a la Edad de las Tinieblas en Europa. *Troilo y Cresida* describe el estado de Grecia colapsando, es decir, la civilización prerromana que llevó a la Edad de las Tinieblas griega. Ambas civilizaciones son ejemplos de potenciales evolutivos no realizados separados por un milenio espiritual. Pero hay diferencias cualitativas importantes entre la civilización griega y la romana. Antes de su colapso, Roma asimiló la energía consciente, pero no había podido aceptar bien la creatividad. Por otra parte, Grecia logró asimilar parcialmente la energía creativa. Esto es significativo porque la Grecia prerromana pudo acomodar un impulso evolutivo más elevado, mientras que Roma tropezó en una etapa anterior. Esta anomalía del proceso evolutivo se registró también en el nivel de las personas corrientes. La firma histórica de Grecia fue el desarrollo de las artes creativas como el teatro, la música, la filosofía y las matemáticas. La de Roma fue el desarrollo de una infraestructura básica: un código legal, obras públicas y una red de carreteras por todo el imperio. Esta anomalía confirma que Roma no alcanzó su potencial evolutivo: se derrumbó antes de conseguir su expectativa evolutiva prevista.

Shakespeare indica que antes del fracaso de Roma ya se había iniciado un rescate en otro lugar del planeta, parte de una compleja operación que llevó al Renacimiento europeo. Los detalles de dicha operación se describen en *Pericles, príncipe de Tiro*.

La misión de Pericles

El origen de la corrupción evolutiva está relacionado con un suceso ocurrido en la antigüedad. Por tanto, la corrección de algo ya actualizado en el tiempo únicamente puede llevarse a cabo por una agencia que no sólo esté fuera del tiempo sino también de la existencia. Lo que implicaría que la acción correctora se inició en el nivel del Dominio. Los detalles del rescate se ilustran en *Pericles, príncipe de Tiro*. La obra nos permite comprender mejor la ejecución general del proceso evolutivo. Las escenas presentan acontecimientos que tienen lugar en la antigua Britania, la antigua Roma, Bizancio y la Francia medieval vistas desde el Dominio, es decir, el puesto de mando evolutivo. Esto significa que los episodios que describe Shakespeare en la trilogía celta, la tetralogía romana, la hexalogía bohemia y la trilogía francesa son proyecciones terrestres de acontecimientos que ocurren en niveles más elevados de la escala evolutiva.

Desde el Dominio se envió un mensaje. Lo percibió Pericles, príncipe de Tiro, en el siglo VII d.C. cuando Europa estaba en la Edad de las Tinieblas. Tras recibir el mensaje, Pericles, cuyo nombre en griego significa «rodeado de gloria», se embarcó en su misión.

La misión de Pericles se presenta como un viaje cuyas diversas etapas se ilustran simbólicamente como una serie de lugares localizados en Europa oriental: Tiro, Antioquía, Tarso, Éfeso y Mitilene que representan diversos enlaces de la cadena de transmisión evolutiva. Antioquía y Tarso son restos degenerados de la cadena de transmisión anterior; Antioquía representa un estado superior corrupto y Tarso un estado intermedio deteriorado. Mitilene es un estado intermedio recién activado. Éfeso sirve de ancla temporal de una nueva cadena de transmisión: un centro energético espiritual.

El lapso temporal del viaje de Pericles abarca dos milenios históricos entre el siglo IX a.C. y el XIII d.C. aproximadamente. Shakespeare estableció varios intervalos cronológicos para acomodar tan extenso periodo. Usa a Glower como Coro para rellenar el intervalo temporal entre las diversas etapas del viaje de Pericles:

> «De frontera en frontera, de región en región. Perdonadme, no cometemos delito al usar una sola lengua en cada clima en el que parecen vivir nuestras escenas. Os ruego que aprendáis de mí, que estoy en los intervalos para enseñaros, las etapas de nuestra historia». (*Pericles*, IV.1)

El viaje de Pericles transcurre por varias dimensiones temporales que se indican mediante pantomimas. Cada una señala los momentos en los que Pericles sale o vuelve a entrar en los distintos mundos, rompiendo la dimensión temporal ordinaria (histórica).

Pericles inicia su viaje desde la ciudad de Tiro, la de Dido. Tiro significa «roca». Así indica Shakespeare que Tiro representa un ancla terrestre de la cadena de transmisión: un centro energético permanente. El papel de Pericles es ser receptor de las energías evolutivas («rodeado de gloria») que ha recibido de la Roca. Además, Tiro era la ciudad natal de Europa, una fenicia de alto linaje que dio nombre al continente europeo. Es decir, el viaje de Pericles es una alegoría de las distintas etapas de la evolución de Europa.

Sigamos las fases del viaje de Pericles.

La conexión griega

Al principio, Pericles viaja hacia el pasado. Su primera parada es la ciudad de Antioquía y llega cuando reina Antíoco, personaje que se refiere al histórico Antíoco III el Grande que murió en el siglo II a.c. Esto se corresponde con el final de la civilización helena. Antioquía representa un estado superior degenerado. Su etapa evolutiva se determina por la energía creativa que allí se había liberado y que condujo a la fundación de la antigua Grecia.

En el comienzo de su misión, a Pericles se le encarga la tarea de formar una tríada evolutiva que permita la reactivación de la energía creativa. Para formarla, Pericles debe casarse con la hija de Antíoco, Hespérides, que representa un antiguo impulso de creatividad. Es la manifestación actual de Helena de Troya y abarca todas las experiencias a las que estuvo expuesta Helena anteriormente. Cuando Pericles llega a Antioquía se da cuenta de que Hespérides, como Helena, carece de esencia espiritual. El proceso se ha corrompido y se describe simbólicamente como la relación incestuosa de Antíoco con su hija. Pericles los compara a serpientes venenosas:

«Y ambos son como serpientes que, aunque se alimenten de las flores más dulces, engendran veneno». (*Pericles*, I.1)

Empujado por su egoísmo y deseos sensuales, Antíoco ha abusado de la responsabilidad que se le había encargado. Como los semidioses míticos, Antíoco abusa de su posición privilegiada impidiendo así que continúe el proceso evolutivo. Tales corrupciones de prioridades y de responsabilidades se corresponden con la idolatría y la usura espiritual, respectivamente. El perjuicio es bastante grande porque ocurre al nivel de un mundo superior. Es importante señalar que esta corrupción se originó en tiempos antiguos:

«Una mala costumbre cuando empezaron que con el tiempo dejaron de considerar pecado». (*Pericles*, I. Prólogo)

La cadena de transmisión se había roto hacía mucho tiempo y, en consecuencia, los eslabones inferiores también se desconectaron del Dominio. Es este periodo de idolatría y usura espiritual en el mundo superior el que ha quedado registrado en los antiguos mitos y leyendas.

Pericles comprende que debe modificar su misión. Su tarea actual es restaurar toda la cadena de transmisión. Compara su función con la de las copas de los árboles que protegen las raíces de las que dependen:

«Que no soy más que como las copas de los árboles que ciñen las raíces de las que crecen y las defienden». (*Pericles*, I.2)

Hay que poner en marcha una acción de rescate pero como Antíoco es un monarca muy poderoso, Pericles no puede desafiarle directamente:

«El gran Antíoco, contra el que soy demasiado pequeño para luchar, ya que es tan grande puede convertir su voluntad en acción». (*Pericles*, I.2)

Pericles tiene que poner en práctica una estrategia diferente.

La conexión romana

Pericles entiende que la corrupción de Antioquía ha afectado al siguiente eslabón: el estado intermedio de la cadena de transmisión, representado por Tarso. Cuando Antioquía fue desconectada de la cadena de transmisión, también Tarso quedó sin acceso a las energías evolutivas. Como resultado de la ruptura, la energía consciente previamente liberada se terminó. Shakespeare usa el «trigo» para indicar simbólicamente la presencia de energía consciente, es decir, un impulso evolutivo anterior. Por eso el efecto de la ruptura se ilustra con Tarso asolado por la hambruna. Hay que rescatar a Tarso de esa hambruna antes de que pueda servir de enlace activo de la transmisión. El viaje de Pericles a Tarso es la continuación de su periplo alegórico a través del tiempo, más lejos en el pasado. Cuando llega a Tarso, el gobernador de la ciudad es Cleón. Pericles revive la ciudad suministrándole trigo que ha traído de Tiro. Tarso recobra su función anterior dentro de la cadena de transmisión: se reactiva como estado intermedio.

El cambio en el estado intermedio causa un efecto en el mundo de los antiguos semidioses. El poema narrativo de Shakespeare *Venus y Adonis* ilustra el efecto de la reinyección de consciencia en el degenerado mundo superior, el de los antiguos semidioses. En *Venus y Adonis* el efecto se señala por la repentina pérdida de interés de Adonis por Venus, diosa del amor sensual. Contra la advertencia de Venus, Adonis la abandona y se va a cazar un jabalí. En este poema, el jabalí representa a Marte, el celoso cónyuge de Venus. A diferencia de Pericles, que sabía que era «demasiado pequeño para luchar» contra Antíoco, Adonis reta directamente a Marte. Adonis no está debidamente preparado y muere. No hay lugar para la conciencia entre los antiguos semidioses.

La llegada de Pericles a Tarso y los posteriores acontecimientos que allí ocurren se proyectan en el mundo ordinario en época de la fundación de Roma en el siglo IX a.C. y se ilustran en la tetralogía romana. Recordemos que se suponía que Roma cortocircuitaría la brecha de transmisión causada por el deterioro de la civilización griega. Como primera medida, había que asegurar que a Roma se le suministraba la cantidad suficiente de energía básica para su infraestructura interior. La energía de la consciencia («trigo») cumple este propósito.

Shakespeare dedicó su segundo poema narrativo *La violación de Lucrecia* para describir cómo le afectó a Roma la exposición a este elemento evolutivo. En este contexto, *La violación de Lucrecia* es la continuación de *Venus y Adonis*. Ocurre en el siglo V a.c., es decir, después de la llegada de Pericles a Tarso pero antes de los sucesos descritos en *Coriolano*, primer drama de la tetralogía romana.

La acción de *La violación de Lucrecia* tiene lugar durante el sitio de Ardea. Los comandantes romanos deciden tomarse un descanso de la batalla e ir a espiar a sus esposas. Se encuentran con que todas ellas están divirtiéndose de diversas maneras lujuriosas excepto Lucrecia, la mujer de Colatino. Sólo ella se comporta de forma casta y virtuosa. El príncipe Tarquino siente un deseo incontrolable por ella. Por la noche, el príncipe Tarquino entra en el dormitorio de Lucrecia y la viola. Después de revelar el crimen de Tarquino, Lucrecia se apuñala, lo que provoca una rebelión contra la familia del rey Tarquino, que es expulsada de Roma. Roma se convierte en una república. En la narrativa, Lucrecia representa un impulso de energía consciente proyectada desde Tarso a Roma. La muerte de Lucrecia señala la retirada de Roma de dicha energía, lo que explica por qué Roma sufría la escasez de «trigo» descrita en la primera escena de *Coriolano*. En ese momento Roma, como Adonis en el mundo corrupto de los semidioses, no estaba debidamente preparada para semejante encuentro.

Tras la restauración de Tarso, Pericles debe continuar su viaje pero las siguientes etapas de su misión se vuelven más sofisticadas.

Pericles tiene que entrar en un estado superior de la escala evolutiva para exponerse a todo el espectro de las energías evolutivas. La ruta de Pericles la dirigen las fuerzas del Domino. Neptuno y Diana representan agentes sin corromper del Dominio, es decir, que Pericles se halla bajo la guía de Neptuno y Diana. Por la fuerza de Neptuno, el barco de Pericles naufraga y Pericles es arrojado a la costa de Pentápolis. Según la simbología de Shakespeare, Pentápolis es un lugar imaginario que representa un mundo superior. La llegada allí de Pericles establece un enlace entre Pentápolis y Tarso.

La conexión francesa

Como representación simbólica de un mundo superior, Pentápolis existe fuera de las limitaciones del tiempo y el espacio. Simónides, el rey de Pentápolis, y Thaisa, su hija, representan dos elementos de la tríada evolutiva que están disponibles en ese momento dentro del mundo superior. Thaisa nació en Pentápolis y representa un impulso latente de la energía más elevada, la supracognitiva. Lo que significa que Thaisa abarca todo el espectro de energías evolutivas disponibles en la galaxia.

Mientras está en Pentápolis, Pericles participa en un torneo organizado para celebrar el cumpleaños de Thaisa. Aquí, una información puede ayudarnos a comprender la naturaleza de las experiencias de Pericles. Las primeras reglas de los torneos de justas se escribieron en Francia en 1066. Este momento histórico es el de la aparición de los trovadores, la creación de las cortes de amor y los códigos caballerescos en el sur de Francia. Es decir, Pericles se teletransporta a Pentápolis que representa cierto potencial evolutivo que ya existía en la eternidad y tenía que actualizarse en el mundo físico. La teletransportación de Pericles corresponde a una intervención evolutiva puesta en práctica fuera de la limitación temporal para cortocircuitar un fallo en el pasado planetario.

La intención general de Pericles es servir a la restauración de la cadena de transmisión evolutiva. Estando en Pentápolis, Pericles reconoce el objetivo que le permitirá llevar a cabo su intención, objetivo que Thaisa representa simbólicamente. Casándose con ella, Pericles logra acceso a todo el espectro de energías evolutivas y consigue realizar su misión.

Pentápolis significa «cinco ciudades» y abarca simbólicamente las restantes cinco etapas del viaje de Pericles. Los retos de estas próximas etapas los representan cinco caballeros con los que tiene que luchar Pericles en el torneo. Cada uno de los caballeros está asociado a una de las cinco ciudades: Tarso, Antioquía, Tiro, Mitilene y Éfeso. Las etapas se muestran en orden cronológico inverso, empezando por la última ilustrada por el primer caballero. De este modo se le prepara para los próximos desafíos.

Pericles gana el torneo y se casa con Thaisa, completando así la tríada evolutiva superior, compuesta por el rey Simónides, Thaisa y Pericles. La formación de una nueva tríada en armonía con el diseño de las «esferas celestiales» puede compararse a un instrumento que genera la «música de las esferas», es decir, «música que no se puede oír». Es la música que «haría bajar al cielo y a todos los dioses para escucharla». En otras palabras, la experiencia de Pericles en Pentápolis le convierte en «el maestro de la música», lo que se subraya con el comentario del rey Simónides sobre la música que toca Pericles:

«Estoy en deuda con vos por vuestra dulce música de esta noche: he de decir que mis oídos nunca habían sido mejor alimentados que con tan deliciosa y placentera armonía».

«Señor, sois el maestro de la música».

(*Pericles*, II.5)

Shakespeare usa sistemáticamente tal música en sus obras para señalar la aparición de la energía supracognitiva.

Casándose con Thaisa, Pericles se sintoniza con el diseño de las «esferas celestiales»; mediante esta experiencia ha sido expuesto a todo el espectro de energías evolutivas y ello se filtrará por los niveles de la cadena de transmisión hasta descender al nivel del hombre ordinario. Encontraremos un eco de este acontecimiento en las obras celtas, francesas, italianas y bohemias, manifestado simbólicamente por la aparición de una bella y sabia mujer que se enamora de un hombre aparentemente indigno. En todos los casos, su amor transmutará a su compañero aunque, con frecuencia, éste no entenderá su situación. Sus encuentros estarán dirigidos por la matriz cósmica que opere en ese momento. Por eso sus aventuras pueden parecer absurdas o ridículas. No obstante, son representaciones exactas asociadas al crecimiento evolutivo del hombre.

La formación de una nueva tríada es un momento importante en la evolución del hombre europeo. Antes de la llegada de Pericles a Pentápolis, el estado evolutivo de los europeos se representaba con los caballeros cortejando a Thaisa. Esta situación se reflejaría más tarde en el simbolismo del *ménage à trois* de los trovadores, las cortes de amor y las órdenes de caballería. Como Thaisa de Pentápolis, la «amada» de los trovadores era alabada y adorada por los caballeros pero era para ellos esencialmente inalcanzable. Tras la llegada de Pericles a Pentápolis, cambia la situación general. El rey Simónides despide a sus caballeros; ya no son necesarios en Pentápolis donde su función se ha completado. Ahora se necesitan sus experiencias en el nivel del hombre ordinario:

«Caballeros, esto os hago saber de parte de mi hija, que durante doce meses no emprenderá la vida de casada». (*Pericles*, II.5)

«Durante doce meses» se refiere al tiempo necesario para que la secuencia caballeresca se filtre por la cadena de transmisión hasta el nivel del hombre ordinario. Históricamente, el periodo de «doce meses» corresponde a doce siglos. Ahora es posible ver que el *ménage à trois* de los trovadores tenía una cierta potencialidad: era una etapa preparatoria. Cuando aparecieron en Europa, los europeos no estaban preparados para hacer realidad dicha potencialidad.

Pentápolis, existente en el mundo superior, sirve de plantilla para los niveles inferiores. La relación entre el rey Simónides y Thaisa representa el diseño óptimo que se necesitaba en los niveles inferiores y se ilustra con la actitud de Simónides ante la decisión de Thaisa de casarse con Pericles, «el caballero extranjero»:

«Me dice que desea casarse con el caballero extranjero o nunca más verá ni el día ni la luz. Está bien, señora; vuestra elección coincide con la mía; me agrada ¡qué absoluta es sin preocuparse de si me place o no! Bien, alabo su decisión y no la haré demorar más». (*Pericles*, II.5)

La presencia de los caballeros en Pentápolis se proyectó, a través de Tarso, a la Britania del rey Lear. Se manifiesta por la aparición del rey de Francia en la Britania del siglo IX a.c. Era uno de los caballeros que cortejaban a Thaisa de Pentápolis. El rey de Francia llegó a Britania para proteger a Cordelia y, si fuera necesario, llevársela de Britania. Más tarde, Cordelia insistió en regresar a Britania para ayudar a su padre:

«Oh, querido padre, son tus asuntos los que me traen; por ello el rey de Francia se ha compadecido de mi duelo y mis muchas lágrimas. Ninguna orgullosa ambición incita nuestras armas». (*El rey Lear*, IV.4)

En ese momento ya se había instigado el proyecto romano. El destino de Cordelia estaba fijado: la carga que representaba debía transferirse de Britania a Roma. Por eso el rey de Francia no podía ya verse involucrado en los asuntos britanos. Abandona Britania justo antes de la batalla decisiva al final del *Rey Lear*; tenía que ocuparse de asuntos más urgentes. La muerte de Cordelia señala la extirpación de este impulso de creatividad de Britania; se transfiere a Roma. Como se ha indicado antes, el impulso aparece como Virgilia en época de *Coriolano*, en el siglo V a.C.

***

Cuando Pericles se convierte en maestro de la música, se activa una nueva cadena de transmisión y los eslabones previamente corrompidos se eliminan. Llega un mensaje a Pentápolis anunciando la muerte de Antíoco y su hija, consumidos por «un fuego del cielo» mientras conducían un carro. Antíoco hace un mal uso del carro, es decir, de la tríada evolutiva que se le había encargado. En el mundo ordinario, esto se señala como el colapso de la civilización de la antigua Grecia. La nueva tríada formada en Pentápolis es el reemplazo del carro corrupto de Antíoco. En ese momento, se reduce mucho el antiguo mundo de los semidioses. El Jabalí de *Venus y Adonis* y sus cómplices ya no son las fuerzas dominantes en el mundo superior. No obstante, quedarán restos de esa antigua corrupción e interferirán con las etapas futuras del proceso.

Tras la muerte de Antíoco, el estado de Pericles cambia de príncipe a rey: se convierte en el rey de Tiro. Gracias a sus experiencias en Pentápolis, Pericles estaba preparado para su papel de rey espiritual. Este suceso se proyecta en el mundo ordinario como la aparición de Julio César en el siglo I a.C. en Roma.

Inicio de la energía unitiva

Ahora Pericles tiene que volver sobre las etapas de su viaje que le mostraron durante el torneo de justas. Se marcha de Pentápolis y comienza su descenso de regreso a Tiro. Esta vez viaja en el futuro. Durante la travesía marítima, Thaisa da a luz a Marina, que nace en la zona de transición entre Pentápolis y Tarso, es decir, entre el mundo superior y el intermedio. Representa una semilla de energía unitiva que abarca modos latentes de todas las energías liberadas anteriormente, excepto la más elevada. Sin embargo, en este momento se disuelve temporalmente la tríada superior. Thaisa muere en el parto. La tríada superior estaba formada pero su operación tenía que interrumpirse porque en ese momento en concreto el hombre ordinario no estaba preparado para una experiencia semejante. Tal falta de preparación se ilustra con el asesinato de Julio César en Roma, que es la causa de la muerte de Thaisa. Las circunstancias que conducen al magnicidio se describen en *Julio César.*

Aunque en el mundo superior se activó todo el espectro de energías evolutivas, no podía transmitirse aún al nivel del hombre ordinario. Thaisa y Pericles tenían que separarse en cuanto volvieran a entrar en el mundo intermedio. Los modos más elevados de energía debían protegerse y ocultarse del hombre corriente hasta que el entorno terrestre estuviera debidamente preparado para su asimilación.

El cuerpo de Thaisa es arrojado por la borda en un ataúd de madera, que llega a la costa cerca de la residencia de Cerimón. Cerimón revive a Thaisa, que se convierte en la sacerdotisa mayor del templo de Diana en Éfeso. De esta forma se transfiere el impulso de energía supracognitiva a Éfeso y se pone temporalmente bajo la protección de Diana. La resurrección de Thaisa en Éfeso se proyecta en Roma como la llegada de Octavio, el hijo adoptivo de César. Octavio formó un triunvirato con objeto de preparar a Roma para la asimilación de la liberación pospuesta de energía unitiva. El nacimiento de Marina desencadena la aparición de un impulso de energía unitiva en Roma, cuya primera manifestación terrestre es Octavia, la hermana de Octavio.

Tras la muerte en el mar de Thaisa, una tormenta obliga a Pericles a atracar en Tarso, el recién reactivado estado intermedio. Pericles deja a Marina al cuidado de Cleón y su mujer Dionisa. Así se le confía a Tarso una semilla de energía unitiva. Dionisa promete cuidar a Marina como a su propia hija.

Pericles zarpa de Tarso hacia Tiro. Sólo puede recomenzar su viaje una vez que el impulso de energía unitiva se active, es decir, cuando Marina esté lista para casarse. Mientras tanto, a Dionisa le pueden los celos y la envidia y se da cuenta de que su hija no es tan guapa como Marina, por lo que trama matar a Marina. Los celos de Dionisa interfieren con el proceso. Al rechazar a Marina, la ciudad de Tarso se desconecta de la cadena de transmisión. Tarso se vuelve, otra vez, espiritualmente corrupto. Más tarde, a consecuencia del rechazo, a Cleón y su familia los matan en el palacio. El intento de asesinar a Marina se repite en Roma como el rechazo de Marco Antonio a Octavia, cuyo resultado se ilustra en *Tito Andrónico*. Estos sucesos condujeron al colapso de la rama evolutiva romana; Europa entró en la Edad de las Tinieblas.

La conexión celta

Roma era incapaz de cumplir su función evolutiva y este fallo requería otro ajuste del plan evolutivo. De nuevo se emplea para ello la rama celta. Recordemos que había sido preparada para la tarea con los acontecimientos descritos en *El rey Lear*.

Después de que Marco Antonio rechazara a Octavia, el impulso de energía unitiva se transfiere a la Britania del siglo I. Los detalles de la intervención celta se describen en *Cimbelino*, la segunda obra de la trilogía celta de Shakespeare.

Cimbelino

Cimbelino es la continuación del *Rey Lear* por lo que no es de sorprender que el argumento del drama se parezca llamativamente al *Rey Lear*. Imogen es la hija de Cimbelino, rey de la Britania del siglo I. La relación entre el rey Cimbelino e Imogen es paralela a la del rey Lear y Cordelia.

Imogen representa el impulso de energía unitiva transferido desde Roma; es la proyección actual de Octavia. Imogen, en contra de los deseos de su padre, se casa con un joven de modestos medios llamado Póstumo Leonato, que es un romano criado en la corte de Cimbelino. La boda enfurece al rey Cimbelino porque había organizado que Imogen se casase con su zafio hijastro Cloten, hijo de la segunda esposa de Cimbelino. En castigo, Póstumo es desterrado a Italia.

Desde la perspectiva del Dominio, no hay pasado, presente ni futuro; aparecen cuando algunos acontecimientos dentro del Dominio se proyectan sobre nuestra percepción dividida espacio-temporal ordinaria. En el nivel del Dominio es posible acceder al futuro para poner en marcha una estrategia eficaz en el presente.

En *Cimbelino*, Shakespeare ilustra otro ejemplo de una intervención pasado-presente-futuro semejante. Manda a Póstumo de la Britania del siglo I, vía la Francia del siglo XIII, a la Roma renacentista del siglo XVI. A su regreso de Roma a Britania, Póstumo hace una breve parada en la Gales del siglo IX.

Cuando Póstumo está en la casa de Filario en Roma, se encuentra con un italiano llamado Iachimo. Éste arguye que todas las mujeres son naturalmente libertinas y provoca a Póstumo para que apueste sobre si será capaz de seducir a su mujer, Imogen. Es una situación similar a la del príncipe Tarquino y Colatino descrita en *La violación de Lucrecia*, pero el resultado es muy distinto porque ahora el proceso general lo dirige el Dominio mediante la recién formada cadena de transmisión (en este momento, Pericles ya ha llegado a Pentápolis). Las aparentes desgracias de Póstumo sirven un propósito constructivo. Se administran como medicinas para una enfermedad concreta; la dosis está controlada y se ajusta adecuadamente. Anteriormente, los actos de los semidioses mantenían a la humanidad en una especie de círculo vicioso: la cura era imposible.

Póstumo acepta la apuesta. Iachimo viaja a la corte de Cimbelino pero no consigue seducir a Imogen. Iachimo es más astuto que el príncipe Tarquino; no le impulsa la lujuria y no viola a Imogen. Su meta es deshonrarla así que emplea artimañas. Se esconde en un gran arcón que hace enviar al dormitorio de Imogen. Por la noche sale y roba un brazalete que le había regalado Póstumo. Iachimo regresa a Roma y, mostrando el brazalete y un conocimiento íntimo del dormitorio de Imogen, convence a Póstumo de que ha ganado la apuesta. Póstumo, furioso por la traición de su esposa, manda una carta a Britania ordenando a su sirviente Pisanio que asesine a Imogen. Pero Pisanio sabe que Imogen es inocente; informa a Póstumo de que ha matado a su mujer y, al mismo tiempo, convence a Imogen para que se disfrace de muchacho y vaya en busca de su marido. Así lo hace Imogen, pero se pierde por los yermos de Gales. Mientras tanto, el ejército de Octavio ha invadido Britania exigiendo reimplantar un tributo que Britania había dejado de pagar a Roma. Imogen disfrazada se emplea como paje. En ese momento, Póstumo e Iachimo viajan con las tropas romanas. Durante una batalla en Gales, Póstumo se viste de campesino y lucha valientemente por Britania. Los romanos son vencidos. Tras la batalla, Póstumo se viste de romano otra vez y los soldados de Cimbelino le hacen prisionero. Esa noche, el dios Júpiter llega a la cárcel e informa a los espíritus de los ancestros difuntos de Póstumo, que intercedían por él, de que él cuida de su descendiente. Al día siguiente, Cimbelino hace llamar a los prisioneros y se deshace el malentendido. Póstumo e Imogen vuelven a unirse.

Como se ilustra en la escena de la prisión, la intervención celta la ejecuta Júpiter que, como Neptuno y Diana en el caso de Pericles, representa a los agentes no corruptos del Dominio. Júpiter llega y anuncia que:

«Nuestra jupiterina estrella brillaba en su nacimiento y en nuestro templo se casó». (*Cimbelino*, V.4)

«Nuestra jupiterina estrella brillaba en su nacimiento» se refiere a que, cuando nació Póstumo, su padre Sicilio luchaba con los britanos contra los romanos, en época de Julio César. La función de Póstumo es ser receptor de la energía unitiva. Esto es importante porque indica que la intervención evolutiva celta se promovió antes del asesinato de Julio César. El nacimiento de Póstumo se organizó para compensar el *futuro* fracaso de Roma. Por eso se necesitaba la intervención de Júpiter. Cuando César fue asesinado, la transferencia de energía unitiva de Roma a Britania ya se había arreglado. Por eso, en sus últimas palabras, César dice que es «inexpugnable»; sabía que su función se iba a cumplir, la transferencia del impulso de energía unitiva ya se había asegurado («nuestra jupiterina estrella brillaba en su nacimiento y en nuestro templo se casó»).

Aunque Imogen y Póstumo se reúnen al final de la obra, su matrimonio no puede prolongarse. A pesar de sus experiencias en Francia e Italia, Póstumo no está del todo preparado para Imogen, lo que se ilustra en la última escena cuando es incapaz de percibir la belleza interior de Imogen. Mientras ella sigue disfrazada de paje, él no la reconoce:

Imogen:

«Calma, mi señor, escuchad, escuchad».

Póstumo:

«¿Vas a convertir esto en teatro? Paje desdeñoso, aquí está tu papel».
(*La golpea y ella cae.*)

Por eso Imogen debe ser transferida a otro lugar, como indicaba el oráculo de Júpiter que encontró Póstumo en la cárcel. Cuando Júpiter se marchó, Póstumo halló en el suelo un libro bellamente decorado:

«¿Un libro? ¡Oh excelente ejemplar! No seas, como nuestro falaz mundo, un vestido más noble que aquello que cubre: que tus efectos sean, no como nuestros cortesanos, tan buenos como prometen ser». (*Cimbelino*, V.4)

Las palabras de Póstumo «no seas, como nuestro falaz mundo, un vestido más noble que aquello que cubre» es una referencia al Libro de Kells que apareció en el siglo IX, lo que indica que la escena tiene lugar en Gales, en dicho siglo. Este libro ricamente ornamentado contiene el oráculo así como un resumen alegórico de las experiencias de Póstumo:

«Cuando como un cachorro de león, desconocido para sí mismo, encuentre sin buscarla una porción de aire tierno que le abrace; y cuando de un majestuoso cedro se talen ramas que, tras muchos años muertas, revivirán, se unirán al antiguo linaje y

crecerán de nuevo, entonces se acabarán los sufrimientos de
Póstumo, Britania será afortunada y florecerá en paz y
abundancia». (*Cimbelino*, V.4)

El oráculo es aplicable a Póstumo y al proceso evolutivo general
implementado en Europa occidental. La cadena de transmisión
evolutiva se compara a un «majestuoso cedro» mientras sus ramas
pueden describirse como «taladas». «Un cachorro de león» indica
un receptor de energía evolutiva. Cuando se expone a una persona
a un impulso de energía unitiva puede decirse que «una porción de
aire tierno la abraza». Según el oráculo de Júpiter, en ese momento
la rama celta llevaba «muchos años muerta», lo que significa que el
impulso de energía unitiva había sido retirado de Britania. Lo que
quedaba en la rama celta del siglo IX era un registro de los
acontecimientos asociados a la liberación de energía unitiva y la
proyección de un resultado futuro. «Britania será afortunada y
florecerá en paz y abundancia» es aplicable al capítulo final de la
narrativa de Shakespeare.

Imogen se transfiere de vuelta a la península italiana, donde este
impulso apareció por primera vez. Lo importante es que
permaneció en el mundo ordinario.

Se puede preguntar cuál era el propósito de tan sofisticada
intervención. Evidentemente, Póstumo no aprendió mucho de sus
aventuras en la Francia del siglo XIII y en la Italia del siglo XVI. La
respuesta se halla en el resto de las obras. Los detalles se explican
en el comentario del *Mercader de Venecia*.

Las obras de Shakespeare son una vívida ilustración de cómo se
ajustan, dentro del diseño universal, el libre albedrío y la causalidad.
La causalidad a nivel del hombre ordinario es el campo de
operaciones de la Voluntad del Dominio, quien la transfiere a
través de la cadena de transmisión. Cualquier ajuste al plan
evolutivo se manifiesta en el nivel del hombre ordinario como una
serie de oportunidades entretejidas que aparecen en diferentes

lugares en distintos tiempos. Por ejemplo, de acuerdo con la Voluntad del Dominio, el momento de liberar la energía unitiva en la Tierra estaba dictado por las necesidades evolutivas de la galaxia. Por tanto, había que preparar adecuadamente las condiciones terrestres para que el acontecimiento cumpliera este requisito evolutivo. La Roma de Julio César no fue capaz. Todo lo que podía hacerse era proporcionar otras oportunidades para que el hombre escogiera. Cada una aportaba al hombre una nueva ocasión de elegir constructivamente. Hizo falta una serie de dichas situaciones antes de que el hombre satisficiera la necesidad galáctica. Según la presentación de Shakespeare, se tardaron catorce siglos antes de que la energía unitiva se pudiera asimilar en el mundo ordinario.

Macbeth

La retirada de Imogen de Britania tuvo un dramático efecto en la rama celta. Las consecuencias se ilustran en *Macbeth*, el último drama de la trilogía celta. Es la historia del general escocés Macbeth. La obra se sitúa en Escocia durante el siglo XI. La característica más llamativa de Escocia es la ausencia de un impulso de energía unitiva. *Macbeth* es una obra que describe lo que ocurre cuando no hay una carga evolutiva activa.

Al principio del drama Macbeth y su amigo Banquo consiguen defender a Escocia de los rebeldes y de la invasión de Sweno, un rey noruego. Después, Macbeth y Banquo se encuentran con tres brujas que profetizan que Macbeth se convertirá en *thane* de Cawdor y luego en rey de Escocia. Asimismo profetizan que Banquo nunca será rey pero engendrará un linaje de reyes. Macbeth y Banquo se toman la profecía con escepticismo pero después se encuentran con unos hombres del rey Duncan que vienen a anunciar a Macbeth que, efectivamente, se ha convertido en *thane* de Cawdor. Macbeth queda atónito ante la posibilidad de que la segunda parte de la profecía de las brujas también se haga realidad.

Cuando le cuenta los augurios de las brujas a Lady Macbeth, ella quiere que él sea rey y consigue contrarrestar las objeciones de su marido y convencerle para que mate al rey Duncan. Macbeth asesina a Duncan y se hace con el trono.

Las brujas representan a las fuerzas destructivas. Su aparición es una muestra más de la ausencia de cambio evolutivo ya que, en tales casos, las fuerzas destructivas disponen de más espacio para ejercer su perniciosa influencia. Las brujas eligen como objetivo a Macbeth. Los espectadores pueden ver claramente cómo le influyen sus mensajes, elaborados de tal modo que afectan al oyente según su estado interior, acarreando así su propio cumplimiento.

Por otro lado, las profecías de las brujas tienen que basarse en una plantilla compuesta de una presentación fiel de acontecimientos futuros. Los medios de que disponen las brujas se limitan a un grado marginal de énfasis engañoso y presentación tendenciosa. Según la fórmula «los iguales se atraen», tampoco las acciones de las brujas son perfectas. Hécate, la diosa de la brujería, está enfadada con ellas porque no la han consultado antes de su primer encuentro con Macbeth. Se enoja porque las brujas han invertido sus hechizos en un aspecto de Escocia bastante débil. Desde la perspectiva de Hécate, Macbeth no es lo bastante depravado y no puede servir al mal con la suficiente eficacia. Sólo le interesan su codicia personal y sus deseos simplistas. A Macbeth se le puede corromper con facilidad, pero no es un auténtico villano al nivel de, por ejemplo, Aarón en *Tito Andrónico*. Macbeth no representa el mismo grado de fiereza y determinación. De hecho, se comporta de una forma bastante débil y tambaleante. Que «quiera por sus propios fines, no por vosotras» puede echar a perder el objetivo general de Hécate. Por ello dice a las brujas que lo organizará para que Macbeth vuelva a ellas en busca de otra profecía y, cuando lo haga, ellas deben invocar visiones y espíritus que refuercen la malevolencia de Macbeth llenándole de un falso sentimiento de seguridad y empujándole a un mayor denuedo en su perversa búsqueda:

«Que, por la fuerza de su quimera, le confundirán: desdeñará el destino, despreciará a la muerte y elevará sus esperanzas por encima de la sabiduría, la piedad y el temor. Y como sabéis, la seguridad es el peor enemigo de los mortales». (*Macbeth*, III.5)

Como «la seguridad es el peor enemigo de los mortales», Macbeth cae en la trampa de las brujas. Escoge un camino que le conduce a su destrucción.

Banquo encarna al aspecto más consciente de Escocia. La percepción de Banquo se demuestra nada más empezar la obra, cuando se encuentran con las brujas. Ellas le prometen que sus descendientes heredarán el trono escocés pero, a diferencia de Macbeth, Banquo no traduce el augurio en acto. No se permite caer en la trampa de las brujas e intenta explicar a Macbeth:

«Con frecuencia, para perjudicarnos, los instrumentos de la oscuridad nos cuentan la verdad sobre nimiedades para convencernos y luego nos traicionan con graves consecuencias». (*Macbeth*, I.3)

Pero Banquo no es capaz de influir en Macbeth. Temiendo que los descendientes de Banquo hereden el trono, Macbeth contrata asesinos para que maten a Banquo y a su hijo Fleance. Planea la escena del crimen y, disfrazado, se une a los asesinos. Banquo muere pero Fleance escapa.

Hécate usa el fantasma de Banquo para conseguir que Macbeth regrese a las brujas. En su segundo encuentro, ellas le muestran una procesión de reyes coronados al final de la cual va el fantasma de Banquo. Esta es la reacción de Macbeth ante la visión:

«Te pareces demasiado al fantasma de Banquo. ¡Vete! Tu corona me quema los ojos. Tu cabello que otra vez rodea de oro tu frente es como el del primero. Un tercero que es como el anterior. ¡Brujas asquerosas! ¿Por qué me mostráis esto? ¡Un cuarto! ¡Saltad ojos! ¿Acaso la fila se extiende hasta el Juicio Final? ¡Otro! ¡Un séptimo! No quiero ver más pero aparece un octavo con un espejo que me muestra muchos más y algunos veo que llevan dobles globos y triples cetros[6]. ¡Horrible visión! Ahora veo que es cierto, pues Banquo con el pelo ensangrentado me sonríe y los señala como de su linaje».
(*Macbeth*, IV.1)

La procesión de reyes puede interpretarse como la confirmación de la predicción anterior de las brujas acerca de que los herederos de Banquo serían los futuros reyes. Obsérvese que el rey Jaime I, patrón de Shakespeare, afirmaba descender del personaje histórico Banquo, nueve generaciones después. Puede suponerse que Shakespeare emplea la escena para adular al rey pero esa interpretación es exactamente lo que las brujas querían que Macbeth y el público creyeran. Hay que tener cuidado para no fiarse de las profecías. Recordemos la advertencia de Banquo, «los instrumentos de la oscuridad nos cuentan la verdad sobre nimiedades para convencernos y luego nos traicionan con graves consecuencias». Puede parecer que las obras de Shakespeare halagan al público, pero sólo si su engreimiento lo permite.

Es importante ver que a Macbeth no le vence Fleance ni ninguno de los herederos de Banquo. Malcolm, hijo mayor de Duncan, y sus descendientes formaron la estirpe de reyes escoceses. Malcolm no era pariente de Banquo, de hecho era primo de Macbeth. Lo que significa que los reyes de la procesión de las brujas no eran los descendientes de Banquo.

---

[6] Son reyes de más de un país.

Macbeth se elimina con la ayuda del rey Eduardo de Inglaterra. Si Inglaterra no se hubiera implicado, habría sido imposible devolver a Escocia el equilibrio interior. Shakespeare describe al rey Eduardo como un sanador innato y un hacedor de milagros. Se ilustra en una escena donde Macduff, un noble escocés, habla con Malcolm fuera del palacio del rey Eduardo en Inglaterra. Aparece brevemente un médico diciendo que una «multitud de desgraciados» espera al rey Eduardo para curarse:

«Sí, señor. Una multitud de desgraciados espera de él su curación. Su enfermedad desafía todo esfuerzo del arte pero, en cuanto les toca, tal es la santidad que el cielo ha otorgado a su mano que sanan inmediatamente». (*Macbeth*, IV.3)

Cuando el médico se marcha, Macduff le pregunta a Malcolm:

«¿A qué enfermedad se refiere?»

Malcolm explica que el rey Eduardo posee una milagrosa capacidad de curar una enfermedad llamada «el mal»:

«Se llama el mal; este buen rey obra milagros, lo cual he visto con frecuencia desde que resido aquí. Él sabrá cómo le ruega al cielo pero a personas con extraños síntomas, hinchadas y ulcerosas, que da lástima verlas y por las que la cirugía ya nada puede hacer, él las cura colgando un sello de oro de sus cuellos y rezando santas oraciones. Y se dice que transmite a sus herederos reales tal bendición sanadora. Y junto a esta extraña virtud, posee un celestial don de profecía y varias otras bendiciones rodean su trono señalándolo como lleno de gracia». (*Macbeth*, IV.3)

Shakespeare usa la figura histórica del rey Eduardo el Confesor para describir el funcionamiento de los mecanismos naturales de protección, que pueden activarse cuando el proceso evolutivo alcanza un estado crítico y hay riesgo de que se extinga un determinado ser. Tales mecanismos pueden impedir un fracaso total pero no pueden llevar al ser a un estado superior de desarrollo.

En *Macbeth* el rey Eduardo proporciona tal medida protectora después de que la carga evolutiva se retirara de la rama celta, en forma de «diez mil soldados ingleses» enviados a Escocia. Este remedio permitió que Escocia se curase de su enfermedad. En ese punto, Escocia se salvó pero la rama evolutiva celta se terminó y las futuras etapas del proceso evolutivo se invirtieron en Inglaterra. El comentario de Malcolm, «transmite a sus herederos reales tal bendición sanadora» se refiere a dicha transferencia a la futura estirpe de reyes ingleses. En este contexto, la procesión de reyes en la profecía de las brujas es una ilustración simbólica del vínculo que mantuvo el proceso evolutivo en esa región geográfica. Los siete reyes de la procesión son como las siete etapas evolutivas descritas por Shakespeare en los dramas históricos.

Las siete etapas se representan simbólicamente con los siete reyes ingleses: el rey Juan, Ricardo II, Enrique IV, Enrique V, Enrique VI, Ricardo III y Enrique VIII. El octavo rey es la reina Isabel I. La «bendición» que se transmite se indica simbólicamente con la corona de Eduardo el Confesor. En *Enrique VIII*, última obra histórica, se hace referencia a esta corona. La heredó Ana Bolena, madre de Isabel I:

> «La corona de Eduardo el Confesor, el cetro, el ave de la paz y todos estos emblemas se dispusieron noblemente sobre ella».
> (*Enrique VIII*, IV.1)

Después de Isabel I apareció una nueva estirpe de reyes, mostrados en la procesión de las brujas como reflejos en un espejo que lleva el octavo rey. De hecho, el primer rey de este nuevo linaje aparece en época de *Las alegres comadres de Windsor*.

La conexión bizantina

Tras los fracasos de las ramas romana y celta, el siguiente esfuerzo evolutivo se centra nuevamente en Grecia y condujo a la formación de Bizancio en el siglo IV d.c. que fue la siguiente opción evolutiva que se ofreció a la humanidad después del fallo de los romanos y celtas.

Volvamos al viaje de Pericles. El intento de Dionisa de matar a Marina lo frustran los piratas, que se llevan a Marina a Mitilene y la venden para la prostitución. Al llegar Marina, Mitilene se reactiva como estado intermedio temporal y se convierte en el sustituto actual del Tarso disfuncional.

Mitilene se utiliza para reactivar el proceso evolutivo en Grecia. Se presenta como un burdel, un lugar donde el «amor» se usa mal y se trata como mercancía, lo que indica que la ciudad está infectada con restos de las antiguas impurezas. Por tanto, primero hay que limpiar Mitilene, lo que puede hacerse exponiéndola a la energía creativa, es decir, un modo inferior del espectro evolutivo. Un enfoque similar se empleó para despertar el corazón estéril de Roma en época de Julio César.

Marina propone al burdel una manera mejor de beneficiarse de su presencia: se ofrece a enseñar a las jóvenes damas de Mitilene a «cantar, tejer, coser y bailar». El burdel accede y la emplea como tutora de chicas respetables. De este modo puede ejercer su influencia sobre la ciudad; pronto se hace famosa por su música y otras artes. Al mismo tiempo, se trae un impulso de creatividad a Mitilene desde Roma. En Roma lo representaba Lavinia. Lavinia se convierte en una de las damas que trabaja con Marina.

La respuesta de Mitilene a su exposición a la creatividad señala la asimilación constructiva de la misma. Es la primera vez que la energía creativa se usa correctamente en el estado intermedio, lo que se ilustra como el cambio de tratar a Marina como cortesana en lugar de prostituta. A partir de este momento, Shakespeare usa a las prostitutas para indicar impulsos de energía creativa.

Lisímaco, gobernador de Mitilene, se encuentra con Marina en el prostíbulo e inmediatamente reconoce sus inusuales cualidades y el efecto que produce en quienes la rodean. Se enamora de ella. Es entonces cuando llega a Mitilene el barco de Pericles. Lisímaco lleva a Marina esperando que pueda curar la mudez de Pericles:

«Nuestro buque es de Tiro, en él se halla el rey, un hombre que lleva tres meses sin hablar». (*Pericles*, V.1)

Pericles y Marina se reúnen; los «tres meses» que llevaba sin hablar Pericles equivalen a tres siglos históricos, lo que significa que la llegada de Pericles a Mitilene corresponde al siglo IV. Los acontecimientos que ocurren en Mitilene se proyectan a Bizancio. Shakespeare describe esta fase del proceso en *Timón de Atenas*.

Timón de Atenas

Ni la rama evolutiva romana ni la celta pudieron proporcionar un vehículo adecuado para continuar el proceso evolutivo en Europa. En su lugar, la civilización moderna europea nació en Atenas.

La semilla de la Europa moderna se plantó cuando Pericles llegó a Mitilene, suceso que se proyectó a la Atenas del siglo IV y se registró como la fundación del imperio bizantino. En la Edad Media, el imperio bizantino fue la continuación del romano y también se denomina como imperio romano oriental. Durante algún tiempo la península balcánica y Sicilia pertenecieron a Bizancio. Cuando el imperio romano occidental se colapsó, Bizancio siguió prosperando y duró más de mil años. Durante la mayor parte de su existencia, el imperio fue la fuerza económica, cultural y militar más poderosa de Europa.

La opción bizantina se llevó a cabo mediante una segunda exposición de esta región a la energía creativa. *Timón de Atenas* ilustra las circunstancias que llevaron a fundar Bizancio. Es la primera obra de la hexalogía bohemia de Shakespeare.

Timón es un rico ateniense que disfruta dando oro a sus amigos, pero no lo hace deseando compensación. Dice a los atenienses que la amistad es dar sin esperar algo a cambio. Entre sus amigos hay mucha gente que se queda para intentar aprovecharse de su compañía. Los atenienses están asombrados de que Timón siga siendo tan generoso, pues les parece que debe tener algún poder mágico para poseer tan inagotable riqueza.

La obra implica que Atenas está ligada a Mitilene; así lo indica el Bufón. La señora del Bufón dirige un burdel y él explica:

«Creo que todos los usureros tienen tontos de sirvientes: mi dueña es una de ellos y yo soy su tonto. Cuando los hombres vienen a pedir préstamos a vuestros amos llegan tristes y se van contentos; pero cuando entran alegres en casa de mi dueña y se van apenados ¿cuál es la razón?» (*Timón de Atenas*, II.2)

El Bufón se refiere a los atenienses como usureros y a los de Mitilene como alcahuetes. Explica que visitar a los usureros satisface a los clientes con una ganancia ficticia, por eso «se van contentos», pues piensan que han ganado algo. La descripción del Bufón de la «casa de su dueña» es una referencia al burdel al que los piratas llevaron a Marina. Allí los hombres entraban alegres pero después de encontrarse con Marina se daban cuenta de su lamentable estado y se marchaban tristes. (En el momento de la aparición del Bufón en Atenas, Marina todavía estaba en el burdel de Mitilene).

La representación simbólica de Mitilene-Atenas es un reflejo de la estructura interior del mundo antiguo ilustrada por Troya-Grecia en *Troilo y Cresida*. El estado intermedio de Mitilene, como Troya, está infectado de idolatría (o «prostitución»). El estado ordinario de Atenas, como la antigua Grecia, está corrompido, pero hay una divergencia importante: Mitilene, a diferencia de Troya, se ha conectado a la cadena de transmisión evolutiva.

La presencia de Marina permite a Mitilene asimilar la energía creativa, que se proyectaría en Atenas. Timón es un custodio del proceso. Su papel es preparar a los atenienses para su exposición a la creatividad. El efecto de la energía creativa se indica simbólicamente con la presencia de «oro», y es este «oro» el que posee Timón y se lo da gratuitamente a cualquiera que se le acerque. No espera nada a cambio. «Nadie puede verdaderamente decir que da, si recibe» subraya el modus operandi de la interacción con la energía evolutiva. Quienes la han «recibido» deben también «dar» de esta manera. Es decir, Timón enseña verdadera generosidad a los atenienses, necesaria para asimilar eficazmente la energía creativa. Quienes no siguen la regla se llaman «usureros».

Pero la ciudad de Atenas no es capaz de responder adecuadamente al impacto de los regalos de Timón. Cuando les llega el momento de «dar», los atenienses demuestran ser usureros corrientes. En ese momento Timón recibe instrucciones de Mitilene, entregadas por el Paje de la dueña del Bufón. Tras recibirlas, Timón deja la ciudad y va a un bosque, lo que corresponde al momento del encuentro entre Pericles y Marina. Inmediatamente después de la reunión, Pericles se duerme en el barco anclado en el puerto de Mitilene. Desde una perspectiva histórica, el sueño de Pericles duró trescientos años, es decir, desde el siglo IV al VII. El sueño de Pericles señala una «ocasión energética» que proporciona una ventana de oportunidad para que Atenas establezca un vínculo permanente con Mitilene. Ese vínculo es necesario para conectar a Atenas con la cadena de transmisión. La función de Timón es potenciar al máximo la oportunidad que se le ofrece a Atenas.

Mientras está en el bosque, Timón encuentra un tesoro de oro; es entonces cuando describe su función:

«¿Qué hay aquí? ¿Oro? ¿Oro amarillo, brillante, precioso? No, dioses, no soy un frívolo devoto: ¡raíces, oh cielos claros! Un poco de esto convertirá a lo negro en blanco, lo feo en bello, lo incorrecto en correcto, lo vil en noble, lo viejo en joven, lo cobarde en valiente». (*Timón de Atenas*, IV.3)

El efecto del «oro» es tal que convierte «lo negro en blanco, lo feo en bello, lo incorrecto en correcto, lo vil en noble, lo viejo en joven, lo cobarde en valiente».

Mientras está en el bosque, Timón empieza a distribuir «oro» de una forma más selectiva. Sólo pueden recibirlo los que consiguen encontrarle, pero a quienes llegan al bosque y todavía buscan «usura» se les hace marchar. Timón diagnostica y decide qué remedio aplicar a cuantos consiguen hallarle en el bosque, entre ellos dos prostitutas, Frinia y Timandra. La aparición de Frinia y Timandra es otra característica que Atenas ha heredado de la antigua Grecia. Podemos reconocer a Frinia y Timandra como las antiguas heroínas Helena y Cresida de *Troilo y Cresida*.

Timón también se encuentra con su administrador Flavio, el único ateniense que ha sido capaz de cumplir con su servicio correctamente, por lo que se le puede confiar una función más difícil. Timón le da oro con la condición de que se lo quedará y jamás se lo dará a nadie, ni al mendigo más flaco. El nuevo papel de Flavio es ser pastor del «oro».

En su conjunto, la ciudad no es capaz de aprovechar la ocasión. Al final, sólo hay una forma de ayudar a los atenienses a salvarse de la inminente catástrofe. Es su última oportunidad. Timón cuenta a los atenienses que hay un árbol cerca de su cueva que pronto se talará y que cualquiera que quiera evitar el desastre que se acerca debe ir al árbol y «colgarse»:

«Tengo un árbol que crece en mi cercado que mi propio uso me invita a cortar y en breve he de talar: decid a mis amigos, decid a Atenas en la secuencia de grado del más alto al más bajo, que quien quiera detener la aflicción se apresure a venir aquí, antes de que mi árbol sienta el hacha, y se cuelgue».
(*Timón de Atenas*, V.1)

En esta cita Timón explica una posible solución para los atenienses: pueden salvarse abandonando sus deseos egoístas, lo que significa «morir» para los propios deseos terrenales o «colgarse» del árbol. Si intentaran colgarse, el árbol se caería y debajo encontrarían el «oro» de Timón. Este es el significado de «el hombre tiene que morir antes de morir». Pero hay un límite temporal para dicha acción: debe hacerse antes de que Timón tale el árbol, que representa simbólicamente el vínculo temporal con Mitilene. El plazo para la activación del vínculo permanente lo marca el sueño de Pericles y expirará cuando éste se despierte.

En su actual estado de desarrollo los atenienses no comprenden el mensaje de Timón. No pueden beneficiarse de la enseñanza de Timón, por lo que hay que conservar el «oro» para un futuro. Timón muere. En su epitafio dice que preservará su tesoro en «su mansión eterna», referencia al lugar donde se transferirá el oro. La muerte de Timón señala la desactivación de Mitilene y corresponde a cuando Pericles y Marina parten de Mitilene hacia Éfeso.

La presencia de Timón dio a Atenas la ocasión de formar un enlace permanente con el estado intermedio, pero Atenas perdió tan gran oportunidad. No obstante, el proceso debía avanzar y continúa hacia el oeste. La siguiente etapa abarca la región de la costa occidental de la península balcánica. Shakespeare se refiere a la zona como «Bohemia» y allí se transfiere el oro de Timón. Las actividades de la zona se ilustran en las obras bohemias. En este contexto puede considerarse a Timón de Atenas como el primer drama bohemio.

Una nueva cadena de transmisión

La reunión de Pericles y Marina tiene lugar en Mitilene. En ese preciso instante Pericles oye la música de las esferas:

«¡La música de las esferas! Escucha, Marina».
«¡Música celestial! Me obliga a escuchar y un espeso sueño pende sobre mis ojos: dejadme descansar».
(*Pericles*, V.1)

Justo después de oír «la música de las esferas» Pericles se duerme. En su sueño aparece la diosa Diana y le ordena que vaya a su templo de Éfeso para contar su historia. Este episodio ocurre el día del festival de Neptuno lo que confirma que Neptuno y Diana, es decir, los agentes del Dominio, están involucrados en el proceso. Cuando Pericles despierta, va a Éfeso y se reúne con Thaisa, lo cual sucede en el mundo ordinario. Esto devuelve a Pericles al principio de su viaje: el siglo VII.

Thaisa informa a Pericles que Simónides, su padre, ha muerto. Pericles se convierte en su sucesor y anuncia que celebrará la boda de Lisímaco y Marina en Pentápolis:

«Este príncipe, el apuesto prometido de tu hija, se casará con ella en Pentápolis». (*Pericles*, V.3)

Aquí se completa una nueva estructura de la cadena de transmisión, que contiene a Diana, Neptuno, Thaisa, Pericles, Marina, Lisímaco y la Dama «silenciosa» que aparece en la escena final. La Dama silenciosa es uno de los así llamados personajes fantasma de Shakespeare. Se mencionan en las indicaciones de escena pero no dicen ni hacen nada. Shakespeare los usa para indicar vínculos con sus otras obras. La Dama silenciosa de Éfeso es una de las cortesanas entrenadas por Marina en Mitilene y acompañó a Marina durante su reunión con Pericles (la «doncella acompañante» de Marina). La Dama silenciosa representa un impulso de energía creativa y su presencia es necesaria para formar el eslabón inferior de la cadena de transmisión. Este eslabón inferior está abierto; tiene un hueco, lo que significa que es accesible a quienes están reunidos en el templo de Éfeso y que han sido capaces de aprender de la historia de Pericles. Pueden llenar el hueco y así ser elevados espiritualmente hasta el Dominio. Es la primera vez que el hombre moderno dispone de semejante acceso.

En esta recién formada cadena de transmisión la energía creativa (la Dama silenciosa) proporciona un enlace entre el estado ordinario y el intermedio; la energía unitiva (Marina) enlaza el estado intermedio con el superior; la energía supracognitiva (Thaisa) proporciona un enlace con el Dominio. Cuando se complete el eslabón inferior, es decir, cuando haya un compañero adecuado para la Dama silenciosa, la estructura general formará una nueva plantilla: se compondrá de cuatro parejas. Esta nueva plantilla tomará la forma de un octógono ascendente que se expande desde el estado ordinario, pasando por el intermedio y el superior hasta alcanzar el Dominio. Dicha estructura octogonal es como una escalera que da al hombre acceso al Dominio. Es una forma nueva de la plantilla evolutiva. Lo que significa que después del regreso de Pericles a Pentápolis, la plantilla evolutiva cambió del triángulo al octógono.

La recién restablecida cadena permitió la transmisión del espectro completo de energías evolutivas, que ahora incluía la energía supracognitiva, la más elevada disponible en la galaxia. Este fue el acontecimiento más importante en la historia evolutiva de la humanidad. La energía consciente se puso a disposición del hombre ordinario pero ni la supracognitiva, ni la unitiva, ni la creativa se liberaron para la humanidad en general[7].

---

[7] Los personajes que representan impulsos de energía unitiva y creativa se relacionan en el cuadro anterior.

Al final de la misión de Pericles, todo el espectro estuvo a disposición de ciertas personas selectas, representadas simbólicamente por los que estaban presentes en el templo de Diana en Éfeso cuando Thaisa y Pericles se reunieron. Fueron testigos del relato de las experiencias de Pericles, estuvieron expuestos al impacto del octógono y así se enlazaron con la cadena de transmisión. Desde entonces, este grupo de personas y sus sucesores han actuado como custodios y guías del proceso evolutivo. Su función es actuar en etapas críticas del proceso logrando resultados necesarios para mantener la evolución global del planeta sintonizada con los acontecimientos de la galaxia. Desde ese momento, estos custodios han supervisado y dirigido las intervenciones evolutivas o comienzos de nuevas fases del proceso evolutivo. Algunos de los guías, que se distinguen por su extraordinaria percepción y habilidad, aparecen en las obras de Shakespeare.

Pericles, príncipe de Tiro proporciona una clave del diseño en el que se basa el teatro de Shakespeare. Por razones obvias, la llave no se dejó en la puerta: *Pericles, príncipe de Tiro* fue el único drama de Shakespeare que no se incluyó en el Primer Folio de 1623, primera colección de su teatro. Pero la «clave» fue muy bien preservada. Los derechos de impresión de la obra estaban en manos del mismo taller que imprimió el Primer Folio.

CICLO EVOLUTIVO MODERNO

Pericles desanda sus pasos y regresa a Pentápolis. Al llegar, se cierra el bucle ascendente-descendente; su misión se ha completado. Se ha logrado un hito trascendental en la evolución humana, marcado por un cambio en la matriz cósmica: la plantilla evolutiva pasa de un triángulo a un octógono. La caballeresca Pentápolis se transforma en Mauritania.

Es evidente que los fracasos griego y romano retrasaron la evolución del planeta. Era necesario, por tanto, poner en práctica una estrategia que le permitiera alcanzar el plan galáctico general. Después de la reactivación de la cadena de transmisión los custodios tuvieron acceso a un método avanzado de desarrollo. El método anterior era secuencial, es decir, el primer paso era la asimilación de un impulso inferior, seguido de la exposición a modos más elevados de energía evolutiva. Sin embargo ahora el acceso a todo el espectro de energías de desarrollo y la presencia catalizadora de la energía supracognitiva posibilitan un enfoque más eficaz, mediante el cual pueden usarse varios impulsos a la vez. La exposición simultánea a diversos impulsos evolutivos permite la formación acelerada de una estructura interior octogonal que, en su forma simplificada, puede formarse en el estado ordinario. La activación de un octógono produce una «onda» que se expande y afecta a su entorno inmediato. Para describir este efecto Shakespeare utiliza el término «gloria» y lo compara a un «círculo en el agua» que se extiende por el tiempo:

«La gloria es como un círculo en el agua que nunca cesa de aumentar hasta que, por extenderse, se dispersa y queda en nada». (*Enrique VI, primera parte*, I.2)

Al cabo de un tiempo, esa onda se dispersa y «queda en nada». Pero si hay dos o más ondas expandiéndose desde diversos lugares pueden encontrarse en un punto y solaparse. Si el momento y las amplitudes están debidamente alineados, hay una posibilidad de que se superpongan constructivamente. En consecuencia, el efecto general se aumenta y prolonga; se puede activar un estado superior permanente.

Esta estrategia es la que se llevó a cabo en Europa occidental. Se decidió formar dos estructuras octogonales en dos zonas geográficas distintas. Un octógono se situaría en Italia; el segundo en Inglaterra. El «campo de onda» generado por estos dos octógonos cubriría toda Europa occidental y sacaría a Europa de la Edad de las Tinieblas. Para ejecutar esta fase del proceso se necesitaban dos canales de transmisión nuevos, que se activaron desde dos nuevos estados intermedios: Chipre y Sicilia.

Tras la muerte de Timón de Atenas, Mitilene se desactivó y se dividió en dos estados intermedios nuevos paralelos, representados por dos islas, Chipre y Sicilia, activados directamente desde Mauritania. Se convirtieron en parte de la red evolutiva y, a través de ellos, se transmitieron las cargas evolutivas que contenían impulsos suficientes para la formación de dos estructuras octogonales.

La proyección chipriota estaba dirigida a activar una estructura octogonal en el ser de Inglaterra. Este canal salía de Chipre, pasando por la España mora al sur de Francia y, de ahí, a Inglaterra. La carga chipriota contenía toda la carga necesaria para formar el octógono. Incluía los cuatro impulsos evolutivos: *amarillo*, *rojo*, *negro* y *blanco*. El impulso de energía creativa (*amarillo*) se había liberado anteriormente en las ramas celtas y romana. Como se describe en *El rey Lear*, cuando se liberó por primera vez en Britania el impulso estaba bajo la protección de los Caballeros. En época de *Tito Andrónico* lo representaba Lavinia. Tras el colapso de la rama romana se transfirió de Roma a Mitilene y, después de la desactivación de Mitilene, este impulso de energía creativa se puso en Chipre. Junto con los impulsos restantes necesarios para la formación del octógono, *negro*, *rojo* y *blanco*, se transmitiría desde Chipre, pasando por la España mora y Francia, hasta Inglaterra.

El enlace siciliano estaba diseñado para activar una estructura interior octogonal en Italia y debía transmitir la carga evolutiva desde Sicilia, pasando por la costa occidental de la península balcánica, al norte de Italia. La proyección siciliana incluía el impulso de energía unitiva activado previamente en la rama celta. En tiempos de *Cimbelino* este impulso (*rojo*) lo representaba Imogen. Antes del colapso de la rama celta se transfirió al norte de Italia. La carga invertida en el enlace siciliano se componía de los restantes impulsos requeridos para formar una estructura octogonal: *negro*, *blanco* y *amarillo* que se transmitirían a Italia desde Sicilia por vía de los Balcanes.

Como se ha mencionado, para llevar a cabo el siguiente hito de la evolución humana, se requerían dos estructuras octogonales activas, una en Inglaterra y otra en Italia. El resto de las obras de teatro son el registro de los esfuerzos invertidos en este hito evolutivo. En el mundo ordinario, el hito se manifestaría como la aparición del Renacimiento europeo.

El enlace siciliano

Una vez completada la misión de Pericles, el siguiente paso del proceso requería construir una infraestructura que permitiera la transmisión de la necesaria carga evolutiva desde Sicilia, pasando por los Balcanes, hasta Italia. Dicha infraestructura puede compararse a una red de distribución eléctrica. La electricidad se transmite desde una central a estaciones distribuidoras por líneas de alto voltaje. El alto voltaje se reduce gradualmente pasando por una serie de subestaciones intermedias antes de llegar a las casas. El cuadro eléctrico de una casa es la estación más baja de la red eléctrica, necesario para suministrar electricidad a la casa.

La comedia de los errores describe cómo se empleó el enlace siciliano para formar una nueva red de distribución evolutiva en Europa.

La comedia de los errores

Se seleccionó la ciudad de Siracusa en la isla de Sicilia como puesto de avanzada para la transmisión de energías evolutivas a Italia. La ciudad de Epidamno, en la costa occidental de la península balcánica fue el primer lugar enlazado con la avanzada siciliana. Es donde se transfirió, desde Atenas, el «oro» de Timón. La península de los Balcanes iba a servir de escalón que condujera a Italia. Según la presentación de Shakespeare, esta zona fue parte de Bohemia y antiguamente se conocía como Iliria.

El vínculo entre Sicilia y Bohemia se forma mediante una tríada de transmisión. En *La comedia de los errores* se describe la tríada compuesta de Emilia, su marido Egeón y el agente de Egeón. Emilia es la custodia de la transmisión; tiene acceso a todo el espectro evolutivo y puede ejercer su percepción supracognitiva. Su función es establecer un nuevo eslabón de transmisión. Emilia y Egeón residen en Siracusa; el agente de Egeón vive en Epidamno.

Egeón de Siracusa ha conseguido su «riqueza» durante frecuentes viajes a Epidamno:

«Nuestra riqueza aumentó con los prósperos viajes que con frecuencia realizaba a Epidamno».
(*La comedia de los errores*, I.1)

La «riqueza» de Egeón era el «oro» de Timón transferido desde Atenas a los Balcanes. Cuando el agente de Egeón muere, Egeón debe abandonar Siracusa y viajar a Epidamno. Había que formar una nueva tríada para mantener y expandir el proceso evolutivo. Emilia, que estaba embarazada, sigue a su marido a Epidamno.

Shakespeare da una interesante descripción de la metodología avanzada disponible para los custodios tras la restauración de la cadena de transmisión. El proceso se acelera mediante la activación simultánea de dos tríadas. La preparación se señala con dos pares de gemelos nacidos en Epidamno. Los de Egeón y Emilia se llaman Antífolo. Los otros, llamados Dromio, son los sirvientes de los Antífolos. Para entender mejor el sentido alegórico de *La comedia de los errores*, hay que darse cuenta de que los gemelos de Emilia representan dos aspectos de la facultad intelecto y sus sirvientes simbolizan la facultad ego. Actualmente los dos aspectos del intelecto se hallan en estado latente y entrarán en función cuando los niños alcancen la madurez.

Los gemelos de Emilia están entrelazados, lo que significa que se hallan ligados aunque se encuentren en diferentes lugares, entornos o dimensiones temporales. El entrelazamiento les permite la exposición simultánea a las energías reformadoras y purificadoras.

Después del parto, Emilia insiste en regresar a Siracusa. El barco que lleva a Egeón, Emilia y los dos pares de gemelos se parte debido a una tormenta. Es entonces cuando Emilia forma las dos tríadas:

«Mi esposa, preocupada por el benjamín, lo ató a un mástil de reserva de los que usan los marineros en las tempestades, y a él sujetó uno de los otros gemelos mientras yo hacía lo mismo con los otros. Dispuestos así los niños, mi mujer y yo, fijando nuestros ojos en aquéllos que a nuestro cuidado estaban fijados, nos atamos a sendos extremos del mástil».

(*La comedia de los errores*, I.1)

Esta cita describe con precisión las recién formadas tríadas. Refiriéndose al «benjamín», Egeón recalca una diferencia cualitativa en las tríadas que determina sus funciones evolutivas, es decir, el «último nacido» está designado para una energía evolutiva superior. Aunque la expresión «fijando nuestros ojos en aquéllos que a nuestro cuidado estaban fijados» parece ambivalente, su sentido se aclara en la última escena de la obra; el Dromio de Siracusa indica que el «último nacido» se refiere a la tríada de Siracusa:

«Yo no, señor, sois mayor que yo».

(*La comedia de los errores*, V.1)

Así, Egeón, el Antífolo menor y su sirviente Dromio forman la tríada superior. Emilia, el Antífolo mayor y el otro Dromio forman la tríada inferior. Estas tríadas serán la infraestructura básica de la nueva red evolutiva.

Durante la tormenta, el mástil se parte en dos y cada pedazo sigue distintos rumbos. Los marineros de Epidauro recogen a Egeón, su hijo menor y su sirviente Dromio. Egeón consigue regresar a Siracusa y esta tríada queda temporalmente a la espera hasta que sea el momento adecuado para el siguiente paso del proceso.

A Emilia, el Antífolo mayor y el otro Dromio los rescatan hombres de Epidamno, pero unos piratas les hacen desviarse y separan a Emilia de su hijo y el sirviente, que acaban al servicio del duque de Éfeso. Emilia va a la abadía de Diana en Éfeso.

La función del santuario de Diana y sus devotos es proteger y conservar las energías evolutivas hasta que el entorno esté preparado para asimilarlas. Esta parte del proceso sigue el modelo descrito en *Pericles, príncipe de Tiro*. La separación de Egeón y Emilia, como la de Pericles y Thaisa, representa un periodo de protección.

La siguiente fase requiere la activación de las tríadas exponiéndolas a energías reformadoras y purificadoras. En otras palabras, los dos «carros» deben transformarse de una tríada estéril en una activa. (Esto se corresponde con la transformación que Octavio intentó llevar a cabo en Roma). Esta etapa del proceso debe completarse en una central energética temporal, representada aquí por la abadía de Diana en Éfeso. La obra narra el viaje de los gemelos a la abadía.

Las aventuras de los Antífolos describen dos procesos paralelos: la reforma y la purificación. La reforma se ilustra con las experiencias del hermano de Éfeso (el mayor) y la purificación con las del de Siracusa (el menor).

La reforma se lleva a cabo mediante la exposición a la energía consciente, previamente liberada, representada por Adriana, mujer del Antífolo de Éfeso. Después de la reunión de Pericles y Thaisa, dicha energía estaba disponible para las personas corrientes. Por tanto, el Antífolo de Éfeso ya llevaba un tiempo expuesto a la energía consciente. De acuerdo con el principio de entrelazamiento, al hermano de Siracusa le han afectado las experiencias de su gemelo en Éfeso. Cuando el de Siracusa cumple dieciocho años, se siente impelido a buscar a su hermano perdido; su viaje por mar señala el inicio del proceso de purificación.

El hermano de Siracusa viaja por mar durante «siete cortos años» antes de llegar a Éfeso. Los «siete cortos años» son aplicables a la dimensión temporal de la zona transitoria entre Siracusa y Éfeso, es decir, entre el estado intermedio y el ordinario y son equivalentes a siete días de su hermano en Éfeso. Durante esta «semana», el hermano mayor, Antífolo de Éfeso, se sentía angustiado y preocupado y, en consecuencia, empezó a visitar a una cortesana. Su esposa Adriana nota el cambio:

«Esta semana ha estado apesadumbrado, agrio, triste, muy distinto al hombre que solía ser».
(*La comedia de los errores*, III.1)

El proceso de purificación se consigue con la exposición a la energía creativa. La obra indica que, en esa época, la central de Éfeso liberó dos impulsos de energía creativa, preparando la formación del octógono italiano: *blanco* y *amarillo*. El impulso destinado al intelecto italiano (*blanco*) lo representa Luciana, la hermana de Adriana. El dirigido al corazón italiano (*amarillo*) lo encarna la Cortesana de Éfeso. Ambos impulsos estaban disponibles en Éfeso.

La etapa final del proceso de purificación tiene lugar cuando Antífolo de Siracusa se encuentra con Luciana, después de lo cual parece lloverle oro. Primero le entregan una bolsa de oro, luego le entregan una cadena de oro. Cuando el Antífolo de Siracusa es expuesto a la energía creativa, a su hermano efesio le afecta la experiencia. En ese preciso instante está comiendo con la Cortesana.

Debe recalcarse que lo que lleva al Antífolo efesio a la Cortesana no es una atracción corriente, ya que ella es la proyección actual de la Dama silenciosa que acompañó a Marina en la escena final de *Pericles, príncipe de Tiro*. Su aparición prepara etapas futuras de la rama italiana. Su papel actual es ayudar al proceso preparando al Antífolo efesio para la reunión con su hermano y esto es lo que él comenta:

«Conozco a una joven de excelente discurso, bella e ingeniosa, salvaje y, sin embargo, amable también: allí comeremos. Mi

esposa me ha regañado por su causa muchas veces, injustamente, os lo aseguro».
(*La comedia de los errores*, III.1)

Igual que al final de *Pericles, príncipe de Tiro*, el proceso se completa en la abadía de Diana en Éfeso. Allí se reúnen los gemelos y la presencia de Emilia es el catalizador que permite completar esta etapa de desarrollo. Los dos carros se transforman en dos tríadas fértiles. La inferior se compone de Egeón, Adriana y Antífolo de Éfeso, la superior de Emilia, Luciana y Antífolo de Siracusa. A través de Emilia, la superior está vinculada al Dominio. Todos juntos constituyen un nuevo eslabón de la cadena de transmisión.

El recién formado eslabón, usado para trasladar el proceso a Bohemia, era necesario para proyectar las energías evolutivas de Sicilia a Bohemia y desde allí a Italia. La siguiente etapa del proceso se ilustra en *El cuento de invierno* que transcurre en el siglo XIII.

El cuento de invierno

Al concluir *La comedia de los errores* se forma un nuevo eslabón en la cadena de transmisión evolutiva compuesto de dos tríadas. La tríada superior se puso en Sicilia y la inferior en Bohemia. Este eslabón se va a usar para transmitir la carga evolutiva de Sicilia, vía Bohemia, a la península italiana.

Por la exposición a las energías evolutivas en Éfeso, ambos Antífolos consiguieron «nobleza» espiritual y reaparecen en *El cuento de invierno* como Leontes, rey de Sicilia, y Polixenes, rey de Bohemia. Los reyes «gemelos» son los descendientes espirituales de los Antífolos:

«Éramos como corderos gemelos que retozaban al sol y se balaban el uno al otro». (*El cuento de invierno*, I.2)

Sicilia representa el nuevo estado intermedio y Bohemia el estado ordinario. Aunque las tríadas se hallan físicamente en lugares distintos, se ha conservado el entrelazamiento. Así comenta Camilo el fuerte vínculo entre ambas tríadas:

«Se educaron juntos en su infancia y allí enraizó entre ellos tal afecto que ahora no puede por menos que echar ramas. Desde que sus dignidades más maduras y las necesidades de la realeza los separaron sus encuentros, aunque no personales, han sido tan regiamente encauzados con intercambio de obsequios, cartas y cariñosas embajadas que, aunque ausentes, parecían estar juntos y se daban las manos en la distancia, abrazándose, por así decir, desde el extremo opuesto de los vientos. ¡Que los cielos mantengan sus afectos!» (*El cuento de invierno*, I.1)

La tríada siciliana se compone del rey Leontes, su esposa Hermiona y su hijo Mamilio. Hermiona es una custodia de la cadena de transmisión, heredera del mandato de Emilia; proporciona un enlace con el Dominio y, por tanto, puede ejercer su percepción supracognitiva. Su función es dirigir la puesta en marcha de los siguientes pasos del proceso. La presencia de Hermiona significa que Antífolo de Siracusa no se casó con Luciana, que se quedó en Éfeso junto con la Cortesana. Como en el caso de Antonio y Fulvia, el encuentro de Antífolo con Luciana era una preparación. Después de la reunión de los gemelos en *La comedia de los errores* entró en un camino de desarrollo acelerado: se casó con Hermiona.

Mamilio, hijo del rey siciliano, representa un aspecto del corazón espiritual que, al principio de la obra, está latente, lo que significa que el eslabón siciliano carece de corazón espiritual. Una estructura sin corazón espiritual puede compararse a una persona coja que necesita muletas para realizar las funciones básicas. Oigamos los comentarios de Camilo sobre la esperanza de que la presencia de Mamilio curará la cojera y «rejuvenecerá los corazones»:

«Coincido en las esperanzas que en él pones: es un joven gallardo, alguien que cura y rejuvenece los viejos corazones: los que usaban muletas antes de que naciera desean seguir viviendo para verle convertido en hombre». (*El cuento de invierno*, I.1)

En otras palabras, *El cuento de invierno*, primera de las obras italianas de Shakespeare, ilustra un intento de despertar el corazón espiritual en el enlace siciliano, necesario para formar el octógono italiano.

Hermiona prepara las condiciones que permitirán que se forme el octógono italiano. Recordemos que el previamente liberado impulso de energía unitiva (*rojo*) está latente en Italia desde que se sacó de la rama celta. El compañero previsto para este impulso es Mamilio el cual, no obstante, percibe intuitivamente que no será capaz de llevar a cabo su función evolutiva, lo que se refleja en su «triste cuento para el invierno» en el que predice su muerte:

«Había un hombre...
Que moraba junto a un cementerio».
(*El cuento de invierno*, II.1)

Esta triste e inacabada historia se refiere a una situación futura cuando su padre, el rey Leontes, residirá junto al cementerio, llorando la muerte de Mamilio.

Al principio de la obra Hermiona está embarazada. Su hija nonata y la dama silenciosa (*rojo*) en Italia son los impulsos complementarios de Luciana (*blanco*) y la Cortesana (*amarillo*) de Éfeso. Juntos proporcionan la carga necesaria para formar un octógono en Italia, lo que significa que la hija de Hermiona está coloreada para un aspecto del intelecto (*negro*).

Florizel es hijo de Polixenes y representa un aspecto del intelecto. Según el plan de Hermiona, Florizel de Bohemia es el marido designado para su hija. Al principio del drama el rey Polixenes está de visita en Sicilia; su presencia es necesaria para entrelazar este impulso de energía evolutiva con Bohemia. Por eso Hermiona insiste en que Polixenes no puede marcharse antes del nacimiento de su hija y le ofrece la opción de quedarse en Sicilia como invitado o como prisionero. Luego Hermiona le explica a su marido, el rey Leontes, que su «propósito» al insistir en prolongar la estancia de Polixenes en Sicilia es tan importante como su matrimonio:

> «He hablado a propósito dos veces: una me consiguió un real marido para siempre y la otra un amigo durante un tiempo».
> (*El cuento de invierno*, I.2)

La actitud de Hermiona es un ejemplo de actuar en concordancia con la prioridad suprema. Sus actos están totalmente dirigidos por el «propósito»; da el mismo valor a los dos pasos intermedios que conducen al «propósito»: conseguir «un real marido» y «un amigo durante un tiempo». Recordemos que Cordelia en *El rey Lear* quiso seguir el mismo enfoque: la mitad de amor para su marido y la otra mitad para su deber evolutivo:

> «Puede que, cuando me case, el esposo a quien dé mi mano se lleve la mitad de mi amor con él, la mitad de mi solicitud y deber». (*El rey Lear*, I.1)

El principal obstáculo que tiene que superar Hermiona es la ignorancia de su marido, que no es capaz de comprender la verdadera naturaleza del propósito de Hermiona. Por la razón que sea, no se ha desarrollado correctamente y no ha podido beneficiarse del método acelerado. Si Leontes se hubiera desarrollado adecuadamente, habría entendido la importancia del «propósito» y habría contribuido a él alegremente. Pero su falta de preparación se manifiesta como celos, celos que interfieren en el proceso:

«¡Demasiado ardor, demasiado ardor! Mezclar hasta ese punto la amistad es mezclar sangres. Siento un tremor cordis: mi corazón baila pero no es de alegría, no es de alegría».
(*El cuento de invierno*, I.2)

Impulsado por su ignorancia y sus celos, Leontes acusa públicamente a su esposa de infidelidad y declara que el bebé que lleva debe ser ilegítimo. Envía una petición al oráculo de Delfos para que lo dirima, seguro de que el oráculo confirmará sus sospechas. Y luego mete a Hermiona en la cárcel, donde da a luz una niña. Leontes ordena a Antígono que se lleve a la bastarda y la abandone en algún lugar desierto.

Como nació en el entorno inferior de la prisión, la función evolutiva de la niña no puede manifestarse plenamente. Dicha función se ha degradado: en lugar de energía unitiva (*negro*) la niña representa un impulso de energía creativa (*blanco*), lo que afecta gravemente al futuro de la rama italiana. Sin el impulso *negro* no será posible formar la estructura interior octogonal.

El templo de Apolo en Delfos proporciona un vínculo con el Dominio. Apolo pronuncia un oráculo que refleja la «voluntad» del Dominio:

«Hermiona es casta, Polixenes inocente, Camilo un súbdito leal, Leontes un tirano celoso, su inocente criatura legítimamente engendrada; y el rey vivirá sin heredero si lo que se ha perdido no se encuentra». (*El cuento de invierno*, III.2)

Pero Leontes hace caso omiso del mensaje del oráculo. La consecuencia de que ignore el oráculo es la desconexión de Sicilia de la cadena de transmisión. La ruptura no permite que se continúe el proceso y el vínculo con el estado superior se corta. Puede compararse a hacer saltar los fusibles del circuito eléctrico principal. En ese preciso instante, un sirviente informa a Leontes que Mamilio ha muerto. Mamilio no podrá encontrarse con su dama: el impulso italiano de energía unitiva no se puede reactivar. Se extrae a Mamilio porque su función evolutiva no podía realizarse en el entorno actual de Sicilia.

Hermiona entiende que la presente situación no permite que el proceso siga, ya que se ha interrumpido por la desconexión con el estado superior. Se da cuenta de que debe retirarse y ausentarse hasta que se reajusten correctamente las circunstancias generales. Hermiona se desmaya y Paulina informa que la reina ha muerto. Su muerte representa su ausencia temporal y su retirada señala una desconexión transitoria del proceso. Lo que corresponde a la llegada de un «invierno» espiritual. Sicilia queda desconectada y, en consecuencia, Luciana (*blanco*) y la Cortesana (*amarillo*) se quedan detenidas en Éfeso.

Debido a la insuficiencia de la corte siciliana, es necesario otro lugar para continuar el proceso, que ya ha sido previamente preparado: el bosque activado en época de *Timón de Atenas*. Recordemos que Timón construyó su «mansión eterna» en un bosque cerca de Atenas, donde escondió su oro. Sin embargo, en su epitafio, Timón advirtió a los atenienses que no se quedaran junto a su tumba, sino que siguieran hacia adelante:

«Pasa y maldice cuanto quieras, pero márchate y no detengas tu paso aquí». (*Timón de Atenas*, V.4)

El epitafio de Timón indica que su «oro» estaría disponible en otro momento y lugar. Como se indica en el comentario sobre *La comedia de los errores*, el «oro» de Timón se transfirió a Epidamno, en la península balcánica, zona que Shakespeare denomina Bohemia. Por eso Hermiona se le aparece a Antígono en un sueño y le pide que llame a su hija Perdita y la deje en un remoto lugar de Bohemia, llevando así al bosque de dicha región a la recién nacida. Inmediatamente después, a Antígono lo mata un oso y el barco que lo llevó a Bohemia queda destruido por una tempestad: el vínculo entre Sicilia y Bohemia se corta también. El impulso que representa

Perdita se saca de Italia y se coloca en el bosque bohemio; Italia ya no tiene acceso a la energía creativa. Así, la posibilidad de progreso acelerado no fructifica.

La aparición de Perdita en el bosque de Bohemia cumple la predicción de Timón. En ese bosque viven el Pastor y su hijo, Rústico. El Pastor, que es la proyección actual de Flavio, el fiel agente de Timón, encuentra a la niña abandonada. Rústico comenta lo siguiente a su padre sobre este hecho:

«Eres un viejo venturoso: si los pecados de tu juventud te han sido perdonados, vivirás bien. ¡Oro, todo oro!»
(*El cuento de invierno*, III.3)

El oro marca la presencia de la energía creativa, es decir, el Pastor encuentra el «oro» de Timón y cría a Perdita como si fuera su hija.

Cuando Antígono llegó al bosque de Bohemia, era un lugar salvaje, opresivo y frío. Dieciséis años más tarde, es un sitio distinto. Perdita ha crecido y su madurez se manifiesta con la llegada de la primavera. Se ha despertado el potencial evolutivo de Perdita y es entonces cuando la encuentra Florizel que, atraído por su belleza, se enamora de ella.

El rey Polixenes sospecha de la frecuencia con que Florizel desaparece de la corte y decide disfrazarse para espiar a su hijo. Va a la esquila de ovejas en la cabaña del Pastor y, al ver a Perdita, piensa que es «demasiado noble para este lugar»:

«Es la chica más guapa de humilde cuna que haya corrido jamás sobre la hierba: todo cuanto hace o parece sugiere algo más grande que ella, demasiado noble para este lugar».
(*El cuento de invierno*, IV.4)

Polixenes no estaba presente cuando nació Perdita por lo que no puede reconocerla. Cuando se da cuenta de que Florizel y Perdita están a punto de comprometerse, se quita el disfraz e interrumpe la ceremonia; ordena a su hijo que no la vuelva a ver más.

Florizel y Perdita deciden escapar de Bohemia y embarcan hacia Sicilia. El Pastor y su hijo Rústico se unen a ellos en el viaje. En Sicilia, Florizel dice al rey Leontes que su padre le ha enviado en misión diplomática. Finge venir de Libia y haberse casado con una princesa africana:

«Mi buen señor, venía de Libia». (*El cuento de invierno*, V.1)

Efectivamente, la función actual de Perdita se corresponde con la de Dido, que vivía en el norte de Africa. Recordemos aquí que Florizel está destinado para la energía unitiva (*negro*), por lo que hay un desajuste evolutivo entre él y Perdita, lo que significa que no puede casarse con ella.

Leontes da una calurosa bienvenida al hijo de su amigo, pero se descubre su tapadera cuando Polixenes llega también a Sicilia. Entonces el Pastor cuenta a todos la historia de cómo encontró a Perdita. Leontes comprende que Perdita es su hija. Todos se regocijan por la feliz reunión de familia y amigos y todos parten a una casa de campo donde hay una estatua de Hermiona que acaban de terminar. Ver la efigie de su esposa angustia a Leontes. Entonces, para asombro general, la estatua cobra vida y Hermiona vuelve a vivir.

Como recompensa por sus servicios, al Pastor y su hijo se les concede nobleza. Así lo comenta el Pastor:

«Vamos hijo, yo ya no tendré más vástagos pero tus hijos e hijas nacerán nobles». (*El cuento de invierno*, V.2)

Era necesario otorgar nobleza al Pastor y su hijo para abrir un nuevo lugar con objeto de continuar el proceso. (En el contexto de las obras de Shakespeare la «nobleza» significa capacidad de ejercer un papel activo en el proceso evolutivo). Los «hijos e hijas» del Rústico serán los sustitutos de la realeza y llevarán a cabo la función que Mamilio no pudo cumplir.

Después de la ruptura de la cadena de transmisión, el reino de Sicilia quedó reducido al estado ordinario, lo que puede indicarse simbólicamente trasladando la acción de una isla al continente. El reino de Sicilia comprendía la isla de Sicilia y Nápoles, en el sur de la península itálica. Históricamente, la ruptura evolutiva que ocurrió en Sicilia se manifestó por la división del reino siciliano y la creación del reino de Nápoles. Lo que significa que esta experiencia se transfirió de Sicilia al estado ordinario del reino napolitano. Allí, más tarde, Perdita y Mamilio podrán realizar sus funciones originalmente asignadas. Se quedarán en Nápoles hasta la época de *La tempestad*.

La ruptura siciliana ocurrió en el nivel entre el estado superior y el intermedio. Por ello, al final de la obra, Bohemia y Sicilia quedan desconectadas del Dominio, desconexión que hace peligrar la sostenibilidad de Sicilia e impide la continuación del proceso en la rama italiana. Al conceder nobleza al Pastor, Shakespeare indica que Bohemia será la reserva de la rama italiana. Pero antes hay que establecer el vínculo entre el estado superior y Bohemia, para que el proceso pueda avanzar. Sólo entonces podrá el público conocer a los «hijos e hijas» del Rústico a que hacía referencia el Pastor.

Otelo

Cuando Pericles regresó a Pentápolis cambió la matriz cósmica general y Mauritania empezó a funcionar como el estado superior. Mauritania está vinculada a dos estados intermedios, Chipre y Sicilia. Recordemos que ambos vínculos se formaron como los nuevos canales de transmisión. Como se describe en *El cuento de invierno*, el vínculo entre Sicilia y el estado superior se cortó y sin él era imposible continuar transmitiendo energías evolutivas por el canal siciliano. Para que el proceso evolutivo siguiera y avanzara en Italia, había que restablecer el vínculo entre Sicilia y el estado superior, por lo que era necesario usar a Chipre, único vínculo disponible con Mauritania.

La situación de Sicilia es muy similar a la que se encuentra Pericles en Tarso. En ese momento, Tarso, que representaba un estado intermedio, se desconectó de la cadena de transmisión. Podemos suponer que el remedio para arreglar la cadena de transmisión se basaría en esas experiencias previas. Siguiendo el ejemplo de Pericles, haría falta un hombre plenamente desarrollado que viajara hasta el estado superior. Tendría que ser un viajero experimentado que hubiera regresado del «país desconocido», es decir, que ya hubiera hecho ese viaje. Sería un «maestro de la música»: podría ejercer sus capacidades supracognitivas. Esta vez el estado superior lo representa Mauritania. Por eso el guía debía originarse allí: sería un moro.

Reparar el enlace entre Sicilia y el estado superior requería un impulso de energía unitiva que, en época de *El cuento de invierno*, ya estaba presente dentro del estado ordinario. Lo que significa que el moro tendría que traerlo consigo desde Mauritania. Pero primero había que encontrarlo y reactivarlo; lo representaría una bella joven.

En el análisis de *Cimbelino* se indica que el impulso de energía unitiva previamente activado se retiró de la rama celta y se insertó en algún lugar del norte de Italia. Históricamente, esa localidad tenía que estar ligada a Chipre. Tales características las reunía Venecia, en el norte de Italia y allí se iniciaría la acción correctiva.

La ejecución de dicha acción correctiva necesaria para reparar el vínculo siciliano se describe en *Otelo*. A Otelo, el moro, se le encarga una tarea increíblemente difícil. Para completarla, debe recorrer los pasos de Pericles. Primero ha de encontrar y cortejar a Desdémona, que representa el impulso de energía unitiva (*rojo*) y es la proyección actual de Imogen, de *Cimbelino*. Después, Otelo y Desdémona deben viajar juntos desde Venecia a Chipre y luego a Mauritania.

La última etapa de su viaje requiere que pasen por la transición del estado intermedio al superior. Como muestra la experiencia de Thaisa, dicha transición exige «morir antes de morir». Sólo después de «morir» para sus apegos terrenales podrán Otelo y Desdémona alcanzar Mauritania. Más tarde, el impulso de energía unitiva se enviará de vuelta a Venecia pasando por Sicilia y así podrá reactivarse el vínculo siciliano.

El drama ilustra cómo consiguió Otelo su objetivo. Estando en Venecia, reúne a un pequeño grupo de discípulos que lo han reconocido como su guía, entre ellos Casio, Yago y Rodrigo. Yago es el más avanzado, puede ver y comprender cosas que están ocultas para los otros discípulos y sabe lo que ellos no saben.

Sin embargo es Casio, «un gran matemático» sin experiencia militar a quien Otelo asciende como segundo al mando. Yago no puede ascender porque, a pesar de sus habilidades, sólo le mueven sus tendencias egoístas. Es entonces cuando Yago decide que ya está bastante desarrollado para ser su propio maestro y lo va a demostrar. Es decir, que la fuerza que impulsa sus actos es su ambición de ser su propio maestro. Yago es un ejemplo de discípulo «caído». Su principal y única meta es perturbar el proceso de desarrollo que está ejecutando Otelo. Las acciones de Yago son simplistas, ingenuas y hasta ridículas, pero parecen resultar muy eficaces.

Observemos que los villanos del tipo de Yago aparecen en las obras de Shakespeare cada vez que hay una ruptura en la cadena de transmisión. Yago aparece después de la ruptura del eslabón siciliano. Las conspiraciones de Edmundo sólo podían funcionar una vez que Cordelia saliera de Britania en época del *Rey Lear*. Aarón pudo ejercer su villanía cuando se colapsó la rama evolutiva romana en *Tito Andrónico*. Macbeth aparece cuando se ha retirado de la rama celta el impulso de energía unitiva. En cuanto se arregla la cadena de transmisión, los peores villanos se convierten en pequeños Yagos: Edmundo se convierte en Iachimo (pequeño Yago) en *Cimbelino*, Yago reaparece como don Juan en *Mucho ruido y pocas nueces*, Aarón resurge como Calibán en *La tempestad*.

Por supuesto Otelo conoce el propósito y habilidades de Yago por lo que adapta su enfoque para usar las motivaciones de Yago en su plan de ejecución. Así puede cumplir su función según su propio objetivo.

Como primera etapa de su viaje Otelo y Desdémona tienen que viajar a Chipre, una isla que representa el actual estado intermedio operativo. En Chipre, los venecianos se encuentran con Bianca, que representa un impulso de energía creativa (*amarillo*) y es la proyección actual del impulso que surgió previamente en *El rey Lear* como Cordelia y en las obras romanas como Virgilia, Calpurnia, Fulvia y Lavinia. Tras el brutal trato que se le dio en tiempos de *Tito Andrónico*, Lavinia se retiró de Roma y se puso en Mitilene donde se convirtió en una de las discípulas de Marina. Después de la desactivación de Mitilene, se transfirió a Chipre.

Shakespeare recalca las dificultades asociadas a los intentos previos de asimilar esta energía haciendo que Bianca aparezca como una cortesana. Recordemos que se usó Chipre para transmitir la secuencia caballeresca al sur de Francia. Este impulso de energía creativa (*amarillo*) era parte de la carga evolutiva que iba a proyectarse a Inglaterra vía Francia, lo que significa que Bianca está asignada a la rama inglesa.

Obsérvese que Otelo controla las fuerzas naturales, lo que se ilustra cuando la flota turca queda totalmente destruida por una tempestad. Otelo pudo invocar la ayuda de una «terrible y violenta tormenta» protegiendo así a Chipre del asalto turco.

Nótese que alrededor de Otelo el moro hay un ambiente de auténtica nobleza y grandeza. Otelo, como Julio César, suele referirse a sí mismo en tercera persona. Todos a su alrededor le respetan. Por ejemplo, Otelo evita una pelea callejera inminente con una sola frase:

«Mantened en alto vuestras brillantes espadas, pues el rocío las oxidará». (*Otelo*, I.2)

No es una coincidencia que Otelo nos recuerde a Julio César. Los lectores se acordarán de que el asesinato de Julio César representaba simbólicamente el rechazo de la energía unitiva por parte de Roma que, en ese momento, era incapaz de usarla constructivamente, por lo que el proceso hubo de posponerse. Pasaron quince siglos antes de que hubiera otra oportunidad en esa zona geográfica y está señalada por la llegada de Otelo a Venecia. Es decir, la función de Otelo es la misma que la de Julio César pero en una vuelta más alta de la espiral evolutiva. Esta vez la metodología de desarrollo incluye medidas que impiden las situaciones que condujeron al fracaso de Roma.

Otelo usa a Yago para crear situaciones que son parte de su propia estrategia. De hecho, las acciones de Yago siguen el repertorio de enseñanza de Otelo. Por supuesto, Yago no se da cuenta. Está tan ensoberbecido y enfrascado en sus maquinaciones que ni él ni el público se enteran de lo que está haciendo Otelo realmente.

Los objetos que tienen ciertos diseños simbólicos pueden cargarse espiritualmente y «tipificarse» para una determinada persona. Pueden emplearse como instrumentos de influencia, así como de evaluación de la persona sobre la que actúan. Entregar un objeto semejante puede indicar que el guía ha elegido un delegado para un territorio en concreto.

En *Otelo*, un pañuelo bordado «salpicado de fresas» representa uno de esos objetos cargados. Al principio de la obra, lo tiene Desdémona. Sin embargo, tras la marcha de Otelo y Desdémona a Mauritania, Casio debe ser el delegado de Otelo en Chipre por lo que es necesario que Otelo le transfiera el pañuelo de tal modo que resulte imperceptible para Casio y Desdémona. Usa a Yago para que haga el traspaso. Yago, impulsado por una motivación totalmente distinta, ayuda a Otelo a colocar el pañuelo en las habitaciones de Casio. Es llamativo que, más tarde, el hallazgo del pañuelo en el cuarto de Casio sea la prueba más incriminadora de la infidelidad de Desdémona. Nada más efectuado el traspaso, Casio es ascendido a la posición de vicegobernador de Chipre. Saber que fue el propio Otelo quien solicitó el ascenso de Casio, enviando una carta al estado veneciano, ayuda a entender los acontecimientos subsiguientes.

El mayor reto de Otelo es preparar a Desdémona para su transición al estado superior, que opera fuera de la existencia ordinaria y que está representado por Mauritania. Semejante transición del estado intermedio al superior se ilustra simbólicamente por una «muerte» seguida de un «renacimiento». En *Otelo* esta transición se describe simbólicamente como Otelo «matando» las ataduras terrenales de Desdémona lo cual, por supuesto, no tiene nada que ver con la muerte física. Los lectores recordarán que Thaisa en *Pericles, príncipe de Tiro* atraviesa una transición similar.

Para continuar su viaje a Mauritania, Desdémona debe confiar en Otelo y serle obediente. Cuando está en Chipre todavía no «obedece» plenamente, lo que demuestra intentando interferir en cómo Otelo enseña a Casio. Más tarde, la desobediencia de Desdémona se ve mejor en el siguiente intercambio:

Otelo:

«¿Cómo, no eres una puta?»

Desdémona:

«No, por mi salvación». (*Otelo*, IV.2)

Para entenderlo recordemos una conversación similar entre Petruchio y Catalina en *La fierecilla domada*. Así responde obedientemente Catalina cuando él insiste en que el sol es la luna:

«Entonces, alabado sea Dios, es el bendito sol; pero no será el sol si tú dices que no; y la luna cambia como tu opinión; como tú quieras llamarlo, eso será, y así será también para Catalina».
(*La fierecilla domada*, IV.5)

Desdémona aún no ha alcanzado este grado de obediencia. Otro obstáculo que le impide continuar su viaje es su apego a Otelo, como se recalca en el siguiente diálogo. Desdémona afirma que sus únicos pecados:

«Son los amores que siento por ti».

Y Otelo responde:

«Sí, y por eso morirás». (*Otelo*, V.2)

Semejante apego es una especie de idolatría. Desdémona no entiende la función de Otelo por eso él insiste que ella es una «puta». Su apego a Otelo debe morir antes de que pueda entrar en la última etapa de su viaje. Tal es el sentido de «morir antes de morir».

Otelo indica con claridad que «matar» a Desdémona no tiene nada que ver con dañarla físicamente; no hay derramamiento de sangre ni heridas:

«Pero no derramaré su sangre ni desgarraré su piel más blanca que la nieve y tan tersa como el alabastro de un monumento. Mas debe morir o traicionará a más hombres». (*Otelo*, V.2)

Desdémona debe «matar» sus apegos a las cuestiones terrenales, de lo contrario no podrá cumplir debidamente su función evolutiva lo cual, como se ve en las obras romanas y celtas, «traicionaría a más hombres». No obstante, Otelo no puede revelar a Desdémona su auténtico propósito al «matarla»:

«¡Es la causa, es la causa, alma mía, dejad que no os la nombre, castas estrellas! Es la causa». (*Otelo*, V.2)

De otro modo Desdémona no podría experimentar correctamente este determinado «ejercicio». En su confrontación con Desdémona en la alcoba, Otelo la acusa de entregar el pañuelo a Casio:

«Por el cielo, he visto mi pañuelo en su mano».

Y de que Casio la ha usado «ilegítimamente»:

«Ha confesado».

«Que te ha usado». (*Otelo*, V.2)

Por supuesto, Desdémona sabe que ni le ha dado el pañuelo a Casio ni se ha acostado con él. Si confiara lo bastante en Otelo, sabría que él no le mentiría por lo que debería entender que las acusaciones de Otelo tienen otro sentido. Recordemos que Desdémona se dejó usar «ilegítimamente» interfiriendo en cómo Otelo trataba a Casio. Ahora Otelo le informa que Casio está a salvo y protegido: el pañuelo «mágico» está en manos de Casio («he visto mi pañuelo en su mano»). Las protestas de Desdémona son señal de que no se fía de Otelo. Si hubiera comprendido su función podría haber entendido el mensaje de Otelo. Los apegos a las cuestiones terrenales de Desdémona se manifiestan además con sus miedos:

«Y sin embargo te temo, pues eres letal cuando tus ojos giran así: no sé por qué he de temerte, ya que no soy culpable, pero aún así siento miedo».

Podría «sacrificar» sus temores poniéndose voluntariamente en manos de Otelo. Como no es capaz de hacerlo, Otelo tiene que «matar» sus miedos. Por eso Otelo dice que, en lugar de «un sacrificio», Desdémona tiene que experimentar un «asesinato»:

«Y haces que llame a lo que voy a hacer asesinato, cuando pensaba que era un sacrificio». (*Otelo*, V.2)

Sólo después de haber pasado por tan difícil transición, cuando «muere antes de morir», es capaz Desdémona de comprender plenamente los actos de Otelo y entonces se da cuenta de que no era necesario que la «asesinaran»:

«¡Oh, falsamente, falsamente asesinada!»

Sólo «muriendo» podía ver sus propias limitaciones y deshacerse de ellas. Por eso su muerte es «sin culpa»:

«Muero una muerte sin culpa».

Cuando Emilia le pregunta:

«¿Quién ha cometido esto?»

La «fallecida» Desdémona responde:

«Nadie, yo misma. Adiós. Encomiéndame a mi bondadoso señor: ¡oh, adiós!» (*Otelo*, V.2)

La belleza interior de Desdémona sólo puede manifestarse completamente cuando alcance el estado superior, es decir, Mauritania y sólo entonces puede consumarse el matrimonio. Por eso antes de su «muerte» Otelo y Desdémona no podían consumarlo. He aquí lo que dice Otelo sobre la «muerta» Desdémona:

«¿Qué aspecto tienes ahora? ¡Oh mujer de mala estrella! ¡Pálida como tu camisón! Cuando nos encontremos en el Juicio este aspecto tuyo arrojará a mi alma del cielo y los demonios la arrebatarán. ¡Fría, fría mi niña! Igual que tu castidad». (*Otelo*, V.2)

Otelo dice que Desdémona murió no sólo siéndole fiel («igual que tu castidad») sino «fría, fría, mi niña», es decir que sabe que Desdémona «murió» virgen. El matrimonio espiritual no podía consumarse porque Desdémona aún no estaba preparada para ello.

En el momento de la transición de Desdémona a Mauritania se restablece el vínculo con el estado superior. La misión de Otelo está casi cumplida. Ahora él también tiene que «morir» para reunirse con Desdémona. Otelo da una indicación de esta parte de su viaje cuando dice que:

«Pues, a mi juicio, es una dicha morir». (*Otelo*, V.2)

Antes de «marcharse» Otelo se asegura de que la naturaleza y maldad de Yago hayan quedado completamente expuestas. Esa exposición o recriminación es una especie de inmunización espiritual contra futuros encuentros con este tipo de villano.

Cuando Otelo y Desdémona llegan al estado superior, Mauritania se transforma en Mesalina. Es similar a cuando el estado superior se transformó en Mauritania al regresar Pericles a Pentápolis. Después de Pentápolis y Mauritania, Mesalina es el tercer estado superior consecutivo a que se hace referencia en las obras de Shakespeare.

Para continuar el bucle ascendente-descendente de Otelo, el proceso se mueve de Mesalina a Sicilia, para que ésta se reconecte a la cadena de transmisión. Esta etapa del viaje se ilustra en *Mucho ruido y pocas nueces*.

Mucho ruido y pocas nueces

Esta obra es la continuación del *Cuento de invierno* y *Otelo*. Por eso sus personajes principales se parecen a los que salían en ellas.

La acción transcurre en Mesina, una ciudad costera de Sicilia. Mesina es un estado renovado que, en época del *Cuento de invierno* estaba representado por el reino de Sicilia. Las experiencias sicilianas las encarnan Leonato y su hermano Antonio. Podemos reconocer en Leonato, gobernador de Mesina, a Leontes, rey de Sicilia. Su hermano Antonio es un reflejo de Políxenes.

Innogen, la mujer de Leonato, es otro de los personajes fantasma de Shakespeare. Se la menciona en las direcciones de escena pero no hace ni dice nada. Su nombre recalca la conexión con la manifestación anterior de este impulso de energía unitiva. Su función corresponde a la de Imogen en *Cimbelino* y Desdémona en *Otelo*. La aparición de Innogen en Mesina es de gran importancia. Su presencia confirma que Desdémona ha «renacido» en Mauritania; el vínculo entre el estado superior y Sicilia se ha restablecido.

La carga evolutiva inserta en Mesina se compone de dos impulsos destinados a la facultad corazón. El primero lo encarna Hero «la hija menuda de Leonato». «Menuda» es una referencia a la energía consciente. Emilia, la mujer de Yago, que era dama de compañía de Desdémona, representaba este impulso en tiempos de *Otelo*. En ese momento, dicho impulso estaba sojuzgado por Yago.

Beatriz, la prima de Hero, representa un impulso de energía creativa (*amarillo*). Es la proyección actual de Bianca, que apareció en *Otelo* y también ha sido transferida desde Chipre. Entonces Bianca estaba enamorada del despectivo Casio. En su conversación con don Pedro, Beatriz menciona ese encuentro:

> Don Pedro:
>
> «Vamos, señora, vamos; habéis perdido el corazón del signior Benedicto».
>
> Beatriz:
>
> «Desde luego, señor, me lo prestó por un tiempo y como interés le devolví un corazón doble a cambio del suyo sencillo: en una ocasión anterior me lo ganó con dados falsos, por lo que vuestra gracia bien puede decir que lo he perdido».
>
> (*Mucho ruido y pocas nueces*, II.1)

La presencia de Beatriz en Mesina es, asimismo, de gran importancia. Este impulso (*amarillo*) es necesario para continuar el proceso dentro del enlace chipriota. Mientras tanto, actúa de sustituta de la Cortesana, atrapada aún en Éfeso.

Como siempre, el proceso debe dirigirlo un guía espiritual, que en esta fase del proceso es don Pedro de Aragón. Don Pedro, que significa «da Piedra» es el sucesor de Otelo, el moro. Históricamente, los señores de Aragón descendían en línea directa de los reyes moros de Granada.

Las experiencias de Chipre las representan Claudio y Benedicto. Puede describirse a Claudio como inmaduro y falto de sinceridad; en este sentido es un reflejo del tonto Rodrigo en *Otelo*. Benedicto es la proyección actual de Casio. Claudio y Benedicto son discípulos de don Pedro. Antes de llegar a Mesina, luchaban en las guerras. En el lenguaje simbólico de Shakespeare, la fase preparatoria inicial se llama «guerras», cuyo impacto queda claramente ilustrado por el efecto que tiene Hero en Claudio. Así lo comenta él:

«Cuando partisteis en esta acción terminada, la miraba con ojos de soldado, con agrado, pero tenía entre manos una tarea más dura que conducir el agrado hasta el nombre del amor. Pero ahora he regresado, los pensamientos de guerra han dejado sus plazas vacantes y su sitio se llena de suaves y delicados deseos apuntándome todos cuán bella es la joven Hero, diciendo que me gustaba antes de que me fuera a las guerras».
(*Mucho ruido y pocas nueces*, I.1)

Al principio de la obra, Claudio todavía no está preparado para Hero, por lo que don Pedro debe controlar y modular el impacto inicial. Se refiere a su función como enseñar:

«Mi amor es tuyo para enseñar: enséñale cómo y verás cuán capaz es de aprender cualquier dura lección que pueda ser beneficiosa para ti». (*Mucho ruido y pocas nueces*, II.1)

Pero esta enseñanza adopta una forma extraña. Se ofrece a cortejar a Hero en nombre de Claudio. Tal manera de «cortejar» puede parecer rara en un entorno social ordinario. Recordemos que las obras de Shakespeare ilustran un proceso por encima y más allá de los reflejos racionales y emocionales ordinarios, por lo que no es de sorprender que el enfoque de don Pedro no se entienda. Antonio informa al padre de Hero que:

«El príncipe reveló a Claudio que amaba a mi sobrina, vuestra hija, y pensaba reconocerlo esta noche en el baile».
(*Mucho ruido y pocas nueces*, II.1)

Por eso Benedicto acusa a don Pedro de robar a la amada de Claudio:

«Vos que, según entiendo, habéis robado su nido de pájaros».
(*Mucho ruido y pocas nueces*, II.1)

Se necesita está situación aparentemente confusa para que don Pedro pueda informar a Benedicto, y al público, cuál es el propósito de su acción. Don Pedro dice a Benedicto:

«Sólo les enseñaré a cantar y se los devolveré a su dueño».
(*Mucho ruido y pocas nueces*, II.1)

La meta de don Pedro es afinar este aspecto del corazón para que esté en armonía con su correspondiente energía («les enseñaré a cantar»), pero Claudio es incapaz de confiar en su guía. Esta falta de confianza convierte a Claudio en presa fácil para don Juan, que es el villano de la obra y la proyección actual de Yago. Don Juan convence a Claudio sin problemas de que don Pedro corteja a Hero para sí mismo.

La estrategia de don Pedro es muy similar a la empleada por Otelo. Igual que Otelo con Yago, don Pedro usa a don Juan como un instrumento del proceso; le da el suficiente margen para que don Juan, movido por un propósito muy diferente, organice la necesaria situación de desarrollo: a Hero la acusan de infidelidad. Don Pedro incurre en culpa al confirmar que Hero ha sido infiel:

«¿Qué puedo decir? Me siento deshonrado por haber pretendido unir a mi querido amigo con una vulgar ramera».
(*Mucho ruido y pocas nueces*. IV.1)

Es entonces cuando a Claudio le «roban» a Hero que, como Desdémona, «muere para vivir». El resultado es que Claudio se expone a una serie de experiencias reformadoras como la vergüenza, el dolor, el arrepentimiento y se ve forzado a cantar «canciones de dolor alrededor de su tumba»:

«Perdona, diosa de la noche, a aquéllos que mataron a tu virgen caballera, y por ello, con canciones de dolor alrededor de su tumba van». (*Mucho ruido y pocas nueces*, V.3)

La experiencia tiene un efecto constructivo en Claudio: al final de la obra, él y Hero se reúnen.

Paralelamente, don Pedro inicia una serie de experiencias con el objetivo de asimilar la energía creativa. Esta parte del proceso se describe simbólicamente como don Pedro desencadenando afecto entre Benedicto y Beatriz:

> «En el ínterin acometeré uno de los trabajos de Hércules que es llevar al signior Benedicto y a la señora Beatriz a una montaña de afecto mutuo». (*Mucho ruido y pocas nueces*; II.1)

El proceso sólo puede completarse cuando Benedicto es capaz de poner su amor por Beatriz por encima de su amistad con don Pedro, lo que ocurre cuando Benedicto dice a don Pedro que abandona su compañía. Es decir, las experiencias de Claudio y Hero son también parte del trabajo que hace don Pedro en Benedicto.

Don Pedro necesita un ayudante «invisible» para llevar a cabo su plan, cuya función es controlar el momento de desenmascarar los actos de don Juan. Esta difícil tarea se le encarga a Dogberry, el aparentemente ignorante y tonto alguacil. Primero, Dogberry tiene que organizar que se intercepte a Borachio y Conrado y lo hace terminando sus por otra parte confusas instrucciones a los guardias con una orden muy concreta y sorprendentemente clara:

> «Una palabra más, honrados vecinos. Os ruego que vigiléis la puerta del signior Leonato pues celebrándose la boda mañana allí, esta noche hay mucho jaleo».
> (*Mucho ruido y pocas nueces*, III.3)

Luego tiene que asegurarse de que el mensaje acerca del complot de don Juan no le llegue a Leonato antes de la boda planeada de Claudio y Hero. Durante su encuentro con Leonato Dogberry no permite que su compañero Verges dé detalles sobre las fechorías de Borachio, lo que hace interrumpiendo su testimonio:

«Un pobre viejo, señor, que le da por hablar; como suelen decir, cuando llega la edad, se va el juicio. ¡Que Dios nos ayude, hay que ver qué mundo! Bien dicho, a fe mía, vecino Verges: bueno, Dios es un buen hombre y cuando dos montan un caballo, uno debe ir detrás. Es de alma honrada, a fe mía, señor, como el que más». (*Mucho ruido y pocas nueces*, III.5)

El mensaje no podía entregarse en ese momento porque perturbaría la construcción de esta situación de desarrollo tan cuidadosamente diseñada. Finalmente, Dogberry tiene que asegurarse que las fechorías de Borachio sólo se sepan una vez que Benedicto haya cambiado constructivamente. Por eso Dogberry llega con Borachio a la zaga después de que Benedicto abandone la compañía de don Pedro.

El comportamiento incoherente de Dogberry exaspera a Conrado, que le llama «asno». Parece que Shakespeare llama la atención del público sobre el hecho de que Dogberry es un tipo especial de asno:

«Pero maeses, recordad que soy un asno; aunque no conste por escrito, no olvidéis que soy un asno».
(*Mucho ruido y pocas nueces*, IV.2)

Desde luego, más tarde, los lectores se encontrarán con otro asno que juega un papel similar.

Mesina en Sicilia ha vuelto a conectarse con el estado superior y ahora puede operar de nuevo como un estado intermedio activo. Mediante su vínculo es posible proyectar la experiencia de Mesina al estado ordinario de Italia. El resto de las obras italianas ilustran las siguientes fases del proceso llevado a cabo en Italia.

Pero antes veamos las actividades paralelas que se están realizando en Bohemia.

La intervención bohemia

La ruptura del vínculo siciliano requirió un ajuste de la estrategia global. Inicialmente se usó Bohemia para activar el proceso en la península italiana pero, debido a la ruptura de Sicilia, Bohemia no pudo cumplir esta función y, en su lugar, la rama italiana se activó directamente a través de Mesina. Para continuar el proceso en Italia era necesario acceder a los impulsos de energía creativa que aún estaban en Éfeso. A la vez, había problemas en el vínculo chipriota: la situación de la España mora había perturbado el desarrollo del aspecto principal del intelecto para la rama inglesa. Y para empeorar las cosas todavía más, algunos sucesos que ocurrían en Europa central deterioraron drásticamente la situación general. Es decir, hacía falta una acción correctiva para preservar el proceso, acción que requería que el Dominio se involucrase.

Uno de los objetivos de la intervención bohemia era transferir los impulsos de creatividad (*amarillo* y *blanco*) de Éfeso, a través de Bohemia, a Italia, porque eran necesarios para formar el octógono italiano. Sin embargo, antes había que preparar debidamente el entorno general de Bohemia. De acuerdo con la metodología avanzada, se puede preparar el entorno exponiéndolo a un impulso modulado de energía unitiva. Pero los dos impulsos de energía unitiva (*rojo*) previamente liberados estaban ocupados, uno para reparar el enlace siciliano (Desdémona en *Otelo*) y otro en Francia para arreglar el vínculo chipriota (Helena en *Bien está lo que bien acaba*). En este contexto es interesante observar lo económica que fue la acción correctiva bohemia; todas las cuestiones antedichas se trataron con un sólo acto: se envío un impulso de energía unitiva directamente desde el Dominio a Bohemia. Este impulso permitió, en primer lugar, preparar el entorno para asimilar correctamente la energía creativa. En segundo lugar posibilitó la formación de una estructura interior octogonal temporal en Bohemia para contrarrestar las tendencias destructivas en Europa central y, en tercer lugar, permitió el desarrollo de un aspecto principal del intelecto para la rama inglesa. Todas estas actividades debían coordinarse con los acontecimientos que sucedían en los vínculos siciliano y chipriota.

Los detalles de la primera etapa de la acción correctiva bohemia se narran en *Noche de epifanía*.

Noche de epifanía

Noche de epifanía es la continuación bohemia *del Cuento de invierno*. La acción transcurre en Iliria después de que Otelo completara su misión, es decir, en el siglo XV. Iliria hace referencia a una antigua región occidental de la península balcánica que incluye partes de las modernas Albania, Croacia y Montenegro. En época del *Cuento de invierno* esta parte de los Balcanes pertenecía a Bohemia. La estructura interior de Iliria como se presenta en *Noche de epifanía* corresponde a la desarrollada en tiempos del *Cuento de invierno*.

Al final del *Cuento de invierno* al Pastor y su hijo se les concede nobleza. Esta es una pista importante que indica que el canal de transmisión se había desviado de las familias reales a un selecto grupo de nobles. Por la razón que fuese, el canal real resultó ineficaz. En esa época el cambio se hizo en el enlace chipriota.

El Pastor predijo que sus nietos y nietas tendrían papeles activos en el proceso. Por consiguiente, la presencia de «hermana y hermano» es una característica de las obras bohemias. Olivia y su hermano son descendientes del Pastor y representan dos aspectos del corazón. No obstante, el hermano de Olivia ha muerto recientemente. Esto es una proyección de la situación que había en Sicilia cuando muere Mamilio. Lo que significa que ahora una mujer, Olivia, representa por primera vez un aspecto del corazón. Es una indicación simbólica de un intento de reforzar el elemento femenino en la corriente de vida europea.

Florizel, un príncipe bohemio, se convirtió en el aspecto principal de Bohemia al final del *Cuento de invierno*. Ahora es el duque Orsino quien representa el aspecto principal de la facultad intelecto y, en este papel, abarca las experiencias previas de Florizel.

El siguiente paso del proceso requiere que Olivia y Orsino se expongan a la energía unitiva.

Se envía un impulso de energía unitiva desde el Dominio, a través de Mesalina, a Iliria. Según la presentación simbólica de Shakespeare, el lugar imaginario de Mesalina representa un estado superior. El nombre de Mesalina se inventa a partir de Mesina y Mitilene, dos estados intermedios anteriores del vínculo siciliano. Mitilene se usó para activar la rama bohemia en época de *Timón de Atenas*. Mesina de Sicilia se usó para reactivar la rama italiana en tiempos de *Mucho ruido y pocas nueces*. De este modo Shakespeare indica que Mesalina representa el estado superior actualmente operativo con el que se entrelazan las ramas bohemia e italiana. Lo que significa que un impulso de energía unitiva «hecho a medida» se envió directamente desde el estado superior al ordinario, saltándose el estado intermedio. Para ejecutar tal enfoque, había que aplicar la llamada «técnica rápida», término que describe un proceso acelerado en el que a un individuo o grupo de personas se les expone a un impulso evolutivo sin haber completado el entrenamiento preparatorio, lo cual implica cierto riesgo. Esto recalca la urgencia de la situación general en esa zona geográfica.

Una carga evolutiva que viaja desde el estado superior al mundo ordinario es como un rayo de luz pasando por el aire a través de un prisma de cristal. Como el cristal, el mundo ordinario es más «denso» que el estado superior. Al entrar en el estado ordinario el rayo evolutivo se divide en un espectro de impulsos, igual que lo hace la luz en varios colores. Cuando entró en Iliria, el rayo evolutivo enviado desde Mesalina se dividió en dos impulsos, *negro* y *rojo*, representados por los gemelos Viola y Sebastián:

«Un rostro, una voz, un atavío y dos personas, ¡una perspectiva natural que es y no es!» (*Noche de epifanía*, V.1)

La transición de Viola y Sebastián de Mesalina a Iliria está inducida por una violenta tempestad. Recordemos que Thaisa en *Pericles, príncipe de Tiro* pasó por una transición similar. Igual que Thaisa exclama: «¿Qué mundo es éste?» Viola manifiesta su sorpresa al encontrarse en un «país» desconocido:

«Amigos, ¿qué país es éste?». (*Noche de epifanía*, I.2)

Cuando llegan a Iliria, Viola y Sebastián se separan porque cada uno tiene un papel diferente. La carga evolutiva enviada desde Mesalina se ha perfilado para ser compatible con la estructura interior de Iliria: Viola está destinada a Orsino y Sebastián a Olivia, lo que significa que estos impulsos han sido específicamente diseñados para Bohemia; son incompatibles con otras ramas y no pueden usarse fuera de Bohemia.

Viola (*negro*) y Sebastián (*rojo*) son complementarios de Luciana (*blanco*) y la Cortesana (*amarillo*), es decir, que los impulsos de energía creativa permanecen en Éfeso. Ello significa que se ha elegido a Bohemia para la activación acelerada de la estructura octogonal alternativa. Así habrá una posibilidad de usar el octógono bohemio para arreglar los problemas de Italia, Europa central y los del enlace chipriota.

Viola ha sido enviada desde un estado superior recién activado, que no está afectado por los antiguos semidioses, por eso es una manifestación de una Dama Oscura perfecta, es decir, un impulso de energía unitiva destinado a activar el intelecto espiritual:

«Tenía una mente que la envidia no podía por menos que llamar hermosa». (*Noche de epifanía*, II.1)

Es el tipo de impulso que faltaba en Sicilia después de que allí se rompiera la cadena de transmisión.

Todo el proceso tiene que dirigirse con precisión. Tanto el ritmo como la intensidad de la exposición inicial deben administrarse correctamente. De acuerdo con el método avanzado, a Iliria se le expone a la energía unitiva antes de experimentar la creatividad. En otras palabras, al exponerla primero a una energía más pura, la asimilación de la energía menos refinada puede acelerarse, pero la exposición a la energía unitiva debe ser gradual. Inicialmente Iliria se expone a un impulso modulado en forma de Viola disfrazada de un joven llamado Cesario que, al principio del proceso, sirve como impulso modulado tanto para Orsino como para Olivia.

Como siempre, es necesario un guía para dirigir el proceso que ha de diagnosticar la situación y administrar los remedios adecuados. En *Noche de epifanía* este papel se le ha asignado a Feste, un bufón. Tras la muerte del padre de Olivia, Feste se marchó de la casa de Olivia. Feste es el primero de una serie de bufones que dirigen el proceso dentro de la rama bohemia y se refiere a su función de este modo:

«Bueno, que Dios dé sabiduría a quienes la tienen y que los locos usen sus talentos». (*Noche de epifanía*, I.5)

Para lograr su propósito Feste tiene que manejar hábilmente a Orsino, Olivia y su entorno. Como Pericles, Feste es un maestro de la música. El público puede ver cómo emplea canciones para vigilar y ejecutar el proceso.

La escena final de *Noche de epifanía* se lleva a cabo según el método de Otelo. La función de Viola es similar a la de Desdémona pero, a diferencia de ella, Viola entiende muy bien su situación. Cuando Orsino amenaza con matarla, Viola se somete a él sin dudarlo:

«Y yo, alegre, dispuesto y voluntariamente, para que reposéis, moriría mil muertes».

Y luego Viola explica a la perpleja Olivia la naturaleza de su amor inmaculado:

«En pos del que amo más de lo que amo estos ojos, más que a mi vida, más, por todos los mases, de lo que jamás amaré a una esposa. Si finjo, vosotros testigos en lo alto, ¡castigad mi vida por corromper mi amor!» (*Noche de epifanía*, V.1)

A consecuencia de la enseñanza de Otelo y de las experiencias previas de Desdémona, Viola está libre de ataduras terrenales. Su madurez permite neutralizar el ataque de celos de Orsino casi de inmediato.

Al final de la obra el viaje termina en una «reunión de amantes»: Olivia se casa con Sebastián y Viola con Orsino. Ambos aspectos de las facultades corazón e intelecto se unen:

«...y concurra el momento de oro, se hará una solemne combinación de nuestras queridas almas».
(*Noche de epifanía*, V.1)

Componen un cuadrángulo espiritual, una forma intermedia entre la tríada y el octógono. Es la primera vez que semejante estado de unión («una solemne combinación de nuestras queridas almas») se activa directamente en el estado ordinario. Se forma la semilla de un nuevo ser espiritual y se planta en el tejido de la sociedad de Europa central.

Pero los espectadores deben saber que no se ha «arreglado» todo en Iliria al final de la obra. Por ejemplo, a Malvolio, el puritano intendente de Olivia no se le permite que interfiera en los pasos finales del proceso, pero no ha salido de Iliria. Recordemos que sus últimas palabras son:

«Me vengaré de toda vuestra cuadrilla». (*Noche de epifanía*, V.1)

La enseñanza de Feste no ha tenido efecto en Malvolio y, como verán los lectores, su actitud dogmática y vengativa dominará las restantes obras de la rama bohemia.

El impacto evolutivo del cuadrángulo ilirio se extenderá desde los Balcanes a Austria, y de allí hasta Dinamarca en la costa del mar Báltico. La siguiente etapa del proceso se ilustra en *Medida por medida*.

Medida por medida

El proceso se mueve al norte desde los Balcanes hacia Europa central. *Medida por medida* ocurre en Viena. Según el diseño general de las obras de Shakespeare, la ciudad de Viena presentada en *Medida por medida* es un reflejo del estado de Iliria al final de *Noche de epifanía*. Aunque la acción transcurre en Viena, los personajes principales tienen nombres italianos, indicando así aún más la conexión con la rama italiana.

El Duque de Viena es la proyección actual del duque Orsino. Julieta es la manifestación actual de Olivia. Igual que ocurría en Iliria, falta un aspecto del corazón, al que se hace referencia como Federico, perdido en un naufragio. Los lectores reconocerán que ese «corazón lisiado» es una característica de la rama bohemia. En tiempos del *Cuento de invierno* el aspecto que faltaba lo representa Mamilio; en *Noche de epifanía* es el hermano de Olivia.

El señor Angelo, primo del Duque, es el reflejo actual de Malvolio. Recordemos que el deseo secreto de Malvolio era convertirse en noble; como ya se ha mencionado, su actitud dogmática y vengativa va a dominar las obras de la rama bohemia.

Para desvelar el sentido de *Medida por medida* es necesario reconstruir los acontecimientos ocurridos en los diecinueve años anteriores que dan forma al estado actual de los asuntos vieneses.

Shakespeare introduce el personaje de Bernardino para representar el estado del cuadrángulo bohemio (ilirio) pues él también «nació» en Bohemia pero se «crió» en Viena:

«Nació en Bohemia pero se crió y educó aquí; lleva nueve años prisionero». (*Medida por medida*, IV.2)

El cuadrángulo bohemio no podía mantenerse en Viena más de diez años tras haber sido transferido desde Iliria, después se volvía disfuncional. Esto se presenta simbólicamente con el encierro en prisión de Bernardino durante nueve años. El comportamiento de Bernardino es reflejo de la naturaleza de la experiencia espiritual, que sirve como una marca que puede tener efecto duradero, incluso mucho tiempo después de que se termine su causa original. Si no se puede mantener el estado espiritual, el efecto permanecerá latente hasta que sea el momento oportuno de reactivarlo. Por eso Bernardino no puede «morir» ni «escapar». Mientras está en la cárcel, Bernardino es una representación simbólica de tal estado latente o «sueño ebrio»:

«Un hombre que no teme a la muerte más que a un sueño ebrio; descuidado, temerario y sin miedo al pasado, presente o porvenir». (*Medida por medida*, IV.2)

Los impulsos evolutivos de energía unitiva están representados ahora por Isabela (*negro*) y su hermano Claudio (*rojo*); son la réplica de Viola y Sebastián, de *Noche de epifanía*. Isabela es la manifestación actual de una Dama Oscura inmaculada.

Durante los nueve años de «sueño ebrio» de Bernardino se transfirieron dos impulsos de energía creativa desde Éfeso a Viena. Tal transferencia fue posible porque la rama bohemia se reconectó con el dominio en época de *Noche de epifanía*. Recordemos que todos los fracasos evolutivos previos se debieron a la incapacidad de asimilar correctamente la energía creativa. Por ello estos impulsos sólo se envían a Viena después de que la energía unitiva se haya absorbido parcialmente, es decir, tras la formación del cuadrángulo bohemio. Dichos impulsos son necesarios para la formación de una estructura interior octogonal. En *La comedia de los errores* los representaban Luciana (*blanco*) y la Cortesana (*amarillo*). En Viena lo hacen Mariana y una mujer llamada Kate Keepdown respectivamente.

Como se indica en el comentario del *Cuento de invierno*, Luciana no se casó con Antífolo de Siracusa; este impulso se quedó en Éfeso. La historia de Mariana es una repetición de las experiencias de Luciana. Cinco años antes del comienzo de la obra Mariana estaba prometida a Angelo, pero Angelo canceló la boda cuando Mariana perdió su dote en el naufragio que mató a su hermano Federico. La pérdida de una «dote» significa que las circunstancias aún no estaban listas para la asimilación constructiva de ese impulso. Después Mariana se retiró a «la granja rodeada de un foso de san Lucas». Mariana tenía que esperar a que las condiciones generales se prepararan adecuadamente para cumplir su función.

La Cortesana de Éfeso aparece en Viena como Kate Keepdown, que está coloreada para el corazón (*amarillo*) y destinada a Federico, el hermano de Mariana. Pero cuando éste se perdió en el mar, Kate acaba como prostituta en el burdel de la señora Overdone.

El proceso ejecutado en Viena sigue el método avanzado descrito anteriormente, según el cual se puede usar un impulso de energía unitiva para completar la reforma. Este impulso se compone de Isabela y su hermano Claudio, lo que significa que Mariana y Kate sólo pueden cumplir su función cuando Isabela y Claudio se hayan unido a las parejas que estaban destinadas para ellos.

Julieta está coloreada para Claudio. La obra indica que también se ha perturbado la asimilación de este impulso purificador, lo que se ilustra por una inoportuna relación amorosa entre Claudio y Julieta, que no se casa con ella por un problema con la «dote». El hecho de que la dote de Julieta permanezca «en el cofre de sus amigos» indica que la boda sería prematura. No obstante, que Claudio «tomara posesión del lecho de Julieta» es muestra de un error en el proceso.

Isabela, con su «lenguaje mudo» y su «razón y discurso» está coloreada para el Duque de Viena y sus actos están totalmente impulsados por su propósito evolutivo, por lo que no pueden juzgarse o explicarse con criterios psicológicos, racionales o moralistas normales. «Estar liberado de elegir» es un término técnico aplicable a la actitud de Isabela, que no puede entregar su «virginidad» por nada que no se corresponda con su función espiritual.

Al principio de la obra al público se le informa de que Isabela ha decidido entrar en el convento de santa Clara. Recordemos que (i) Mariana está en san Lucas; (ii) Julieta está embarazada pero no se ha casado; (iii) Kate es una prostituta en un burdel. Si Isabela se retira a un convento, ninguno de los impulsos evolutivos disponibles en Viena se asimilarán correctamente, lo que significa que Viena no podrá cumplir su propósito evolutivo.

El proceso de Viena lo dirige el Duque; su misión es formar una estructura interior octogonal.

El Duque de Viena comienza su misión anunciando que tiene intención de abandonar la ciudad y partir en una misión diplomática. Deja el gobierno en manos de Angelo. De hecho, el Duque no se va, permanece en Viena disfrazado de fray Ludovico. Secretamente vigila los asuntos de la ciudad y, en especial, las acciones de Angelo. Angelo, como Malvolio, parece perfecto sólo en su comportamiento externo. Que suprima las libertades de Viena es la ejecución de la amenaza de Malvolio: «Me vengaré de toda vuestra cuadrilla». Angelo es un ejemplo de un falso «místico» que se sumerge en la aplicación indiscriminada de la forma externa de las leyes, lo que no conduce a un cambio significativo en las características suyas que distraen. Sus tendencias ocultas se manifiestan en cuanto se le dan los medios para ejercer su poder. Su viciado modus operandi queda expuesto en sus encuentros con Isabela, quien le señala que abusar de la autoridad es una forma de engreimiento y arrogancia.

A Claudio lo arrestan por dejar embarazada a Julieta. Angelo le sentencia a muerte para que sirva de ejemplo a los demás vieneses. Lucio, el amigo de Claudio, visita a Isabela en el convento y le pide que interceda ante Angelo en favor de Claudio. Isabela va a rogar misericordia a Angelo. Él se niega pero sugiere que hay formas de hacerle cambiar de opinión. Cuando Angelo le propone perdonar la vida a Claudio a cambio de que ella tenga relaciones sexuales con él, ella se horroriza e inmediatamente se niega. Después, Isabela visita a Claudio en la cárcel y le aconseja que se prepare para morir. Al principio Claudio está de acuerdo pero luego cambia de opinión. Pide a Isabela que le salve la vida pero ella rehúsa.

Disfrazado de fray Ludovico, el Duque se hace amigo de Isabela y organiza un «truco de cama» para frustrar la intención de Angelo. El Duque aconseja a Isabela que le haga saber a Angelo que ha decidido someterse a él, con la condición de que el encuentro ocurra en la oscuridad y en silencio. Mariana acepta tomar el lugar de Isabela y Angelo acaba acostándose con su prometida.

Observemos que el Duque no es un guía. No tiene la capacidad ni la previsión demostradas por Otelo, don Pedro o Feste. Por eso sus decisiones no son siempre precisas. En varias ocasiones tiene que cambiar el enfoque. No obstante su misión es de gran importancia para el proceso evolutivo general de esta región. El Duque representa simbólicamente uno de los individuos excepcionales desarrollados «rápidamente» y enviados a los ambientes sociales, políticos y religiosos de Europa. Demostraron un conocimiento extraordinario y portentosas habilidades e inventiva. En esa época su presencia era necesaria para que la sociedad europea tuviera un anticipo del funcionamiento de la percepción supracognitiva.

El Duque prepara las circunstancias requeridas para completar su misión. Se enfrenta a un gran reto; tiene que reunir los cuatro impulsos y unirlos con sus parejas designadas. Primero, tiene que convencer a Isabela para que juegue un papel más constructivo que hacerse monja. En su conversación con fray Tomás, el Duque indica que su propósito al perseguir a Isabela es más profundo «que las metas y fines de la ardiente juventud»:

> «No, santo padre, desechad ese pensamiento; no creáis que el tierno dardo del amor puede perforar un pecho completo. El propósito de que desee que me asiléis en secreto es más serio y arrugado que las metas y fines de la ardiente juventud».
> (*Medida por medida*, I.3)

El proceso no puede realizarse sin la ayuda de Lucio, cuyo papel se corresponde con el de Feste en *Noche de epifanía*. Es uno de los bufones shakespearianos. Lucio trabaja en paralelo con el Duque. Vigila las acciones del Duque; cuando se requiere, interviene y efectúa las correcciones necesarias. Lucio ayuda al Duque a llevar a cabo su plan llevando a Isabela al despacho de Angelo. La guía en su primer encuentro con Angelo durante el cual parece ser invisible a los demás.

Como guía, Lucio conoce muy bien al Duque; de hecho le conoce mejor de lo que el Duque se conoce a sí mismo:

> «Fraile, no conoces al duque tan bien como yo»

> «Señor, era uno de sus íntimos». (*Medida por medida*, III.2)

Un par de veces, el Duque y Lucio se reúnen e intercambian información, pero la implicación de Lucio debe ocultarse a los demás, lo que le permitirá ayudar al Duque a ejecutar la última escena: Lucio desenmascarará a Ludovico. Por eso en sus encuentros, el Duque y Lucio se comunican con su propio lenguaje.

Lucio sabe que el Duque es culpable de «preñar a una muchacha». Dice al Duque que sabe que fue él quien, en épocas pasadas de libertad, dejó embarazada a Kate, una prostituta del burdel de la señora Overdone, pero Lucio cargó con la culpa. Le sugiere al Duque cómo rescatar del burdel a Kate y a su hijo, al que podemos llamar Luciano: obligando a Lucio a casarse con ella. Así Lucio juega el papel de Comodín, que en los naipes es el triunfo más alto. Esto significa que el Comodín puede ser un sustituto temporal de cualquier «carta», es decir, puede sustituir a un elemento que falte en el octógono. Y ése es el papel de Lucio en el proceso. De hecho, instantes después, al público se le informa de que fue Lucio quien denunció el burdel de la señora Overdone a las autoridades, a consecuencia de lo cual el burdel se cerró y Kate se libró de la «custodia» de la señora Overdone. Por lo que no es de sorprender que, al final de la obra, el Duque proclame el siguiente veredicto con respecto a Lucio:

«Por mi honor, te casarás con ella. Te perdono tus calumnias».

Lucio hace de sustituto de Federico y así el impulso de energía creativa se podía asimilar temporalmente dentro del ser de Viena.

Al final de la obra el Duque consigue casar a Angelo con Mariana; Claudio sale de la cárcel y se reúne con Julieta; a Lucio le «obligan» a casarse con Kate. El Duque se casa con Isabela. De este modo se forma una unión octogonal.

Los beneficios obtenidos los resume en la escena final el Duque comentándole a Bernardino:

«Bribón, me dicen que tienes un alma terca que no ve más allá de este mundo y que organizas tu vida en consecuencia. Estás condenado, pero te eximo de tus faltas terrenales y te ruego que tomes esta clemencia como provisión para cuando vengan tiempos mejores». (*Medida por medida*, V.1)

La cita anterior compendia el resultado del proceso descrito en *Medida por medida*: «te eximo de tus faltas terrenales» y «que tomes esta clemencia como provisión para cuando vengan tiempos mejores». En otras palabras, el potencial espiritual de la rama Bohemia ha mejorado, al menos temporalmente, gracias a la acción instigada por el Duque. Se ha formado una unión octogonal remendada. En ese momento lo importante era darle a Bohemia, aunque fuera brevemente, un anticipo de esta determinada experiencia. El impacto producido por el octógono bohemio se solapa con una onda generada por la activación de un octógono paralelo en la rama francesa. Eran necesarias ambas estructuras octogonales para crear un campo de energía que afectó a toda Europa occidental. De este modo se pudo mantener el proceso general.

«Que tomes esta clemencia como provisión para cuando vengan tiempos mejores» proporciona algún consuelo y esperanza de futuros avances evolutivos en Europa central. El Duque, que representa el aspecto principal de la facultad intelecto, definitivamente controla Viena; ha conseguido formar cuatro parejas. Sin embargo, los espectadores pueden ver que el octógono vienés no es una organización del todo equilibrada y armónica. A diferencia del octógono formado al final de *Pericles, príncipe de Tiro* todos los componentes del octógono vienés están contenidos en el mundo ordinario, por lo que se trata de una estructura plana, bidimensional. Además, algunos de ellos necesitan arreglo. El matrimonio de Angelo y Mariana es forzado; Claudio y Julieta ya han consumado el suyo; la boda de Lucio y Kate es sólo un parche para proporcionar los componentes que faltan de la estructura octogonal. Resumiendo, la forma externa de la unión activada al final de *Medida por medida* es correcta pero su contenido interior no es de la mejor calidad.

Los detalles que da Shakespeare en sus otras obras indican que el Duque e Isabela estuvieron felizmente casados durante treinta años. Lucio adoptó a Luciano, hijo del Duque y Kate. Claudio y Julieta tuvieron un niño llamado Claudio. Pero los otros dos matrimonios no duraron mucho. Después de cumplir su función transitoria en Viena, Mariana y Kate fueron transferidas a Italia, su destino original.

Tal unión «lisiada» entró en la sexta etapa de la rama bohemia, etapa que se presenta en *Hamlet*.

Hamlet

Para desvelar la estructura interior de *Hamlet* hay que reconstruir lo que ocurrió después de *Medida por medida*, en cuyo final se formó el octógono bohemio. En Viena gobernaba un aspecto de la facultad intelecto parcialmente purificado (el Duque Vincencio); había una fuerte presencia de un aspecto corrupto del intelecto (Angelo) y la facultad corazón estaba gravemente debilitada (Julieta).

Al final de *Medida por medida* el hijo ilegítimo del Duque tenía un año y tres meses. Lucio lo adoptó y el hijo de Claudio estaba a punto de nacer. Ambos niños reaparecen en *Hamlet* como dos hermanos. Shakespeare se refiere al hijo adoptado de Lucio como Luciano, y al hijo de Claudio como Claudio.

Ahora la acción se traslada de Viena más al norte, a Elsinore en Dinamarca. Los acontecimientos que han llevado al estado actual de Elsinore se presentan en «El asesinato de Gonzago», un drama dentro de un drama insertado en *Hamlet*. A petición de Hamlet, un grupo ambulante de actores representa una adaptación del «Asesinato de Gonzago». Esto es lo que Hamlet pide al Primer Actor:

> «Podrías, si fuera necesario, estudiar un parlamento de unas doce o dieciséis líneas que yo compondría e insertaría ¿verdad?»
> (*Hamlet*, II.2)

La adaptación de Hamlet, que él llama «La ratonera» incluye la historia que le ha contado el Espectro, donde el asesino del rey se casa con su esposa:

> «Ahora veréis cómo consigue el asesino el amor de la mujer de Gonzago». (Hamlet, III.2)

No obstante los actores presentan su propia adaptación del «Asesinato de Gonzago»; aumentan la historia de Hamlet añadiendo un episodio que sucedió en Viena después del final de *Medida por medida*. De este modo el «Asesinato de Gonzago» consta de dos episodios consecutivos. La función empieza con una pantomima que describe la adaptación de Hamlet según lo que le ha contado el Espectro, es decir, el asesinato del padre de Hamlet. El siguiente episodio ilustra la historia del Duque de Viena, sucesos que ocurrieron antes del asesinato en Elsinore. En ese momento Gonzago era el Duque de Viena:

> «Esta obra es la imagen de un asesinato cometido en Viena: Gonzago es el nombre del duque; su mujer, Baptista».
> (*Hamlet*, III.2)

El Duque de Viena se representa como un anciano enfermo. Es generoso, considerado y, en este sentido, muy distinto, incluso opuesto, al personaje del padre de Hamlet. La mujer del Duque, Baptista, siente un devoto afecto por su esposo y no hay indicación de que le esté engañando. Los lectores reconocerán en ellos al

Duque Vincencio e Isabela treinta años después del final de *Medida por medida*. El asesino es Luciano, sobrino del Duque. Así se nos informa de lo que sucedió entre la conclusión de *Medida por medida* y el principio de *Hamlet*.

Hécate, la diosa de la brujería, también se involucra en el proceso. Utiliza el mismo enfoque que en *Macbeth*. Hécate identifica que Luciano es su objetivo y le «susurra» la idea de asesinar al Duque, su padre biológico. Después, le proporciona una pócima venenosa. Así lo cuenta Luciano:

«Tú, fétida pócima de hierbajos cogidos a medianoche, con la maldición de Hécate tres veces abominada y tres veces infectada, que tu magia natural y espantosa propiedad arranquen inmediatamente la vida sana».

Siguiendo el susurro de Hécate, Luciano emponzoña al Duque:

«Le envenena en el jardín para arrebatarle el reino. Su nombre es Gonzago: la historia es verídica y está escrita en selecto italiano». (*Hamlet*, III.2)

Tras el asesinato de Gonzago, el joven Luciano se convierte en gobernante. El hecho de que «El asesinato de Gonzago» esté escrito «en selecto italiano» recalca aún más su conexión con *Medida por medida* y *Noche de epifanía*.

Los cambios que los actores hacen a la obra irritan a Hamlet. Descontento con su presentación, Hamlet adopta el papel de coro. En un determinado momento interrumpe bruscamente la representación:

«Empieza, asesino; maldición, deja de poner caras y empieza. Venga: "el cuervo graznador grita pidiendo venganza"». (*Hamlet*, III.2)

Su interrupción impide que los actores terminen la función.

El teatro dentro del teatro nos permite identificar la estructura interior de Elsinore; es el reflejo actual de la Viena del «Asesinato de Gonzago». En la historia de los actores los lectores pueden reconocer al padre de Hamlet como Luciano, que era hijo ilegítimo del Duque. Luciano mata a su padre biológico, es decir, al abuelo de Hamlet. Más tarde Luciano es asesinado por Claudio, el cual se convierte en rey.

Elsinore es débil, fragmentado y muy degenerado. Su modus operandi actual está movido por deseo de poder, venganza, codicia y ambiciones malvadas. Hamlet reconoce intuitivamente este estado y lo compara a un «jardín descuidado»:

«¡Qué vergüenza! ¡Qué asco! Es un jardín descuidado que se descompone; sólo lo poseen cosas de naturaleza fétida y burda». (*Hamlet*, I.2)

Marcelo, uno de los centinelas, resume la situación general con el siguiente comentario:

«Algo está podrido en el estado de Dinamarca». (*Hamlet*, I.4)

Semejante estado degenerado o «podrido» puede describirse como un vestigio de la desintegrada estructura octogonal y sólo puede elevarse mediante un increíble esfuerzo por parte de sus aspectos no corrompidos.

La estructura del impulso evolutivo ligado a la rama bohemia se compone de una hermana y un hermano. Se introdujo en *Noche de epifanía* como Viola y Sebastián y continuó como Isabela y Claudio en *Medida por medida*. El impulso evolutivo presente en Elsinore lo representan Laertes y su hermana Ofelia. Laertes está diseñado para un aspecto del corazón espiritual (*rojo*), pero en ese momento dicho aspecto no está presente en Elsinore. Tal «corazón lisiado» es una característica de la rama bohemia. Por eso a Laertes se le envía a Francia para buscar allí el cumplimiento de su propósito.

Ofelia representa un impulso de energía unitiva (*negro*) destinado a la facultad intelecto. Después de Viola e Isabela, Ofelia es la tercera manifestación de una Dama Oscura impoluta. El impulso está asignado a Hamlet pero a Ofelia la domina su padre Polonio, que no sabe nada de la función de Ofelia. En su ignorancia, interfiere con el proceso ordenándole que se distancie de Hamlet. Si no puede unirse a Hamlet, la presencia de Ofelia no es necesaria en Elsinore.

Hamlet encarna a un aspecto del intelecto parcialmente purificado. Es el «fruto» actual de la rama de desarrollo bohemia. Su estado es un reflejo de los anteriores «duques» de la unión bohemia: Orsino de *Noche de epifanía* y el Duque de Viena de *Medida por medida*. Hamlet está a punto de experimentar un avance a un estado superior pero su potencial se ve nublado por su inmadurez, arrogancia y melancolía.

Ofelia es capaz de reconocer el potencial espiritual de Hamlet, que describe como «la esperanza y rosa del hermoso estado» y el «molde de la forma». El potencial de Hamlet se formó como resultado de sus experiencias como cortesano, soldado e intelectual:

> «El ojo, la lengua y la espada del estadista, el soldado y el intelectual; la esperanza y rosa del hermoso estado, el espejo de la moda y el molde de la forma, el observado por todos los observadores». (*Hamlet*, III.1)

Estas experiencias son paralelas a las del Duque vienés, el abuelo de Hamlet, a quien también se describe como «un intelectual, un estadista y un soldado».

Hamlet reconoce intuitivamente que hay algo mal en Elsinore y es capaz de señalar deficiencias obvias. Pero está claro que no sabe cómo enfrentarse a la situación en la que se encuentra. Su potencial incumplido se refleja en sus soliloquios, que tienen un significado externo y otro interno. El externo no es lo suficientemente satisfactorio para él; el interno aún no lo puede comprender. Éste es su famoso parlamento «ser o no ser»:

«Ser o no ser, ésa es la cuestión: ¿es más noble en la mente recibir los golpes y dardos de la atroz fortuna o armarse contra un mar de problemas y, oponiéndose a ellos, terminarlos? Morir: dormir; no es más. Y si durmiendo acabáramos con el dolor de corazón y las mil conmociones naturales que son legado de la carne, sería una conclusión fervientemente deseada. Morir, dormir; dormir: quizás soñar; ay, he ahí el problema. Pues en ese dormir de la muerte los sueños que pueden llegar cuando nos hemos desprendido de esta envoltura mortal deben hacernos pensar. Tal es la reflexión que da tan larga vida a la calamidad pues ¿quién soportaría los azotes y desprecios del tiempo, el agravio del opresor, el oprobio del orgulloso, las punzadas del amor despreciado, la demora de la ley, la insolencia de los dignatarios y los desdenes que el paciente mérito recibe del indigno cuando, por sí mismo, puede saldar su propia cuenta con una daga desnuda? ¿Quién llevaría cargas, renegando y sudando, en una hastiada vida salvo porque el temor a algo tras la muerte, el país ignoto de cuyo confín no regresa ningún viajero, confunde la voluntad y hace que sea preferible aguantar los males que padecemos que huir hacia otros que desconocemos? Así la consciencia nos convierte a todos en cobardes y así el tono original de la decisión se vuelve enfermizo con el pálido ademán del pensamiento, y empresas de gran contenido e importancia por esta consideración tuercen su curso y pierden el nombre de acción». (*Hamlet*, III.1)

El soliloquio tiene tres partes. La primera introduce los dos estados espirituales de «ser» y «no ser». La segunda describe los esfuerzos de la persona que se halla en el estado de «no ser». La tercera indica el camino al estado de «ser».

El estado de «no ser» es estéril a efectos de desarrollo; corresponde a la vida ordinaria con todo su sufrimiento de «golpes y dardos de la atroz fortuna». El sufrimiento se debe al papel dominante de la facultad ego corrupta. Por otra parte, el estado de «ser» es el de un hombre espiritualmente desarrollado y se accede a él siguiendo un camino que conduce a la activación de las facultades sutiles. Este enfoque exige un esfuerzo personal extraordinario, al que el monólogo denomina «armarse contra un mar de problemas y, oponiéndose a ellos, terminarlos». Significa una lucha personal contra la facultad ego corrupta y liberarse de las apegos mundanos. Esta parte del proceso de desarrollo se ha mencionado anteriormente como «morir antes de morir», experiencia que conduce a la activación de las facultades sutiles mediante la asimilación de las energías evolutivas.

Es importante entender que el estado actual de Hamlet corresponde al «no ser», por lo que su comportamiento es un reflejo de su estado aún sin desarrollar. Cuando su padre murió, Hamlet esperaba convertirse en rey. Pero Claudio fue más hábil que él y consiguió que lo eligieran como monarca. Así que Hamlet odia a Claudio y está indignado con su madre, todo lo cual le hace estar deprimido, amargo y sarcástico. Tal estado desequilibrado se refleja en la segunda parte del monólogo. Hamlet percibe claramente que «morir» puede acabar con todo el dolor y sobresalto que conlleva la vida ordinaria, por lo tanto, es una solución que habría que desear. Pero Hamlet no entiende el significado de «morir», por eso piensa que hay una trampa: ¿quién sabe qué sueños tendrá en esa «muerte»? Después de todo, ¿quién iba a aguantar las penas de la vida si pudiera simplemente acabarlo todo con un puñal («daga desnuda»)? El miedo a lo desconocido combinado con el apego a los placeres mundanos hace que la gente soporte tremendas desgracias antes de huir hacia otras que desconoce. Hamlet concluye que es nuestro intelecto ordinario («el pálido ademán del pensamiento») el que provoca pensamientos tan temerosos que paralizan nuestras acciones y nos convierten en cobardes espirituales. Y hasta ahí puede llegar una persona, en estado de «no ser», para explicar y justificar su ociosidad espiritual, estando en aparente contemplación intelectual profunda. A pesar de su extraordinaria capacidad intelectual, Hamlet no es capaz de averiguar cómo superar los retos asociados a su lucha por llegar al estado de «ser». No sabe que sólo puede cumplir su potencial evolutivo y alcanzar el estado de «ser» si se une con Ofelia, lo que se recalca por la llegada de Ofelia interrumpiendo la meditación de Hamlet:

«Silencio. ¡La bella Ofelia! Ninfa, que en tus oraciones se recuerden todos mis pecados». (*Hamlet*, III.1)

La llegada de Ofelia señala la tercera parte del monólogo. Que aparezca en ese preciso instante indica simbólicamente el enfoque que debería adoptar Hamlet. Ofelia representa el impulso de energía unitiva que le permitiría transmutar su estado interior. Es decir, Hamlet podría llegar al estado de «ser» casándose con Ofelia.

Parece que al principio de la obra Hamlet va por el buen camino. Ama y casi adora a Ofelia («ninfa, que en tus oraciones se recuerden todos mis pecados»). Pero las fuerzas destructivas interfieren en el proceso enviando al Espectro, cuyo objetivo es aniquilar el potencial de Hamlet redirigiendo su prioridad de Ofelia a vengar la muerte de su padre.

Es importante fijarse en la siguiente frase del soliloquio:

«El país ignoto de cuyo confín no regresa ningún viajero».

El término «el país ignoto» se refiere al estado de «ser», es decir, un estado más elevado. Hamlet todavía ignora las posibilidades que ofrece «el país ignoto» y no se da cuenta de que viajar allí es la única solución a sus problemas. Pero necesita un guía que le muestre el camino. Un guía es un «viajero» que, como Pericles y Otelo, ha regresado del «país ignoto», ha «muerto antes de morir» y es capaz de guiar a otros. Con la ayuda de un guía Hamlet podría liberarse de la destructiva influencia del Espectro («armarse contra un mar de problemas y, oponiéndose a ellos, terminarlos»). Un guía semejante está presente en Elsinore, pero Hamlet no lo reconoce.

Recordemos que a Macbeth le destruyeron las profecías de las brujas. Elsinore se encuentra en una situación similar; su debilidad y fragmentación lo hacen vulnerable a las fuerzas destructivas. La estructura interior de Elsinore indica claramente que Hamlet es el único aspecto que puede crecer evolutivamente. Sin embargo el burdo ego de Hamlet, es decir, su impaciencia, melancolía, ambición, arrogancia y odio hacia Claudio le convierten en presa fácil. Por eso se envía a un Espectro pérfido y destructivo para corromperle. Así describe el Espectro su maligno estado:

> «Soy el espíritu de tu padre, condenado a vagar de noche por cierto tiempo y, de día, confinado en los fuegos hasta que los atroces crímenes que cometí en mis días naturales se quemen y expíen».
>
> «¡Oh, horrible! ¡Oh, horrible! ¡Demasiado horrible!»
> (*Hamlet*, III.1)

La naturaleza del espectro no debería sorprender ya que es una proyección de Luciano que cometió «atroces crímenes». Asesinó al Duque, su padre biológico.

Shakespeare indica que el impacto del Espectro depende de cuánto apego y respeto se sintiera por el rey Hamlet. Horacio y los centinelas respetaban mucho al antiguo rey y por eso pueden ver al Espectro, pero éste no hablará con Horacio porque se enfrenta a la aparición con una condición:

«Si hay alguna buena obra que hacer, que te alivie y me reporte la gracia, háblame». (*Hamlet*, I.1)

Por supuesto, «alguna buena obra que hacer» no es el propósito del espectro. Por otra parte, Hamlet trata con el Espectro de manera incondicional:

«Ya seas un espíritu saludable o un duende maldito, ya traigas contigo aires del cielo o pestilencias del infierno, ya sean tus intenciones malvadas o caritativas, te presentas con una forma tan extraña que hablaré contigo». (*Hamlet*, I.4)

Por eso le habla el Espectro. Hamlet considera la posibilidad de que el Espectro «sea el diablo» a quien se ha enviado para abusar de él, por lo que decide aplicar un método racional para verificar la historia del Espectro:

«Necesito pruebas más fehacientes: la obra de teatro es el medio con el que capturaré la conciencia del rey». (*Hamlet*, II.2)

Hamlet mezcla dos áreas diferentes del conocimiento: la racional y la perceptiva. Presume que la orden del Espectro debe ser legítima si su historia es verdadera. Es una situación parecida a la de Macbeth, que creyó en la profecía de las brujas cuando se convirtió en *thane* de Cawdor. Hamlet comete el mismo error. Se convierte en un «instrumento de la oscuridad» en cuanto decide cumplir la orden del Espectro de vengar la muerte de su padre. El deseo de venganza produce una podredumbre interna que acaba matando a un hombre. Hamlet es víctima de los susurros del Espectro. Se convierte en un «príncipe salvaje» e instrumento de las fuerzas destructivas. En ese punto, el potencial de desarrollo de Hamlet se reduce drásticamente.

Un impulso de energía evolutiva no se puede malgastar. Cuando una situación no permite que se haga realidad constructivamente, se retira el impulso. Por eso Ofelia se retira cuando Hamlet la rechaza y se marcha de Elsinore. La retirada de Ofelia se presenta en tres etapas: su locura, su muerte y su funeral. Ofelia se ahoga junto a un sauce, que simboliza el amor frustrado. Así indica Shakespeare que la locura de Ofelia estaba causada no tanto por la muerte de su padre como por la partida e inminente muerte de Hamlet. La causa de la locura de Ofelia es la misma que la de las penas de Helena en *Bien está lo que bien acaba*:

«No pienso en mi padre y estas copiosas lágrimas adornan su recuerdo más de las que derramé por él. ¿Cómo era? Le he olvidado: mi imaginación no tiene más favor que el de Beltrán». (*Bien está lo que bien acaba*, I.1)

Helena no llora por la muerte de su padre, lamenta la partida de su amado Beltrán.

Mientras está en la etapa de «locura», Ofelia profetiza. Sus profecías contienen detalles y comentarios sobre acontecimientos pasados, presentes y futuros que ayudan a entender el drama. Las pronuncia en el lenguaje simbólico de las flores que entrega a Gertrudis, Claudio y Laertes. Por ejemplo, llama a Gertrudis «la bella majestad de Dinamarca». Luego revela al público quién es el «verdadero amor» de Gertrudis:

«¿Cómo distinguir vuestro verdadero amor de cualquier otro? Por su sombrero, bastón y sandalias de peregrino». (*Hamlet*, IV.5)

El «verdadero amor» de Gertrudis lleva un sombrero, bastón y sandalias de peregrino, es decir, es un hombre en el camino espiritual. Sólo hay un aspecto de Elsinore que encaje en esta descripción: Hamlet. Así, Ofelia ayuda al público a entender los actos de Gertrudis. Es muy fácil malinterpretar su personaje. No dice mucho, parece ser una esposa obediente. Todo lo que sabemos de ella se basa en los comentarios de Hamlet, que no es una fuente fiable de objetividad.

Gertrudis representa un aspecto debilitado y pasivo de Elsinore. Sus maridos la han dominado. Aunque ignoraba los asesinatos cometidos por sus dos cónyuges, conocía muy bien sus habilidades manipuladoras.

Su primer esposo era orgulloso, impulsivo y violento («golpeó a los polacos en sus trineos sobre el hielo»). El hecho de que Gertrudis no pueda ver u oír al Espectro indica que no sentía demasiado afecto por él. Gertrudis se da cuenta de cuál es el verdadero potencial de Hamlet y del papel que debería ser capaz de representar. También entiende la importancia de Ofelia para el futuro de Hamlet:

«Esperaba que hubieras sido la mujer de mi Hamlet».
(*Hamlet*, V.1)

Desde luego, a Gertrudis no la mueve una atracción sensual o lujuriosa por Claudio. Es al revés. Se aprovecha de la atracción que siente Claudio por ella para conseguir su meta, y hace un trato con él. Es un trato que deja «manchas negras y profundas» en su alma. Su objetivo secreto es proteger a Hamlet contra las maquinaciones de la corte danesa y convertirlo en el futuro rey de Dinamarca. Después de la muerte del anterior monarca, Gertrudis sabía que era muy peligroso que Hamlet fuera elegido rey porque todavía era demasiado joven, ingenuo e inmaduro.

El público puede suponer que aceptó casarse con Claudio a condición de que Hamlet fuera designado heredero «más inmediato» al trono. Claudio acepta. Su comentario a Laertes confirma los sentimientos de Gertrudis hacia Hamlet y la naturaleza de su relación con su segundo marido:

«La reina, su madre, vive casi exclusivamente por él, y en cuanto a mí, ya sea por virtud o por desgracia, ella está tan ligada a mi vida y alma que igual que una estrella no se mueve más que en su esfera, yo no puedo más que estar con ella». (*Hamlet*, IV.7)

A Gertrudis sólo le preocupa el futuro de Hamlet y le es incuestionablemente leal. Cuando Hamlet le pide que no le cuente a Claudio que sólo finge estar loco, Gertrudis así lo promete y cumple su promesa.

***

Elsinore ha llegado a un nivel tan bajo que la única solución constructiva posible, por muy contradictoria que parezca, es eliminar todos los aspectos corruptos. Tan drástica reforma puede proporcionar la base para que este ser se renueve. Sólo entonces se podrá traer un nuevo aspecto principal. La obra describe con exactitud, paso a paso, la preparación de ese suceso. Shakespeare señala el momento preciso en el que se inicia la preparación: cuando el rey Hamlet mata a su gran rival, Fortinbras de Noruega. Esto significa que cuando reinaba el rey Hamlet, el potencial evolutivo de Elsinore ya estaba gravemente erosionado. La corrupción de Elsinore la causaron los «atroces crímenes» perpetrados por el padre de Hamlet.

La corte noruega es como un reflejo de Elsinore. El viejo rey de Noruega es el hermano del rey muerto y su hijo es el joven Fortinbras, cuya situación es muy similar a la de Hamlet, sin embargo, este aspecto no está corrompido. Fortinbras quiere vengar la muerte de su padre, pero lo enfoca de un modo distinto: no busca una venganza personal. Sus miras son más elevadas: el bienestar de su país. Fortinbras es más hábil que Claudio. Con el pretexto de una guerra contra los polacos, Fortinbras consigue el permiso de Claudio para llevar sus tropas a Dinamarca. En ese momento Hamlet no tiene ni idea del propósito de Fortinbras. En su arrogancia e ignorancia, presume que Fortinbras, «un príncipe delicado y tierno» lucha por «una cáscara de huevo».

Vemos ahora que a Elsinore se le somete a una operación muy sofisticada. Por un lado hay una preparación muy rigurosa que conduce a la escena final en la que se eliminarán los elementos restantes del octógono bohemio. Por otro lado, dicha preparación se coordina con los movimientos de Fortinbras y sus tropas. Sería imposible llevar a cabo una intervención tan precisa sin una orientación muy avanzada. Así pues, ¿quién dirige la operación de Elsinore?

El proceso de desarrollo requiere la presencia de un guía. No obstante, el discípulo debe reconocer a su guía, de lo contrario éste permanecerá oculto y su función estará bastante limitada. Ese es el reto de Hamlet. Los espectadores de una representación de *Hamlet* se enfrentan al mismo reto que él. Para comprender la obra es necesario reconocer quién es el guía y cómo opera. Los detalles se revelan durante el encuentro de Hamlet con el sepulturero. El sepulturero da una calavera a Hamlet y le dice que era de Yorick, el bufón del rey anterior. Hamlet exclama:

«¡Ay, pobre Yorick! Yo le conocí, Horacio: un hombre de gracia infinita y excelente fantasía». (*Hamlet*, V.1)

Yorick, el bufón, era el guía espiritual. Ya hemos visto al bufón cumplir esa función en dos obras de la rama bohemia: Feste en *Noche de epifanía* y Lucio en *Medida por medida*. Yorick era el guía cuando reinaba el rey Hamlet. Pero entonces algo salió mal. Cuando el rey Hamlet luchaba contra Fortinbras, la estructura octogonal formada en época de *Medida por medida* se desintegró. El proceso se interrumpió. Yorick pasó los últimos años de su vida entrenando y preparando al joven Hamlet para su futuro papel. Entonces Yorick transfiere su mandato a su sustituto. El sepulturero se lo cuenta a Hamlet en la siguiente cita:

«¡Mala peste sobre ese loco bufón! Una vez me tiró por la cabeza un frasco de vino del Rin». (*Hamlet*, V.1)

En el lenguaje simbólico de la enseñanza, el «vino» representa la energía unitiva del amor. En otras palabras, bautizándole con «vino», Yorick pasó su mandato al sepulturero. Entonces el octógono bohemio se convirtió en un cementerio. Ahora el sepulturero está a cargo de dirigir el proceso.

El sepulturero es el personaje más ingenioso de la obra. No sólo hace preguntas perspicaces, sino que da respuestas sin vacilar y sin confusión. Parece dominar todos los temas. Hasta Hamlet se percata:

«¡Qué categórico es el pícaro! Tenemos que hablar con precisión o nos desmontará con un subterfugio. Por el Señor, Horacio, durante estos tres años he ido tomando nota de ello; los tiempos se han vuelto tan selectos que el dedo del pie del campesino se acerca tanto al talón del cortesano que se lo araña». (*Hamlet*, V.1)

Hamlet comenta sarcásticamente que los campesinos se han vuelto tan listos y ocurrentes que sobrepasan a los cortesanos.

El encuentro con el sepulturero es otra muestra de que no está preparado; toma la forma de una entrevista, con preguntas y respuestas. A Hamlet se le dan varias pistas que deberían ayudarle a reconocer quién es realmente el sepulturero. Es decir, si reconociera al guía demostraría que era digno de ser guiado. Pero en el encuentro con el sepulturero Hamlet parece no enterarse de nada y ser crédulo. El sepulturero indica con claridad que conoce a Hamlet pero éste no se da cuenta. Entonces el sepulturero le da otra pista:

«He sido enterrador aquí, hombre y niño, treinta años».
(*Hamlet*, V.1)

Antes, el sepulturero había dicho que se convirtió en enterrador el día que nació el joven Hamlet, lo que implicaría que Hamlet tiene ahora treinta años. Pero Hamlet es un joven estudiante (según el Pastor del *Cuento de invierno*, Hamlet tiene «entre dieciséis y veintitrés»). Por lo tanto los «treinta años» sirven para otro propósito: es una referencia a la representación del «Asesinato de Gonzago». Según la función de los actores, el padre de Hamlet fue asesinado cuando celebraba el trigésimo aniversario de boda. De este modo el sepulturero intenta atraer la atención de Hamlet hacia la representación de los actores y le indica que podría explicar la inconsistencia del «Asesinato de Gonzago». Es más, podría guiar a Hamlet a través de su situación actual, pero Hamlet tendría que prestar atención a lo que está diciendo. Sin embargo, Hamlet ignora por completo todas las pistas del sepulturero y pierde la oportunidad de reconocer al guía que le ayudaría a cambiar el curso de los acontecimientos. El sepulturero termina su encuentro con Hamlet diciendo que la calavera de Yorick:

«...yace en tierra desde hace veintitrés años».

Si Hamlet tuviera treinta años, Yorick tendría que haber sido enterrado al menos veintitrés años antes. El sepulturero acaba de decirle que un cadáver tarda unos ocho años en pudrirse y Hamlet nota que la calavera todavía huele:

«¿Y huele así? ¡Bah!» (*Hamlet*, V.1)

Lo que significa que debió enterrarse hace menos de siete u ocho años, pero Hamlet no capta la contradicción.

El comentario del sepulturero es un resumen del estado actual de Elsinore. «Veintitrés» tiene el mismo sentido que en la frase del Pastor: señala simbólicamente la duración de una rama o ciclo evolutivo. El sepulturero indica que, en ese preciso momento, los «veintitrés» años de la rama bohemia se han sepultado y sólo queda, como dijo Marcelo, algo «podrido» en Dinamarca.

Lo único que puede hacerse es conservar un mínimo de los avances obtenidos. Por tanto Hamlet tendrá que seguir la vía «dura». Justo después de este encuentro, Hamlet se cruza con el cortejo fúnebre de Ofelia y se emociona al ver el cadáver. La muerte de Ofelia y el lamento de Laertes por la pérdida de su amada hermana desencadenan por primera vez en Hamlet un momento de auténtica sinceridad. Se da cuenta de que Ofelia era su verdadera prioridad. En ese instante se olvida del Espectro, de su padre y de su venganza. Declara abiertamente que amaba a Ofelia:

«Yo amaba a Ofelia: cuarenta mil hermanos, con toda su cantidad de amor, no alcanzarían mi suma». (*Hamlet*, V.1)

Debido a ese momento de verdadera sinceridad, se le concede un adelanto de un estado superior. Brevemente puede experimentar el estado de «ser». Su «despertar» está claramente definido: empieza cuando «muere antes de morir»:

«Estoy muerto, Horacio». (*Hamlet*, V.2)

Dura hasta la muerte física de Hamlet. Este momento es la quintaesencia de la obra. Es cuando desaparece la distinción entre pasado, presente y futuro. Hamlet es capaz de «percibir» el significado de la historia de su padre y la representación de los actores, el papel del Espectro, las funciones de Ofelia, Claudio, Gertrudis, Laertes, el sepulturero y Fortinbras. Gracias a su estado despierto de «ser», puede manifestar su comprensión en una sola frase:

«Profetizo que la elección recaerá en Fortinbras». (*Hamlet*, V.2)

No sólo es capaz de percibir la verdad: en ese breve instante de «ser» cumple con la fracción restante de su potencial expresando su apoyo para que Fortinbras sea elegido nuevo rey de Dinamarca:

«Tiene mi voz moribunda; infórmale de ello y de todos los acontecimientos mayores y menores que han concurrido. El resto es silencio».

Las últimas palabras de Hamlet lo dicen todo. Nada más se puede añadir. Todo ha quedado explicado, por tanto «el resto es silencio».

***

Las etapas críticas del proceso evolutivo tienen acontecimientos históricos paralelos. Cuando se lleva a cabo una intervención evolutiva, algo ocurre en la escala histórica. Aunque lo que suceda tome la forma de un evento ordinario, siempre tendrá un determinado contenido interno cualitativamente distinto de algo que pudiera surgir naturalmente en las interacciones de la vida corriente.

Podemos ver el paralelismo de lo que Shakespeare describe en sus obras bohemias con la situación de Europa central en el siglo XVI. En esa época había señales evidentes de que el desarrollo de la civilización europea iba por el camino equivocado. El crecimiento evolutivo estaba gravemente inhibido por las malas prácticas y doctrinas corruptas de la Iglesia que dominaba Europa, que culminaron cuando la Iglesia empezó a vender indulgencias, es decir, «perdones» de determinados pecados. Shakespeare hace alusión a ello en la siguiente cita del *Rey Juan*:

«Aunque a vos y a todos los reyes de la Cristiandad os conduzca groseramente este sacerdote entrometido, temiendo la maldición que el dinero puede cancelar; y con el mérito del vil oro, escoria, polvo, compréis el corrompido perdón del hombre que en esa venta vende su propio perdón; aunque vos y todo el resto tan burdamente conducidos apreciéis con rentas esta embaucadora brujería, yo solo, solo, me opongo al papa y considero enemigos a sus amigos». (*El rey Juan*, III.1)

Otro importante indicio de tal degeneración era la tremenda corrupción de la jerarquía eclesial, incluyendo al Obispo de Roma, que nombraba obispos, cardenales y demás basándose en las contribuciones financieras. Es decir, la institución principal de Europa estaba muy degenerada y la situación general había empezado a apartarse de su potencial evolutivo. Con un cierto grado de divergencia, el proceso evolutivo podría quedar gravemente perturbado. En algún punto estaría sometido a la ley de rendimientos decrecientes y finalmente se extinguiría.

Como se ha indicado anteriormente, la situación se había previsto y, cien años antes, se había iniciado una intervención. Se preparó «rápidamente» un impulso en el nivel superior de la cadena de transmisión, que se envió a la península de los Balcanes en época de *Noche de epifanía*. El impulso era necesario para formar la unión octogonal en Viena en tiempos de *Medida por medida*. Ya hemos comentado que la exposición a una estructura octogonal interior tiene un efecto constructivo que neutraliza, al menos en parte, algunas tendencias destructivas que perturban el proceso evolutivo. Es como una gota de aceite que se expande gradualmente sobre un área mayor. Fue una gota de esa «gloria» generada por el octógono vienés lo que instigó la Reforma europea.

Históricamente, la Reforma la inició Martín Lutero, un monje alemán, erudito y teólogo. En 1517 Lutero denunció públicamente los abusos de la Iglesia clavando en la puerta de la iglesia del castillo de Wittenberg una copia de sus famosas 95 tesis que cuestionaban la doctrina eclesial. Rápidamente se imprimieron y distribuyeron las 95 tesis, haciendo que fuera una de las primeras controversias de la historia avivada por la imprenta. En dos semanas los papeles habían llegado a toda Alemania y en dos meses a toda Europa. La acción de Lutero influyó profundamente en el curso de la civilización europea.

Es interesante observar, en este contexto, que en el sello de Martín Lutero había una rosa, una cruz y un anillo. El sello se diseñó para Lutero a petición de Federico III, príncipe elector de Sajonia. Una rosa, una cruz y un anillo son representaciones simbólicas de instrumentos técnicos usados en la implementación del proceso evolutivo. La «rosa» es un ejercicio de respiración y visualización cuyo propósito es activar las facultades sutiles del hombre. La «cruz» indica puntos de concentración en el cuerpo humano empleados durante el ejercicio de la rosa. El «anillo», o «jarretera» (liga) señala los requisitos para realizar correctamente el ejercicio de la rosa: la presencia de ciertas personas, y el lugar y momento correctos. Que estos símbolos aparecieran en el anillo de Lutero es señal de que la Reforma fue un efecto derivado de la intervención evolutiva que se inició entonces.

La Iglesia respondió al desafío de Lutero con la Dieta de Worms. La Dieta era un decreto promulgado por el Sacro Emperador Romano Carlos V en 1521. Se conoce como Dieta de Worms porque se promulgó en la pequeña ciudad de Worms junto al Rin. El decreto condenaba a Martín Lutero como hereje y apóstata y prohibió sus textos. La Dieta de Worms fue un suceso que obstruyó gravemente el objetivo original de la Reforma.

En *Hamlet* Shakespeare hace una referencia directa a la Dieta de Worms. Hamlet la llama «cierta asamblea de gusanos[8] políticos» que servía «emperador como dieta»:

Claudio: «Hamlet, ¿dónde está Polonio?»

Hamlet: «En la cena».

Claudio: «¿En la cena dónde?»

Hamlet: «No donde come sino dónde le comen. Cierta asamblea de gusanos políticos se comen en él. El gusano es el emperador como dieta». (*Hamlet*, IV.3)

Es decir, *Hamlet* ilustra simbólicamente el impacto general que tuvo la unión bohemia en la situación de la Europa central del siglo XVI.

---

[8] N. de la T. Gusanos, en inglés *worms*.

A la Reforma le siguió una forma suavizada de «renovación», conocida en la historia como Contrarreforma. Se inició en el Concilio de Trento en 1545, más o menos cuando murió Lutero. Fue un movimiento dentro de la propia Iglesia. Se encargó a un conjunto de cardenales que elaboraran reformas institucionales para tratar los temas polémicos, como los sacerdotes y obispos corruptos, las indulgencias y otros abusos financieros. Como resultado, la propia Iglesia se vio obligada a eliminar algunos de sus peores aspectos corruptores. Ello se corresponde con la situación descrita en la escena final de *Hamlet*, cuando se extirparon los aspectos depravados del ser de Elsinore y sólo se consiguió un pequeño fragmento del potencial evolutivo.

En resumen, no se aprovechó la oportunidad de un avance evolutivo sustancial en Europa central. Los resultados conseguidos eran inferiores al potencial disponible en ese momento. Shakespeare indica que aunque los «tiempos mejores» que menciona el Duque al final de *Medida por medida* no se materializaron, se evitó una «catástrofe» evolutiva.

Recordemos que la llegada de Viola y Sebastián a Iliria en época de *Noche de epifanía* tenía varios propósitos. El primero era traer de Éfeso los impulsos de energía creativa. Esta tarea se realizó cuando Mariana y Kate llegaron a Viena en tiempos de *Medida por medida*. Después, ambos impulsos se transfirieron a Italia.

El segundo propósito era usar el octógono bohemio para contrarrestar las tendencias destructivas de Europa central. Esto se logró parcialmente mediante su activación acelerada. Después, la estructura octogonal se desintegró.

Los dos impulsos restantes del octógono (Isabela y Claudio) se quedaron en la rama bohemia, lo que servía para el tercer propósito, que era reforzar el desarrollo del aspecto principal del intelecto en la rama inglesa. Los dos impulsos aparecen en *Hamlet* como Laertes y Ofelia, que jugaron un papel crucial en las experiencias de Hamlet. Después de cumplir en parte con sus funciones, ambos impulsos fueron retirados del mundo físico. No obstante, las experiencias de Hamlet se pasaron a Fortinbras, después de lo cual Fortinbras pudo viajar a Inglaterra y, de este modo, las experiencias de Hamlet se transfirieron a Inglaterra en época de *Las alegres comadres de Windsor*.

Antes de que Fortinbras pudiera llegar a Inglaterra, había que desarrollar otra cosa en Francia. Veamos pues la situación de la rama francesa.

El enlace chipriota

La isla de Chipre era uno de los dos estados intermedios activados como consecuencia de la misión de Pericles. El enlace chipriota se activó como puesto de avanzada para la expansión del proceso en la España mora y de ahí a Francia e Inglaterra. A través de este enlace se trasvasó la secuencia caballeresca de Pentápolis a España y luego al sur de Francia. Fue entonces cuando se formó la rama francesa.

Después de trasladar la secuencia caballeresca, Pentápolis se transformó en Mauritania. La nueva plantilla tomó la forma de un octógono. El cambio de plantilla requería un ajuste del vehículo transmisor: pasó de tríada a cuadrángulo, el cual contiene dos aspectos de las facultades sutiles; se forma asimilando dos impulsos evolutivos. El octógono se forma superponiendo dos cuadrángulos.

El proceso ejecutado a través del enlace chipriota se describe en la trilogía francesa: *Bien está lo que bien acaba*, *Como gustéis* y *Trabajos de amor perdidos*. Shakespeare usa al reino de Navarra para representar a la España mora. El reino de Navarra tenía tierras a ambos lados de los Pirineos, en la costa atlántica. Navarra sólo sale en la tercera obra de la trilogía francesa. No obstante, sucesos ocurridos anteriormente en Navarra influyeron en la situación de Francia que se ilustra en *Bien está lo que bien acaba* y *Como gustéis*.

Desde Chipre al Parque en Navarra se transmitieron tres impulsos de energías evolutivas, complementarios del cuarto que permaneció en posición de reserva en Chipre. Como se indicó en el comentario de *Otelo*, el cuarto impulso (*amarillo*) lo representaba Bianca. Desde que apareció por primera vez como Cordelia en *El rey Lear*, este impulso estaba destinado a Francia.

En esa época las familias reales europeas iban a actuar como canal de transmisión. Es decir, los impulsos invertidos en el Parque estaban destinados a la corte del rey de Navarra. Primero se envió un impulso de energía unitiva (*rojo*), destinado al rey de Navarra. Este impulso proporcionó la semilla para la red de cortes ducales caballerescas y generó ideas que se encuentran en la poesía de los trovadores. Después iban a seguir los dos impulsos restantes (*blanco* y *negro*), que se transmitirían por el canal real de Inglaterra. Pero, como es costumbre, los hombres tienden a interferir en el proceso evolutivo. O como dice Lisandro en *Sueño de una noche de verano*:

«El curso del amor verdadero nunca fluye sin obstáculos».
(*Sueño de una noche de verano*, I.1)

La familia real que gobernaba en Navarra se resistía mucho a las ideas asociadas al proceso evolutivo, lo que produjo una ruptura entre el Parque y la corte navarra. En consecuencia, los dos impulsos (*blanco* y *negro*) no se pudieron transmitir y quedaron atrapados en el Parque. Históricamente la ruptura se asocia con la Reconquista de la España mora y el colapso de las cortes ducales del sur de Francia. La Reconquista fue un periodo de cerca de ocho siglos en la Edad Media durante el cual varios reinos, incluida Navarra, consiguieron recuperar de los moros la Península Ibérica. Navarra tuvo un papel dominante en la Reconquista.

La ruptura entre el Parque y la corte de Navarra supuso que Francia e Inglaterra se desconectaron de la cadena de transmisión. Las obras francesas demuestran cómo, a pesar de todas las interferencias, el proceso se mantuvo y continuó.

Bien está lo que bien acaba

La obra transcurre durante el siglo XIII, el mismo periodo histórico que *El cuento de invierno*, que es el tercer drama bohemio consecutivo. Es un marcador importante que nos ayuda a entender las obras francesas: *Bien está lo que bien acaba* describe una etapa posterior de la rama francesa, lo que significa que Shakespeare no escribió sobre las etapas francesas iniciales. No obstante, en sus otras obras proporciona información suficiente para reconstruirlas.

El telón de fondo de *Bien está lo que bien acaba* es la destrucción de las cortes ducales en el sur de Francia. La obra empieza y termina en el castillo del conde de Rosellón. Fue en parte en esta región, famosa por su cultura y tolerancia, donde aparecieron las cortes ducales caballerescas en el siglo XI. Con el colapso de las cortes ducales, el entorno en el que trabajaban los trovadores se desmanteló. Se dice que el último de los trovadores fue Guiraut Riquier, natural de Narbona, que murió en 1294. Hay una referencia a su muerte en la obra:

«Era famoso, señor, en su profesión, y tenía todo el derecho a serlo: Gerardo de Narbona». (*Bien está lo que bien acaba*, I.1)

Así indica Shakespeare que la época es la de la muerte del último trovador.

También el conde de Rosellón acaba de morir y el rey de Francia es un enfermo terminal. Este énfasis en la muerte y la enfermedad señalan que Francia ha alcanzado un punto crítico en su ciclo de desarrollo, como consecuencia de la ruptura de transmisión con el Parque en Navarra.

Como no se pudieron transmitir los impulsos desde Inglaterra, el proceso general iba a verse gravemente retrasado o incluso interrumpido. Así pues, se decidió remediar la situación formando un octógono temporal en la rama francesa, que coincidiría con la activación del octógono vienés. El solapamiento de las ondas generadas por ambos octógonos proporcionaría el necesario refuerzo del proceso.

Tras la ruptura, el impulso velado de energía unitiva (*rojo*) se transfirió de la corte navarra al Rosellón. La situación es similar a la de Sicilia, donde Hermiona consigue enviar a Perdita al bosque bohemio. Los dos impulsos restantes (*blanco* y *negro*) se guardan en el Parque de Navarra.

El cuarto impulso (*amarillo*) permanece en Chipre. Entonces se decidió usar el enlace siciliano para llevarlo a Francia, a través de Italia. Cuando Sicilia se reactivó en época de *Mucho ruido y pocas nueces*, el impulso se traspasó de Chipre a Sicilia y luego a la rama italiana. En tiempos de *Mucho ruido y pocas nueces* el impulso lo encarna Beatriz de Mesina.

Gerardo de Narbona era un guía y custodio del proceso evolutivo. Tras su muerte, Helena hereda el mandato y función de su padre y, a la vez, representa el impulso de energía unitiva (*rojo*) que se ha situado en el Rosellón. La siguiente etapa del proceso requiere que Francia asimile dicho impulso. Bertrán, hijo del conde de Rosellón, es su destinatario. Según el plan original Bertrán tenía que casarse con Maudlin, la hija del señor Lafeu. Maudlin representa un impulso previo de energía consciente. Este matrimonio lo había sugerido el rey cuando Bertrán y Maudlin eran muy jóvenes:

«...siendo ambos menores, Su Majestad, por la gracia de su recuerdo, fue el primero que lo propuso».
(*Bien está lo que bien acaba*, IV.5)

Debido a este cambio, Bertrán tiene que cumplir una función mucho más exigente. En lugar de asimilar consciencia, se requiere que absorba la energía unitiva, lo que puede conseguirse cuando se case con Helena. Pero Bertrán no está preparado para ello, es más, no entiende su situación en absoluto. La «ceguera» espiritual de Bertrán se manifiesta en su actitud hacia Helena:

«La conozco bien: se crió a cargo de mi padre. ¡Mi esposa la hija de un médico pobre! Prefiero que me corrompa por siempre el desdén». (*Bien está lo que bien acaba*, II.3)

Bertrán todavía no es capaz de reconocer su papel y su responsabilidad, por lo que tiene que pasar por un proceso de aprendizaje bastante difícil. El propósito general de la obra es describir cómo puede un guía espiritual inducir el progreso aunque, debido a factores temporales y de otro tipo, el hombre ignore por completo su propio potencial.

Gerardo de Narbona le da a Helena instrucciones precisas para manejar la situación, según las cuales Helena debe presentarse en la corte de París al enterarse de que el rey ha sido «afectado por esa causa maligna». Helena marcha a París y se ofrece a curar al rey:

«En su lecho de muerte me dio muchas recetas, una en especial que, como resultado más preciado de su práctica y lo más querido de su experiencia, me pidió guardara como un tercer ojo, más seguro que los dos míos, más valioso, y así lo he hecho; y al enterarme que vuestra alta majestad habéis sido afectado por esa causa maligna, donde más poder tiene el honor del regalo de mi querido padre, vengo a tratarla con toda la debida humildad». (*Bien está lo que bien acaba*, II.1)

Como pago por sus servicios, pide al rey que le permita casarse con el noble que ella elija. Por supuesto, excluye a «la sangre real de Francia»; un hijo del rey no puede estar en su lista:

«Me daréis con vuestra regia mano el marido que yo pida y que esté en vuestro poder: ajena a mí la arrogancia de escoger de la sangre real de Francia, para propagar mi humilde y bajo nombre con cualquier rama o imagen de vuestro estado».
(*Bien está lo que bien acaba*, II.1)

Según el plan original quien debía recibir este impulso era un príncipe francés, pero ahora el canal real ha quedado excluido de la participación activa en el proceso. Tal prohibición se subraya con otra limitación impuesta al rey francés: sus acciones están restringidas por su «primo Austria»:

«Lo hemos recibido como certeza confirmada por nuestro primo Austria, con la advertencia de que los florentinos solicitarán nuestra ayuda urgente; y nuestro caro amigo nos previene y parece querer que nos neguemos».
(*Bien está lo que bien acaba*, II.2)

Esto significa que el hijo del rey tampoco puede ir a las guerras toscanas, pero el monarca puede enviar a sus nobles franceses a Florencia. El rey los anima a que vayan:

«No para cortejar al honor, sino para casarse con él».
(*Bien está lo que bien acaba*, II.1)

«No para cortejar» sino «para casarse» señala un momento importante del proceso; es una referencia al cambio de la tríada estéril de los trovadores a una activa. La actividad de los trovadores se limitaba a «cortejar» porque su Dama todavía era inalcanzable. Ahora ha avanzado el potencial evolutivo: la «dama» está disponible. El momento se indica con la llegada de Helena a la corte del rey en París. Hasta entonces, la función que representa Helena simbólicamente ha estado latente; se hallaba bajo la protección de Diana. Helena describe el cambio en el siguiente comentario:

«Ahora, Diana, vuelo desde tu altar y hacia el imperial Amor, ese dios altísimo, fluyen mis suspiros».
(*Bien está lo que bien acaba*, II.3)

El periodo de protección ha finalizado. Los caballeros, salvo el príncipe, son libres de encontrar y casarse con sus damas. Es una proyección de la situación desde Pentápolis cuando Pericles se casó con Thaisa. Hicieron falta catorce siglos para proyectar en el mundo ordinario este acontecimiento de Pentápolis.

El rey acepta la oferta de Helena, cuyo tratamiento tiene éxito. El soberano jubiloso cumple su condición. Por supuesto, Helena elige como marido al renuente Bertrán, y le obligan a casarse con ella. Justo después de la ceremonia, Bertrán exige que Helena vuelva al Rosellón. Le envía una carta donde le informa que jamás será su marido a no ser que ella consiga el anillo familiar que él lleva en el dedo y que se quede embarazada de él. Bertrán afirma que esto nunca ocurrirá y huye de Francia a la Toscana, donde se une al ejército del duque de Florencia y lucha contra el duque de Siena. Al recibir la carta, Helena se marcha del Rosellón, anunciando que ha decidido hacer una peregrinación religiosa.

Helena porta un impulso de energía unitiva (*rojo*), pero es demasiado sutil para el estado actual de Bertrán. Por tanto, hace falta un impulso de creatividad (*amarillo*) para que ayude a ejecutar esta aproximación más avanzada. Mientras tanto, este impulso se transfiere de Chipre a Italia. Está presente en el siglo XVI en época de *Romeo y Julieta*, representado por Rosalina Capuleto (de la que se dice que «tiene el ingenio de Diana»). Por eso la acción de *Bien está lo que bien acaba* se solapa con *Romeo y Julieta*. En *Bien está lo que bien acaba* el impulso aparece como Diana Capilet, la hija de una anciana viuda que vive en Florencia. Recordemos que, desde la perspectiva del Dominio, no hay pasado, presente ni futuro. Por ello en ese nivel se puede acceder al futuro para arreglar el presente. El solapamiento de la Francia del siglo XIII con la Italia del siglo XVI es otro ejemplo de intervención pasado-presente-futuro. Los lectores observarán que los movimientos de Helena entre Francia e Italia coinciden con los viajes de Póstumo descritos en *Cimbelino*. También Póstumo viajó de la Francia del siglo XIII a la Italia renacentista del siglo XVI.

Estando en Florencia, Bertrán se siente muy atraído por Diana e intenta seducirla. Entonces llega Helena a la ciudad. Helena puede usar a Diana para exponer a Bertrán a la experiencia necesaria. La casa de la Viuda en Florencia cumple el mismo propósito que el templo de Diana en Éfeso. Es un centro energético temporal donde se han reunido los impulsos evolutivos disponibles representados, además de por Diana Capilet, por Violenta y Marina. Shakespeare recalca la importancia del papel de Florencia en la implementación del Renacimiento europeo situando allí tres impulsos de energía creativa. Están todos juntos en la casa de la Viuda y los tres constituyen casi la totalidad de la carga creativa invertida en Europa en ese momento.

Violenta es otro de los personajes fantasma de Shakespeare, como la Dama de Éfeso que apareció en la escena final de *Pericles, príncipe de Tiro*, permanece toda la escena callada. Es la «gemela» espiritual de Diana, es decir, representa la misma función (*amarillo*). La única diferencia entre ellas es que a Diana la han enviado desde Chipre y su destino previsto es Francia, mientras que Violenta pertenece al enlace siciliano y su último destino es Italia. Violenta apareció como la Cortesana en *Pericles, príncipe de Tiro*, y luego en *La comedia de los errores*. Después reaparece como Kate en Viena en época de *Medida por medida* y desde allí se transfiere a Florencia.

Mariana representa un impulso de energía creativa asignado a la facultad intelecto (*blanco*). Había aparecido previamente en *La comedia de los errores*, donde se presentaba como Luciana. Vuelve a salir en Viena como Mariana en *Medida por medida*, donde participa en un truco de cama organizado por el Duque. El amargo arrebato de Mariana sobre la desgracia de su «naufragada virginidad» es una referencia a sus previas experiencias:

«Guárdate de ellos, Diana; sus promesas, señuelos, juramentos, regalos y todos estos mecanismos de la lujuria no les hunden: han seducido a muchas doncellas. Y la desgracia se muestra terrible en la naufragada virginidad, ejemplo que no disuade a otras a quienes cazan entre las ramas con que las amenazan. Espero no tener que advertirte más pues confío que tu propia virtud te mantenga donde estás, aunque no hubiera más peligro conocido que perder así la modestia».
(*Bien está lo que bien acaba*, III.5)

La transferencia de Violenta y Mariana de Viena a Florencia es un paso que las acerca a sus destinos originalmente previstos. Permanecerán en Italia y reaparecerán en Verona.

La aparición de Mariana y Violenta explica por qué está involucrado «nuestro primo Austria» en el proceso que tiene lugar en Francia; es una referencia a la rama bohemia, en concreto a la formación del octógono vienés (Austria) en época de *Medida por medida*. La onda del octógono bohemio llegó a Italia y trajo a Florencia a Mariana y Violenta, que estaban destinadas a la sangre real de Francia. Por eso se impidió que el príncipe francés fuera a la Toscana.

Helena solicita la ayuda de la Viuda y de Diana. Pide a Diana que consiga el anillo de Bertrán y, a cambio, le dé el de Helena. Después Helena y Diana hacen un truco de cama invitando a Bertrán al dormitorio de Diana. En la oscuridad, Helena sustituye a Diana y Bertrán tiene relaciones sexuales con su esposa Helena. Así explica Helena las razones para efectuar el truco de cama:

«Pues entonces intentemos nuestro plan esta noche que, de tener éxito, es un propósito malvado en un hecho legítimo y un propósito legítimo en un acto legal; no siendo pecado ambos, es no obstante un hecho pecaminoso».
(*Bien está lo que bien acaba*, III.7)

La cita anterior sobre «propósito malvado en un hecho legítimo» subraya una característica importante de un proceso de desarrollo genuino: lo que importa es el acto espiritualmente constructivo que no puede juzgarse con las normas morales y simplistas de lo que es «infidelidad» o «religión», o lo que está «bien» y lo que está «mal».

Mientras tanto, se han extendido rumores sobre la supuesta muerte de Helena, que coinciden con la muerte de Julieta en Verona tal como se describe en *Romeo y Julieta*. Hay que señalar que Julieta de Verona representa el mismo impulso que Helena (*rojo*), por lo que los rumores acerca de la muerte de Helena no son totalmente infundados. Al enterarse, Bertrán decide regresar al Rosellón. Sin que él lo sepa, Helena decide seguirle, acompañada de Diana.

En el Rosellón, todos están de luto por la muerte de Helena. El rey, que está de visita, consiente en casar a Bertrán con Maudlin, pero se da cuenta de que Bertrán lleva un anillo en el dedo que pertenecía a Helena; fue un regalo del rey por salvarle la vida. A Bertrán le resulta difícil explicar su procedencia. En ese momento llega Helena. Informa a Bertrán que sus dos condiciones se han cumplido: lleva su anillo familiar y está embarazada de él. En esta escena final se completa el cambio de Bertrán; reconoce la naturaleza de Helena:

«Si ella, mi señor, puede hacérmelo saber con claridad, la amaré de todo corazón, siempre, siempre de todo corazón».
(*Bien está lo que bien acaba*, V.3)

Bertrán promete ser un marido fiel. El impulso de energía unitiva se ha asimilado en la rama francesa.

Al final de la obra hay un rasgo nuevo de gran importancia para el futuro de la rama francesa: el rey decide que Diana se quedará en Francia:

«Si aún eres una flor fresca y sin cortar, elige tu marido y yo pagaré la dote». (*Bien está lo que bien acaba*, V.3)

Así se transfiere al entorno al que originalmente estaba destinado el impulso de energía creativa (*amarillo*). Tras un largo viaje desde Chipre, a través de Sicilia e Italia, el impulso se inserta en la rama francesa. Será necesario para formar el cuadrángulo espiritual.

Como gustéis

Como gustéis es la continuación de *Bien está lo que bien acaba*. De acuerdo con la narrativa de Shakespeare, el estado de Francia al final de *Bien está lo que bien acaba* constituye su estado inicial al principio de *Como gustéis*. Los impulsos evolutivos adheridos a Francia son los mismos que los que estaban presentes cuando concluye *Bien está lo que bien acaba*: la carga evolutiva se compone de Rosalinda y Celia. La función de Rosalinda es la misma que la de Helena; representa un impulso de energía unitiva del amor (*rojo*). Celia encarna un impulso de energía creativa (*amarillo*) y ha sido transferida de Italia a Francia al final de *Bien está lo que bien acaba*. Señala su origen extranjero cambiándose el nombre a Aliena:

«Algo que haga referencia a mi estado, ya no seré Celia, sino Aliena». (*Como gustéis*, I.3)

Ambos impulsos están destinados a la facultad corazón. Dentro del espectro evolutivo la energía unitiva es más brillante y sutil que la creativa. El padre de Celia relata la diferencia entre ambos impulsos:

«Ella es demasiado sutil para ti y su suavidad, silencio y paciencia dicen algo a la gente, que la compadece. Eres tonta, te roba tu nombre; y parecerás más perspicaz y más virtuosa cuando se haya ido». (*Como gustéis*, I.3)

Uno de los tíos de Rosalinda es un heredero espiritual del mandato de Gerardo de Narbona. Igual que el padre de Helena hizo con ella, este tío ha preparado a Rosalinda y su entorno para las próximas experiencias. Le ha enseñado el arte del amor cortesano:

«La verdad es que me enseñó a hablar un viejo tío mío, religioso, que en su juventud era hombre de tierra adentro; uno que conocía bien la corte, pues allí se enamoró».
(*Como gustéis*, II.7)

La obra describe la secuencia de desarrollo que conduce a la activación acelerada de los cuadrángulos espirituales. La primera parte se centra en la activación del corazón espiritual. Orlando y Oliver representan dos aspectos del corazón de Francia. Rosalinda, Celia, Orlando y Oliver pueden formar un cuadrángulo así pero, antes, tienen que ser entrenados en el bosque de Arden.

La secuencia de desarrollo sigue el método descrito con anterioridad que incluye una exposición simultánea a la energía unitiva y a la creativa. Dicha secuencia se describe simbólicamente como las experiencias por las que atraviesan Oliver y Orlando. Así narra Rosalinda el encuentro de Oliver con Celia, es decir, la asimilación de energía creativa:

«Nunca hubo nada tan repentino salvo la lucha entre dos carneros y el jactancioso alardeo de César "llegué, vi y vencí"; pues tu hermano y mi hermana en cuanto se encontraron, miraron; en cuanto miraron, se amaron; en cuanto se amaron, suspiraron; en cuanto suspiraron, se preguntaron el uno al otro la razón; en cuanto supieron la razón, buscaron el remedio; y con estos grados han hecho un par de escaleras al matrimonio que subirán desenfrenados o bien serán desenfrenados antes del matrimonio: se hallan en la misma furia del amor y es preciso que se unan; ni los golpes de maza los separarían».
(*Como gustéis*, V.2)

Rosalinda enumera «grados» de las siete etapas de desarrollo por las que pasaron Celia y Oliver en un solo instante: (1) se encontraron, (2) miraron, (3) amaron, (4) suspiraron, (5) preguntaron, (6) supieron y (7) buscaron. La referencia a César es muy apropiada pues, durante el ciclo romano, Julio César fue el único que asimiló correctamente la energía creativa, cuyo impulso representaba entonces Calpurnia, su mujer. Observemos que el aparentemente ingenioso monólogo de Jacques sobre las siete etapas de la vida humana contrasta vívidamente con la experiencia de Celia y Oliver:

«El mundo entero es un escenario y todos los hombres y mujeres, actores: tienen sus entradas y sus salidas; un hombre en su tiempo representa muchos papeles y sus actos son siete edades. Primero, el infante, gimiendo y vomitando en brazos de su nodriza. Luego, el lloriqueante colegial, con su mochila y su brillante cara matutina, reptando de mala gana como un caracol hacia la escuela. Más tarde, el amante, que suspira como un horno, con una triste balada compuesta a las cejas de su amada. Después, el soldado, lleno de extraños juramentos, barbudo como el leopardo, celoso en el honor, repentino y rápido en la pelea, buscando la burbuja de la reputación hasta en la boca del cañón. Posteriormente, el juez, con la redonda tripa llena de capón, severa mirada y barba formalmente recortada, repleto de máximas sabias y modernas instancias, y así representa su papel. La sexta edad le lleva al Pantaleón flaco y con zapatillas, con anteojos sobre la nariz y la bolsa a un lado, sus calzas de joven, aunque bien guardadas, un mundo demasiado anchas para sus encogidas pantorrillas, su gran voz viril regresando al infantil atiplado, con su sonido lleno de silbidos y resoplidos. La escena final, que termina esta extraña y memorable historia, es la segunda infancia y el mero olvido, sin dientes, sin ojos, sin gusto, sin nada». (*Como gustéis*, II.7)

El monólogo de Jacques es aplicable al hombre ordinario sin desarrollar y es paralelo al comentario de Macbeth sobre la insignificancia de la vida humana:

«... una historia contada por un idiota, llena de ruido y furia, que no significa nada». (*Macbeth*, V.5)

La obra presenta al público el resto de los impulsos del enlace chipriota, representados por Phoebe y Audrey, que están coloreados para la facultad intelecto y asignados al segundo cuadrángulo. Su presencia en Francia indica que el bosque de Arden es la réplica actual del Parque de Navarra, lo que implica que tras la ruptura entre la corte navarra y el Parque, ambos impulsos se transfirieron a Francia.

Shakespeare proporciona un par de pistas para que el público reconozca sus funciones específicas. Audrey es *blanca* como una perla, Phoebe es *negra*:

«Dijo que mis ojos eran negros y mi cabello era negro».
(*Como gustéis*, III.5)

El nombre señala aún más la función de Phoebe: en la mitología griega Phoebe era uno de los titanes que representaba al intelecto oracular. Encarna un impulso de energía unitiva destinado al intelecto (*negro*). Phoebe está afectada por impurezas heredadas de la antigüedad. En su manifestación exterior actual, esta Dama Oscura del bosque de Arden no tiene la misma pureza que Viola, Isabela u Ofelia, las Damas Oscuras de la rama bohemia. Rosalinda se la describe así a Silvio:

«Pastor insensato, ¿por qué la sigues como el neblinoso Sur, soplando viento y lluvia? Tú eres un hombre mil veces más correcto que ella: los necios como tú son los que llenan el mundo de niños feos». (*Como gustéis*, III.5)

Silvio está desesperadamente enamorado de Phoebe. A Silvio, nacido en el bosque, todavía le influyen las condiciones de la fase anterior del proceso en la que el impulso evolutivo se representaba simbólicamente por la inalcanzable dama de los trovadores. Por eso el amor de Silvio aún se compone de fantasía y deseos. No es el compañero adecuado para Phoebe pero puede ser uno de los sustitutos temporales necesarios para formar el octógono francés. Rosalinda tiene que trabajar con ellos para reunirlos. Al final, le hace un truco a Phoebe para forzarla a que se case con Silvio.

Touchstone[9], el bufón, es un custodio del proceso. Como su nombre indica, ésa es una de sus funciones. Mientras que el papel de Rosalinda es organizar la formación de la unión octogonal, el bufón evalúa a los que están en el bosque y es un punto de referencia en cuanto a sus valores interiores. Cuando el bufón se encuentra con Audrey, una simple cabrera, reconoce que es uno de los impulsos de energía evolutiva (*blanco*) necesario para formar el octógono, pero otro nativo del bosque, William, reclama su derecho sobre Audrey. Después de examinar a William, el bufón no lo encuentra adecuado para Audrey:

«Abandona la compañía de esta mujer o perecerás, payaso; para que lo entiendas mejor, morirás, o sea que te mataré, te aniquilaré, traduciré tu vida en muerte, tu libertad en esclavitud; te trataré con veneno, con palos o con acero, te bandearé, te abrumaré con estratagemas, te mataré de ciento cincuenta maneras; así que tiembla y márchate». (*Como gustéis*, V.1)

Es difícil pasar por alto que William es el nombre de Shakespeare. Este episodio es una referencia a las experiencias personales del poeta. De hecho, la cita alude al encuentro de Shakespeare con la Dama Blanca, descrito en los sonetos 41 y 42. Como William, el poeta pierde a la «Dama Blanca» que se va con el guía. En el soneto 42 se queja amargamente:

«No es todo mi dolor que tú la tengas,
Aunque puede decirse que la amaba mucho».
(Soneto 42, 1-2)

En un episodio con Corin, otro oriundo del bosque de Arden, el bufón explica por qué William no estaba preparado. Corin, igual que William, está satisfecho viviendo en el «bosque» y no desea experimentar otro tipo de vida. Se complace disfrutando de su simple vida sin realizar ninguna función constructiva para el

---

[9] N. de la T. Touchstone significa piedra de toque.

proceso general. El bufón resume tal enfoque como incompleto y parcial:

«Sí, estás condenado como un huevo mal frito sólo por un lado».

Entonces el bufón se extiende sobre la necesidad de estar tanto en el «bosque» como en la «corte»:

«Si no has estado nunca en la corte no has visto los buenos modales; y si no has visto los buenos modales, los tuyos deben ser malos; la maldad es un pecado y pecar es condenarse. Te encuentras en un peligroso estado, pastor». (*Como gustéis*, III.2)

El bufón señala que es necesario estar en la corte y en el bosque para estar en el mundo y no ser del mundo. William podría arreglarse si aprendiera a ser del mundo estando «en la corte». Del mismo modo, un cortesano o príncipe tendría que pasar algún tiempo en el «bosque» para aprender a «no ser del mundo», porque una corte no basta para proporcionar el entrenamiento requerido.

«Y esta vida nuestra, exenta de la vida pública, encuentra lenguas en los árboles, libros en los arroyos, sermones en las piedras y el bien en todo». (*Como gustéis*, II.1)

Sólo equilibrando los dos tipos de experiencias se puede avanzar. Pero William se cree que es muy listo:

«Sí, señor, tengo un buen ingenio».

De modo que el bufón lo despide con el siguiente consejo:

«El necio se cree sabio, pero el sabio sabe que es necio». (*Como gustéis*, V.1)

William no sabía que la Dama Blanca no era para él. Su futura función requería una secuencia de experiencias distinta. Todavía no estaba preparado para experimentar la formación del octógono, es decir, este determinado aspecto que representa simbólicamente William tiene que esperar a otra «ocasión energética».

Después el bufón realiza su función más importante: la de Comodín. Es la misma que hizo Lucio cuando se formó el octógono vienés en *Medida por medida*. Audrey representa un impulso de energía creativa para un aspecto sutil del intelecto (*blanco*). Ninguno de los que están en el bosque de Arden puede representar ese papel. Al casarse con Audrey, el bufón hace de sustituto temporal del aspecto que falta para formar el octógono. El bufón indica claramente que esta boda es sólo un parche temporal:

«No estando bien casado, será una buena excusa para que después deje a mi esposa». (*Como gustéis*, III.3)

Al final de la obra se forma una unión octogonal. Touchstone se casa con Audrey y Silvio con Phoebe. Junto a Rosalinda, Orlando, Celia y Oliver conforman una nueva estructura que se compone de cuatro parejas, o el «ocho»:

«He aquí ocho que han de darse las manos y unirse en los lazos de Himeneo, si la verdad tiene auténticos contenidos». (*Como gustéis*, V.4)

Junto con la unión vienesa, estos dos octógonos son como dos gotas de aceite sobre el mapa de Europa occidental. Gradualmente se expandirán y fusionarán, proporcionando el impacto evolutivo necesario para superar los retrasos e interferencias que ocurrían en las ramas italiana e inglesa. En lugar de los octógonos originalmente previstos en un eje norte (Inglaterra) sur (Italia), los octógonos vienés y francés se activan en un eje este-oeste. El campo de ondas que generaron se manifestó en el mundo ordinario como el Renacimiento y la Reforma.

Igual que el vienés, el octógono francés formado en el bosque de Arden se usó para diversas funciones, una de las cuales era afectar a la situación de la rama inglesa. No es una coincidencia que la región de Arden se extienda por el norte de Francia. No lejos del bosque de Arden, tras la formación de la unión francesa, Enrique V luchó en la famosa batalla de Agincourt. Dicha batalla la usó Shakespeare como ejemplo de una ocasión energética, un acontecimiento en el que operaban fuerzas extraordinarias. En el prólogo de *Enrique V* Shakespeare indica la relación entre el bosque de Arden y la batalla de Agincourt:

«¿Puede esta platea contener los vastos campos de Francia? ¿O podemos meter en esta O de madera los mismos cascos que aterrorizaban el aire de Agincourt?» (*Enrique V*, I. Prólogo)

El prólogo indica que la estructura octogonal, como la que representa simbólicamente el edificio de madera octogonal («esta O de madera») del famoso teatro Globe de Shakespeare, es capaz de manifestar fuerzas extraordinarias que atraviesan las limitaciones del tiempo y el espacio. Por eso «esta O de madera» podía contener entre sus paredes los extensos campos de Francia y los miles de soldados que lucharon en Agincourt. De forma similar, el octógono formado en el bosque de Arden proporcionó un impacto que se manifestó durante la batalla de Agincourt.

Otro propósito de la unión francesa era intentar reactivar el proceso en Navarra; los detalles de esto se describen en *Trabajos de amor perdidos*.

Trabajos de amor perdidos

Los trabajos de amor ganados en *Bien está lo que bien acaba* y enriquecidos en *Como gustéis* pueden usarse ahora para revitalizar el proceso de desarrollo en otro lugar y otra situación.

Trabajos de amor perdidos ocurre en Navarra, donde se plantó originalmente la semilla de la rama francesa. Con el colapso de las cortes ducales, el entorno de desarrollo de esa zona se destruyó. La obra ilustra un intento de revitalizar esta región que antes era fértil para el desarrollo. El rey de Francia, postrado en cama, manda una carga evolutiva avanzada para restaurar la salud espiritual de la enferma Navarra. Es un intento de devolver el canal de transmisión a la realeza europea.

Al final de *Como gustéis* se formó una unión octogonal en el bosque de Arden que incluía los cuatro impulsos representados por Rosalinda, Celia, Phoebe y Audrey. Como el octógono vienés, la estructura francesa era plana y desequilibrada. No duró mucho: se desintegró. Después se enviaron los cuatro impulsos a Navarra para cumplir allí su función, representados simbólicamente por la Princesa de Francia y sus tres damas Rosalina, Catalina y María. Shakespeare emplea el código de colores para especificar la función de cada una de ellas.

Catalina representa el elemento reformador asociado a la facultad corazón (*amarillo*, ámbar):

«Su cabello de ámbar...» (*Trabajos de amor perdidos*, IV.3)

Longaville, que se siente atraído por María, la describe así:

«¿Quién es la vestida de blanco?» (*Trabajos de amor perdidos*, II.1)

Y de esta manera especifica que representa el elemento reformador elaborado para la facultad intelecto (*blanco*).

Rosalina: es el impulso de energía unitiva designado para la facultad intelecto (*negro*):

«Por el cielo, tu amor es negro como el ébano».
(*Trabajos de amor perdidos*, IV.3)

En la actitud despreciativa de Rosalina hacia Berowne podemos reconocer a la desdeñosa Phoebe del bosque de Arden.

Por tanto la Princesa representa el impulso de energía unitiva destinado a la facultad corazón (*rojo*).

La Princesa de Francia, Catalina, Rosalina y María llegan a Navarra. Según el plan original, estos impulsos se debían haber transmitido desde el Parque a la corte del rey de Navarra unos quinientos años antes. Quien debía recibir la energía unitiva (*rojo*) era el rey de Navarra.

La composición de los impulsos evolutivos enviados desde Francia se ajusta a la actual estructura interna de Navarra, en la que hay cuatro aspectos: el rey Fernando, Berowne, Dumain y Longaville. El rey y Dumain representan dos aspectos del corazón; Berowne y Longaville dos aspectos del intelecto.

Desde el principio es evidente que Navarra no está preparada para semejante experiencia. Aunque había sido expuesta a un impacto evolutivo genuino, éste se ha deteriorado con el tiempo. Podemos suponer que la acción correctiva se inició como último recurso posible. Esta acción tenía como meta reinstaurar alguno de los logros evolutivos en esta fértil región que, en ese momento, estaba sometida a una destrucción despiadada.

Shakespeare se refiere a los efectos del deterioro del desarrollo en la primera escena, señalados por el enfoque que adoptan el rey Fernando y sus nobles. El propósito general de su empresa es ingenuo y simplista:

«Navarra será el asombro del mundo; nuestra corte será como una pequeña Academia, quieta y contemplativa, de arte viviente».

Y también lo son los métodos que supuestamente conducirán al éxito:

«Vivir y estudiar aquí tres años».

«¡No ver a las damas, estudiar, ayunar, no dormir!»
(*Trabajos de amor perdidos*, I.1)

Tal enfoque es el de místicos mal informados que se sumergen en severos ejercicios y estudios sin entender el proceso general. Se basaba en usar una única medicina para cualquier enfermedad sin diagnosticar correctamente y sin tener en cuenta las proporciones. Este enfoque ingenuo fue el que, anteriormente, llevó a la ruptura con el Parque. Sin embargo, ahora, Berowne empieza a darse cuenta de que hay otra forma más eficaz de aprender: un hombre puede aprender a través de «los ojos de las mujeres»:

«De los ojos de las mujeres derivo esta doctrina pues todavía brillan con el auténtico fuego de Prometeo; son los libros, las artes, las academias que muestran, contienen y nutren a todo el mundo: sin ellos nadie puede destacar en nada».
(*Trabajos de amor perdidos*, IV.3)

Berowne compara los ojos de las mujeres a la fuente de la luz de la verdad, que «contienen y nutren a todo el mundo». Ni los libros ni el ayuno ni la aplicación indiscriminada de leyes externas pueden conducir a un progreso evolutivo. Lo que se necesita es un impulso de energía evolutiva. Esta energía unitiva del amor es la que anula los sentidos ordinarios de la vista, el oído, el tacto y el gusto. Es el Amor que «adormece al cielo con su armonía»:

«Y cuando el Amor habla, la voz de todos los dioses adormece al cielo con su armonía». (*Trabajos de amor perdidos*, IV.3)

No obstante, Navarra no está preparada para ser expuesta al Amor que representan simbólicamente las damas francesas.

La barrera artificialmente impuesta impide que la Princesa y sus damas accedan a la corte de Fernando. Por ello los encuentros tienen lugar en un parque de la finca del rey. Según la presentación de Shakespeare, este parque navarro fue donde se transfirió desde Chipre por primera vez la carga evolutiva. En esa época a Navarra se le proporcionó un potencial evolutivo que fue incapaz de realizar. Durante la Reconquista el Parque se desactivó y se transfirió al norte de Francia. El bosque de Arden es una réplica.

Como siempre, se necesita un guía espiritual para llevar a cabo con éxito el proceso. Si el bosque de Arden es una réplica, debe haber también un guía en el Parque. Así pues, ¿quién es y cómo opera?

Igual que el «viejo religioso» que vivía en el bosque de Arden y guió el proceso descrito en *Como gustéis*, hay un hombre así que vive en el Parque. La Princesa lo detecta en cuanto va allí a cazar. Divisa un jinete misterioso que «mostraba una mente ascendente». He aquí el diálogo entre la Princesa y Boyet:

Princesa:

«¿Era el rey ése que espoleaba tanto a su caballo contra la empinada cuesta del monte?»

Boyet:

«No lo sé, pero creo que no».

Princesa:

«Quien fuera, mostraba una mente ascendente».
(*Trabajos de amor perdidos*, IV.1)

Este jinete de «mente ascendente» mantuvo el vínculo entre el Parque y Chipre que permitió la transferencia de la carga evolutiva desde el parque de Navarra al bosque de Arden. Ni Fernando ni sus nobles se percatan de la presencia del jinete por lo que la ejecución de esta fase del proceso ha de confiarse a Costard.

Según Longaville, Costard es el bufón de la corte:

«El festivo Costard y él nos divertirán y, así, tres años de estudio nos parecerán cortos». (*Trabajos de amor perdidos*, I.1)

Costard hace el mismo papel que Touchstone en *Como gustéis*. Es el personaje más ingenioso de la obra, lo que subraya Shakespeare haciéndole pronunciar la palabra más larga de todas sus obras: *honorificabilitudinitatibus*:

«Han vivido mucho tiempo del cepillo limosnero de las palabras. Me asombra que tu amo no te haya comido como una palabra pues no eres tan largo de cabeza como honorificabilitudinitatibus; eres más fácil de tragar que una pasa». (*Trabajos de amor perdidos*, V.1)

Cuando don Adriano pide a Costard que haga llegar una carta de amor a Jaqueneta y, a la vez, Berowne le da una carta para Rosalina, Costard se asegura de que las cartas se mezclen y vayan a quien no corresponde. La de don Adriano se entrega a la Princesa y la de Berowne a Jaqueneta, lo cual arma todo el argumento de la obra. La Princesa se percata del papel de Costard. Cuando Costard termina de interpretar a Pompeyo el Grande en la mascarada, pide a la Princesa que reconozca su contribución:

«Si su alteza dice: "Gracias Pompeyo", estoy cumplido».

La Princesa se lo agradece:

«Muchas gracias, gran Pompeyo». (*Trabajos de amor perdidos*, IV.1)

Al final de la obra la Princesa y sus damas se niegan a aceptar los juramentos de amor de Fernando y sus nobles. Después de ponerlos a prueba, la Princesa llega a la conclusión de que Navarra aún no está preparada para ella y sus damas.

Sin embargo, ofrecen a los señores de Navarra una receta que les permitirá cumplir su potencial evolutivo, receta que, según los requisitos del proceso, debe ajustarse individualmente. Dependiendo de la etapa inicial en la que se encuentran, los nobles tendrán que realizar distintos entrenamientos preparatorios. La Princesa dice a Fernando que tendrá que abandonar el cómodo entorno de su corte y pasar tiempo en alguna «ermita sombría y desprovista», sólo así se «tostará» debidamente:

«No confío en vuestro juramento pero partid raudo a alguna ermita sombría y desprovista, alejada de todos los placeres del mundo; quedaos allí hasta que los doce signos celestiales hayan cumplido su cuenta anual». (*Trabajos de amor perdidos*, V.2)

Rosalina dice a Berowne que tendrá que aprender a usar su mordaz ingenio de una manera constructiva. Deberá visitar hospitales y hacer reír a los moribundos.

La receta es parte de la avanzada metodología mencionada anteriormente. Se centra en la purificación de las facultades como medio de acelerar la reforma. Dumain y Longaville representan aspectos no reformados por lo que su progreso depende del que realicen Fernando y Berowne, respectivamente. Dumain conseguirá el amor de Catalina sólo cuando Fernando supere su prueba:

«Venid cuando el rey vaya a mi dama; entonces, si tengo mucho amor, os daré algo». (*Trabajos de amor perdidos*, V.2)

El resultado de la obra lo resume el amargo comentario de Berowne:

«Nuestro cortejo no acaba como las obras de teatro antiguas: Jack no consigue a Jill; la cortesía de estas damas bien puede haber convertido en comedia nuestro juego».

Cuando Fernando protesta diciendo:

«Vamos, señor, tienen que pasar doce meses y un día y entonces terminará».

Berowne concluye:

«Eso es demasiado largo para una obra de teatro».

(*Trabajos de amor perdidos*, V.2)

Se puede preguntar ¿qué va a pasar a continuación? ¿Qué significa el período de «doce signos celestiales»?

La operación navarra supuso una carga evolutiva bastante avanzada. Una ocasión así no ocurre con frecuencia, quizás sólo una vez durante un ciclo evolutivo. Puede compararse al cambio de estaciones, como el invierno que sigue a la primavera en las canciones del final de la mascarada de los Paladines. Durante un invierno espiritual no se puede progresar, por tanto, otra ocasión energética así sólo puede ocurrir en la siguiente vuelta de la estación evolutiva. Históricamente pasaron varios siglos hasta que esta región pudo ser expuesta otra vez a un impulso similar. Parece que Berowne sabía muy bien que era «demasiado largo para una obra de teatro».

El canal de la realeza no se pudo reactivar. El impulso francés se retira de Navarra y se transferirá a Inglaterra en época de *Las alegres comadres de Windsor*. Entonces se realizará el propósito último del octógono francés.

La rama evolutiva italiana

De acuerdo con el plan original, la rama italiana debía desarrollarse en paralelo con la inglesa pero, como ya se ha comentado, hubo problemas en ambas. Veamos cómo afectaron las diversas interferencias al proceso en Italia.

Después de la restauración en Sicilia en época de *Mucho ruido y pocas nueces*, el proceso puede volver a Italia. El siguiente episodio de esta rama se describe en *El mercader de Venecia*. Así se completa el bucle ascendente-descendente iniciado en tiempos de *Otelo*. El enlace siciliano se ha restablecido: Italia está conectada a la cadena de transmisión.

El mercader de Venecia

La ciudad de Venecia representa un estado ordinario dentro de la rama italiana. A través de Mesina, esta rama se ha conectado a la cadena de transmisión y, por tanto, ahora se puede transmitir a Venecia una carga evolutiva avanzada. El drama describe los retos asociados a la exposición de Venecia a dicha carga avanzada.

Al principio de la obra Venecia parece estar equilibrada y estable. Sin embargo, si se examina detenidamente, se pueden detectar movimientos sutiles en este ser. Están empezando a ocurrir sucesos insignificantes y aparentemente sin relación que indican que algo se está instigando:

- Antonio, pariente y amigo de Bassanio, se vuelve triste y melancólico pero no puede identificar la causa de su depresión.

- Bassanio pide un préstamo a Antonio para poder viajar a lo grande a Belmont y conquistar a Portia, esperando así arreglar sus problemas financieros y pagar sus deudas.

- El sirviente de Shylock, Launcelot, decide huir de su amo y trabajar para Bassanio.

- La hija de Shylock, Jessica, planea escapar de su padre y casarse con Lorenzo, amigo de Bassanio.

- Graciano, que está ayudando a Lorenzo a organizar la huida de Jessica, pide a Bassanio que le permita acompañarle a Belmont.

Parece que Bassanio es el centro de todo lo que ocurre y que está conectado al origen de estos sutiles movimientos. Podría compararse a una situación en la que, de repente, se conecta una fuerza magnética invisible y algunos componentes, que se habían «sintetizado» previamente pero están latentes, se activan. Observemos que, en época del *Mercader de Venecia*, ya se habían activado dos estructuras internas octogonales: una en Viena y otra en el bosque de Arden. Puede suponerse que estas dos «manchas de aceite» habían llegado hasta Venecia. Son la fuente de esta fuerza magnética. El perceptivo Lorenzo la compara a una «armonía» generada por las esferas celestiales:

«Hasta el menor orbe que contemplas canta en su movimiento como un ángel a los querubines de ojos jóvenes. Tal armonía se halla en las almas inmortales, pero mientras esta fangosa vestidura de descomposición la encierra burdamente, no podemos oírla». (*El mercader de Venecia*, V.1)

Lorenzo señala que no todo el mundo puede percibir «tan agradable armonía». Algunos sólo se ven parcialmente afectados por ella. Por ejemplo Jessica dice que la dulce música no le alegra:

«Nunca estoy alegre cuando escucho dulce música».
(*El mercader de Venecia*, V.1)

Este comentario también explica el motivo de la reciente melancolía de Antonio; él todavía está velado por «esta fangosa vestidura de descomposición». Como a Jessica, le afecta la «armonía» celestial pero su reacción es borrosa. Su melancolía es una de las señales de que se ha conectado una fuerza magnética invisible.

Para entender la obra puede ser útil comparar el estado de Venecia en dos etapas distintas de su camino evolutivo: en la de *Otelo* y en la del *Mercader de Venecia*, lo que nos permitirá identificar la estructura evolutiva de Venecia producto de las actividades realizadas anteriormente por Otelo y don Pedro.

En época de *Otelo* Casio y Rodrigo representaban dos aspectos de la facultad corazón. Para ellos Desdémona era una princesa inalcanzable que simbolizaba una cualidad espiritual por la que se sentían muy atraídos pero que, en su estado actual, estaba esencialmente más allá de su alcance. En este contexto Otelo, Desdémona, Casio y Rodrigo componen un «*ménage à trois*» de los trovadores. Sin embargo, hay una diferencia importante entre la atracción que siente Casio y la que siente Rodrigo. Para Casio, Desdémona representa una divinidad inaccesible; como los caballeros, Casio prácticamente la adora. Por otra parte Rodrigo representa un aspecto del corazón sin reformar, movido únicamente por sus deseos más burdos.

Ahora, Casio y Rodrigo aparecen en Venecia como Bassanio y Lorenzo. Ambos han sido constructivamente afectados por sus experiencias y preparados para sus encuentros con impactos evolutivos más avanzados.

Aunque Bassanio se presenta como un empresario ineficaz, sus experiencias previas se mencionan como las de un intelectual

(Casio en *Otelo*) y un soldado (Benedicto en *Mucho ruido y pocas nueces*). Así las comenta Nerissa:

«¿Recuerdas un intelectual y soldado veneciano que acompañó aquí al marqués de Monferrat cuando tu padre vivía?»
(*El mercader de Venecia*, I.2)

Es decir, que Bassanio abarca las experiencias por las que pasaron antes Casio y Benedicto. Bassanio es joven, inmaduro y un tanto irresponsable; gasta con facilidad el dinero que pide prestado a Antonio. Sin embargo, es leal, franco y muestra señales de percepción intuitiva; además, manifiesta una cualidad interior que atrae a otras personas.

Lorenzo parece ser un joven perceptivo y amable. Su estado actual es resultado de sus dolorosas experiencias como Rodrigo en *Otelo* y Claudio en *Mucho ruido y pocas nueces*.

La estructura interior del corazón de Venecia se refleja en el espectro de impulsos evolutivos disponibles ahora en Italia y representado por Portia y Jessica, que, en tiempos de *Otelo* estaban encarnados por Desdémona y Bianca, respectivamente.

Portia es un impulso de energía unitiva (*rojo*) y es la manifestación actual de Desdémona. Tras completar la misión de Otelo, este impulso se transfirió desde Mauritania, pasando por Mesina, a Belmont, cerca de Venecia. De forma similar a la situación de la rama francesa, la transferencia la organiza el guía anterior: el padre de Portia. Portia hace el mismo papel que Helena en *Bien está lo que bien acaba*. Igual que el padre de Helena, el de Portia prepara una receta para el estado actual de Venecia en forma de una prueba para los pretendientes de Portia. La dama puede casarse pero sólo con el hombre que elija correctamente entre los tres cofres.

Jessica encarna el antiguo impulso de creatividad (*amarillo*) transferido desde Chipre, por vía de Mesina, a Venecia y es la representación actual de Bianca de Chipre y Beatriz de Mesina. Shakespeare usa el «oro» para indicar la presencia de energía creativa. El padre de Jessica, Shylock, compara a su hija con sus ducados («oro») cuando exclama:

«¡Mi hija! ¡Oh mis ducados! ¡Oh mi hija!»
(*El mercader de Venecia*, II.8)

Shylock ha heredado la responsabilidad de guardar el «oro» hasta que ocurra la siguiente fase evolutiva. Su función es similar a la del Pastor en *El cuento de invierno* cuando encontró a Perdita y heredó el oro de Timón. Esto es consecuencia de la ruptura del enlace siciliano en época del *Cuento de invierno*. En ese momento no podía activarse el impulso *negro* y el *blanco* permanecía en Éfeso. La ausencia de ambos impulsos impide la formación de una estructura octogonal en la rama italiana. En vez de ello, los esfuerzos se han centrado en activar el cuadrángulo espiritual del corazón.

Belmont, la finca de Portia, representa simbólicamente un centro energético, es decir, un lugar en el que se puede interactuar con los impulsos energéticos. Belmont y Portia atraen mucha atención. Hay muchos candidatos que quieren ser aceptados en su «escuela», para conseguirlo, tienen que pasar una prueba que consiste en elegir uno de tres cofres hechos de oro, plata y plomo respectivamente. Hay tres tipos de candidatos que pretenden pasar la prueba (i) un grupo de aristócratas occidentales, (ii) el príncipe de Marruecos y el príncipe de Aragón y (iii) Bassanio. Estos tres grupos representan tres estados diferentes de los potenciales discípulos. Los aristócratas europeos están representados por el príncipe napolitano, el conde palatino, el señor francés, el joven barón de Inglaterra, el lord escocés y el sobrino del duque de Sajonia, reunidos en Belmont para cortejar a Portia. Es otra muestra de que la situación general ha cambiado. Portia, que encarna a un impulso de energía unitiva del amor, ya no es la inalcanzable dama de los trovadores. Como afirmaba el rey de

Francia en *Bien está lo que bien acaba*, ya no es tiempo de cortejar sino de casarse. Sin embargo, para estos aristócratas occidentales reunidos en Belmont, la etapa del proceso es demasiado avanzada y no pueden beneficiarse de ella. Todos rehúyen pasar la prueba y vuelven a sus hogares. Su marcha indica simbólicamente la impotencia evolutiva general de Europa occidental en ese momento.

Los príncipes de Marruecos y Aragón representan restos de escuelas de desarrollo genuinas del pasado que se han deteriorado. Podemos ver en la actitud de Marruecos una forma congelada de la enseñanza de Otelo y en el enfoque de Aragón una forma estéril de la escuela de don Pedro. Cuando una actividad relacionada con una etapa de desarrollo determinada se institucionaliza y adopta una etiqueta, por ejemplo *marroquismo* o *aragonismo* pierde su componente dinámico y se vuelve estéril a efectos del desarrollo. Hemos visto un ejemplo de ello en Navarra en época de *Trabajos de amor perdidos*. Observemos que Marruecos y Aragón provienen de la misma región influenciada por la España mora. En tiempos del *Mercader de Venecia* se desactivó el Parque de Navarra y, por eso, Marruecos y Aragón viajan hasta Belmont para probar suerte allí. Irónicamente, a diferencia de los aristócratas occidentales, Marruecos y Aragón están decididos a pasar la prueba, pero no son adecuados para la escuela de Portia. Fallan la prueba y tienen que marcharse.

Portia es otro ejemplo de una bella joven enamorada de un hombre que, al principio de la obra, no está preparado para ella todavía. No obstante, Bassanio posee una cualidad interior que le capacita para ser discípulo, pero va a ser una camino largo y difícil para este hombre joven y un poco mimado.

Antes de que se le permita hacer la prueba de los cofres, se examina su paciencia. Portia sugiere que se tome un tiempo antes de comprometerse:

«Por favor, no te apresures, espera un día o dos antes de elegir».

«Me gustaría retenerte aquí un mes o dos antes de que te arriesgues por mí». (*El mercader de Venecia*, III.2)

Parece que Portia sabe que Bassanio tiene prisa por volver a Venecia a devolverle el préstamo a Antonio. En ese momento, la prioridad de Bassanio son las cuestiones financieras, por lo cual Portia le pone a prueba para demostrarle que su afecto por ella es todavía superficial. Pero Bassanio no se da cuenta e insiste en pasar la prueba inmediatamente. Portia le indica que no está siendo sincero del todo con ella:

«¡Bajo tortura, Bassanio! Entonces confiesa qué traición has mezclado con tu amor».

Y cuando Bassanio le da una explicación tonta:

«Ninguna salvo la fea traición de la desconfianza al recelar de no disfrutar de mi amor».

Ella claramente le señala que sabe que está mintiendo:

«Me temo que hablas bajo tortura y en esa situación los hombres dicen cualquier cosa». (*El mercader de Venecia*, III.2)

No obstante, Portia permite que Bassanio se someta a la prueba de los cofres. La prueba no es para juzgar la capacidad del candidato, Portia conoce bien la de Bassanio, es un ejercicio para el candidato con objeto de que pueda aprender algo de la experiencia. En el caso de Bassanio, Portia incluso le ayuda a elegir correctamente, pero Bassanio no debe saberlo: tiene que estar convencido de que está solo. Esta es una parte integral del ejercicio, que está diseñado de modo tal que ayude a Bassanio a entrar en contacto con sus sentimientos interiores. Portia usa la música para guiar a Bassanio hacia el cofre correcto:

«Si me amas, me encontrarás. Nerissa y los demás, apartaos. Que suene la música mientras elige».

(*El mercader de Venecia*, III.2)

Recordemos que Portia, como custodia del proceso evolutivo, tiene acceso a la «música de las esferas», es decir, música que permite traspasar las limitaciones ordinarias del tiempo y el espacio. Hay que señalar que no se tocó música mientras Marruecos y Aragón pasaban la prueba; no era necesario que ellos la experimentaran de este modo.

Mientras Bassanio examina los cofres, se cantan las siguientes estrofas:

«Dime dónde se genera la fantasía

¿En el corazón o en la cabeza?

¿Cómo nace, cómo se nutre?»

Podemos observar que, en inglés, las últimas palabras de cada verso riman con plomo. Todo el ambiente de la prueba de los cofres que ha preparado Portia induce en Bassanio un sentimiento interior que le permite elegir correctamente.

En cuanto Bassanio supera esta prueba, Portia le pone la siguiente. Le da su anillo:

«Las doy con este anillo. Si te separas, pierdes o entregas este anillo, será un presagio de la ruina de tu amor y me legitimará para enfadarme».

Parece que sabe que él no va a ser capaz de mantener su palabra. Por ello el castigo fijado no es tan severo: «me legitimará para enfadarme». Bassanio no se percata de nada de esto. Su respuesta suena falsa y da incluso vergüenza:

«Pero cuando el anillo se separe del dedo, también se irá la vida y podrás entonces decir que Bassanio ha muerto».
(*El mercader de Venecia*, III.2)

Justo después de la prueba de los cofres Bassanio recibe una carta de Antonio en la que describe su dramática situación y Bassanio decide marcharse inmediatamente. Cuando dice a Portia que tiene que regresar a Venecia, ella le anima y le da dinero para pagar el préstamo. Podemos ver ahora que el retorno de Bassanio a Venecia es parte del entrenamiento que ha preparado y dirige Portia.

Portia tiene que organizar una serie de circunstancias que permitan a Bassanio, y a Venecia, tener ciertas experiencias constructivas. Portia controla toda la trama pero el público sólo se entera de cómo la ha urdido al final de la obra. En la última escena Portia entrega una carta a Antonio en la que le informan de la repentina recuperación de sus barcos:

«Bienvenido, Antonio. Tengo mejores noticias de las que esperáis. Abrid esta carta. Encontraréis que tres de vuestros barcos han llegado de repente a puerto cargados de riquezas. No sabéis por qué extraña coincidencia me ha llegado esta carta».
(*El mercader de Venecia*, V.1)

Ayudada por la «música de las esferas» Portia pudo traspasar las limitaciones espaciotemporales para destruir las naves de Antonio y después recuperarlas milagrosamente. La desaparición de los buques de Antonio fue lo que condujo a las experiencias necesarias para avanzar el proceso en Italia.

✶✶✶

Volvamos al momento en que se retiró el impulso de energía unitiva de Roma y se transfirió a la rama celta, representado entonces por Imogen, como se ilustra en *Cimbelino*. Recordemos que la acción de *Cimbelino* tiene lugar en la Britania del siglo I en tiempos de César Augusto. En una de las escenas Póstumo llega a la Roma renacentista del siglo XVI.

En época del *Mercader de Venecia* Portia representa un impulso de energía unitiva. Llega a Venecia disfrazada de Baltasar, un joven letrado romano, es decir, viene de Roma y así señala Shakespeare que la llegada de Póstumo corresponde a este momento.

En la escena de *Cimbelino* un francés, un holandés, un español, un italiano y un bretón se reúnen en la casa de Filario en Roma. Representan a los aristócratas europeos que llegaron a Italia para cortejar a Portia. La tertulia en casa de Filario explica las conversaciones en el patio de Portia: los hombres argumentaban sobre las virtudes de sus respectivas damas:

«Es como una discusión que tuvimos anoche en la que cada uno alababa sus damas paisanas». (*Cimbelino*, I.4)

Lo que explica por qué los que estaban en Belmont no podían presentarse a la prueba de los cofres: se hallaban en la etapa anterior de «cortejar» a sus respectivas damas. Póstumo era uno de los que visitaban Italia y fue entonces cuando Iachimo le provoca con el siguiente comentario sobre «das nuestras de Italia»:

«No la preferiréis a las nuestras de Italia».

Póstumo, como los pretendientes europeos, presumía de las virtudes de su dama, es decir, no se diferenciaba de ellos, todos eran incapaces de reconocer la belleza interior, sus percepciones seguían veladas.

Antes de llegar a Italia Póstumo viaja por Francia donde se pelea con un francés que comenta lo siguiente:

«Este caballero daba fe, y lo afirmaba sangrientamente, que la suya era más bella, virtuosa, sabia, casta, constante y menos accesible que la mejor de nuestras damas de Francia». (*Cimbelino*, I.4)

Todo el contexto de esta escena indica que Póstumo estaba en Francia cuando el rey francés de *Bien está lo que bien acaba* presentaba a Helena a sus nobles en París. Este es el comentario de Lafeu sobre la incapacidad de los nobles de reconocer la verdadera belleza de Helena:

«Estos muchachos son de hielo, ninguno la quiere: ciertamente son bastardos de los ingleses; los franceses no han podido tenerlos». (*Bien está lo que bien acaba*, II.3)

La disputa de Póstumo indica que él, como Bertrán y los otros aristócratas franceses, era incapaz de reconocer la belleza interior de Helena. Tanto en Italia como en Francia, no estaba preparado aún para percibir la verdadera belleza.

Imogen, Helena y Portia representan impulsos de energía unitiva (*rojo*) que estuvieron disponibles en diversas zonas geográficas en distintos momentos: aparecieron como Imogen en la Britania celta del siglo I, Helena en la Francia del siglo XIII y Portia en la Italia del siglo XVI. Sus apariencias externas pueden ser diferentes pero todas son manifestaciones de la misma cualidad de belleza interior. Lo interesante es que Póstumo, durante su viaje, fue expuesto a las tres manifestaciones de dicha energía pero fue incapaz de reconocerla.

Ahora podemos contestar la pregunta sobre el propósito de la intervención celta y los viajes de Póstumo, que sirvieron como una prueba para determinar cómo iba a responder el hombre a la exposición a la energía unitiva cuando estuviera disponible en los enlaces chipriota y siciliano. Las reacciones de Póstumo indicaron que una exposición directa era demasiado sutil para tener un efecto constructivo en el hombre ordinario. Como se describe en la escena final de *Cimbelino*, la atracción que sentía Póstumo por Imogen se debía en su mayor parte a la apariencia externa: estaba ciego a su belleza interior. Hacía falta un procedimiento más sofisticado con objeto de preparar debidamente al hombre para tal experiencia.

Después se puso en práctica en las ramas evolutivas modernas un método basado en la «modulación de la belleza». Con este enfoque la belleza de la mujer se modula de forma que el recipiente previsto se expone a una dosis diluida de la carga evolutiva. La «modulación» puede efectuarse disfrazando a la mujer de chico. Observemos que, después de los encuentros de Póstumo en Francia e Italia, las mujeres que representan la energía unitiva en las ramas francesa, italiana y bohemia aparecen vestidas de muchachos. Por ejemplo, Portia llega a Venecia disfrazada de Baltasar, un joven letrado romano; Rosalinda va al bosque de Arden bajo la guisa de un chico llamado Ganímedes; Viola aparece en la corte de Orsino disfrazada de Cesario. De este modo mejoró mucho la eficacia del enfoque practicado.

La fierecilla domada

El mercader de Venecia concluye la parte descendente del bucle iniciado por Otelo. Se restauró la cadena de transmisión y el espectro evolutivo estuvo disponible en el nivel del hombre ordinario. Después de varios milenios y del extraordinario trabajo realizado por los custodios, la situación evolutiva del hombre se había recuperado. Ahora dependía del ser humano hacer un esfuerzo para ganarse el regreso al Dominio.

El resto de las obras italianas describen los retos a los que se enfrenta el hombre y sus esfuerzos en el camino que conduce a su propósito último. Las siguientes etapas llevan a una serie de ciudades del norte de Italia, situadas en la «ruta del corazón» de Shakespeare que sale de Venecia y va hacia el oeste, pasando por Padua y Verona hasta Milán. Así pues, tras Venecia, la siguiente ciudad en la ruta del corazón es Padua y allí tiene lugar la acción de *La fierecilla domada*.

El estado de desarrollo actual de Padua lo resume Petruchio en el banquete de bodas de Lucentio:

«¡Nada más que sentaos y sentaos y comed y comed!»
(*La fierecilla domada*, V.2)

Las características dominantes de Padua pueden describirse como «nada más que sentarse y sentarse y comer y comer». Así pues, Padua se presenta como un estado espiritualmente ocioso, lo que se corresponde con el del hombre ordinario. La restauración de la cadena de transmisión no había cambiado el estado espiritual humano.

Por tanto, el entorno inferior de Padua ha distorsionado el impacto espiritual proyectado desde Belmont. Tal distorsión se ilustra simbólicamente porque los impulsos evolutivos que se han situado en Padua –representados por Catalina y Bianca, hijas de Baptista– están parcialmente difusos. Ambos impulsos están coloreados para la facultad corazón. Bianca es una proyección borrosa de la energía unitiva (*rojo*) que en época del *Mercader de Venecia* representaba Portia de Belmont. Catalina, la hija mayor de Baptista, representa un impulso difuminado de energía creativa (*amarillo*) y es la proyección actual de Jessica de Venecia. La perspicacia de Catalina recuerda las desgraciadas experiencias a las que estuvo expuesto este impulso anteriormente.

Esto significa que la ruta del corazón de Shakespeare está marcada por los colores *rojo* y *amarillo*. Ambos impulsos dirigen los sucesos descritos en el resto de las obras italianas.

Baptista insiste en que nadie puede cortejar a Bianca hasta que le encuentre un marido a Catalina, su malhumorada primogénita, lo que coloca a Padua en una situación un tanto estancada ya que parece que no es posible resolver el impasse. La cosa cambia con la llegada de Petruchio y Lucencio. Lucencio es la proyección actual de Casio de Florencia, de *Otelo*, Benedicto de Padua de *Mucho ruido y pocas nueces* y Bassanio de Venecia del *Mercader de Venecia*.

El personaje principal de la obra es Petruchio que parece ser un hombre fanfarrón, egoísta y ávido. Aparenta no ser más que un chauvinista insensible para quien el matrimonio es un acto de dominio y enriquecimiento. Se puede valorar así a Petruchio si se considera la obra desde una perspectiva social, emocional o intelectual, pero hay otra manera de interpretar sus acciones. Petruchio llega a Padua con un objetivo. Cuando su amigo Hortensio le pregunta:

«Querido amigo, ¿qué feliz viento te trae de Verona?»

Petruchio responde así:

«El viento que esparce a los hombres jóvenes por el mundo
para buscar fortuna lejos del hogar, donde tan poca experiencia
se adquiere». (*La fierecilla domada*, I.2)

Petruchio sabe muy bien lo que busca: *fortuna*, que tiene que ver con cierta *experiencia* que no suele encontrarse en el *hogar*. Petruchio es rico pero cuando oye hablar a Hortensio de Catalina describe su búsqueda de tal modo que Hortensio inmediatamente se convierte en su aliado. Petruchio se ofrece a cortejar y casarse con Catalina.

Entonces, ¿por qué escoge Petruchio a Catalina y la persigue tan contumazmente? Después de todo, él es un joven rico y con posición social e Italia tiene muchas jóvenes damas bellas, dóciles y con copiosa dote con las que podría casarse. Sin embargo, cuando oye, por ejemplo, que Catalina le ha roto un laúd en la cabeza a Hortensio, Petruchio exclama:

> «¡Por el mundo, vigorosa muchacha! La quiero ahora diez veces más que nunca. ¡Cuánto deseo charlar con ella!».
> (*La fierecilla domada*, II.1)

Parece que Petruchio ha percibido en el comportamiento de Catalina cierta belleza interior, que es lo que le interesa.

Catalina representa un impulso de energía creativa, que estaba latente en Chipre hasta que llegó Otelo. Se reactivó en Mesina como Beatriz en época de *Mucho ruido y pocas nueces* y luego apareció como Jessica en *El mercader de Venecia*. Originalmente este impulso estaba destinado a la rama francesa. Por eso Catalina se encuentra descolocada en su entorno actual.

En el vocabulario de Petruchio, una mente ordinaria se llama *hogar*, el conocimiento, *fortuna* y los medios de aprender el conocimiento, *experiencia*. Un impulso evolutivo borroso se denomina *fierecilla* y el *matrimonio* indica simbólicamente el compromiso incondicional con la protección del guía. Es decir, Petruchio es un guía espiritual y un maestro que enseña:

> «Sí, señora, y Petruchio es el maestro que enseña once y veinte trucos para domar a una fierecilla y hechizar su lengua charlatana». (*La fierecilla domada*, II.1)

Petruchio ha recibido el mandato de dirigir esta etapa del proceso evolutivo y depende de él desvelar la belleza interior de Catalina. Igual que en *Otelo,* el proceso de desvelamiento se describe como Petruchio cortejando a Catalina. En cuanto reconocemos que Petruchio es un guía espiritual, toda la obra se vuelve fácil de seguir y comprender y, al mismo tiempo, desaparece por completo cualquier rastro de presuntas controversias relacionadas con incorrecciones políticas.

Debido al entorno inferior de Padua, Catalina y Bianca representan impulsos evolutivos difuminados; de hecho, un hombre corriente sería incapaz de reconocer su esencia evolutiva. Sólo un guía puede percibir su belleza interior. A pesar de que Catalina tiene fama por todo Padua de ser una fierecilla, malhumorada y de lengua afilada, Petruchio reconoce su belleza interior, oculta a los demás. Cuando Petruchio dice a Baptista que Catalina ha aceptado casarse con él, ésta no parece protestar. Igual que en sus manifestaciones previas en la rama evolutiva romana, se queda «elocuentemente» callada. Es la primera muestra de que Catalina empieza a darse cuenta de que Petruchio no es un hombre corriente.

Como se describe en *Otelo*, a veces un guía tiene que adoptar un comportamiento «censurable», lo que se ilustra en la escena de la boda. Aparentemente, Petruchio humilla a Catalina llegando tarde, montado en un jamelgo. Parece y se comporta como un payaso pero de ningún modo está ignorándola a ella ni a la ceremonia nupcial. Antes al contrario, está muy preparado. Llega vestido de una manera muy elaborada aunque ridícula. Dice a Catalina que se «casa» con él, no con sus ropas. Indica que el hombre bajo el atuendo no es lo mismo que el propio atuendo. Cuando más tarde en la obra hay un problema con el vestido de ella le dice:

«Nuestras bolsas estarán llenas y nuestros ropas serán pobres pues es la mente la que enriquece al cuerpo; e igual que el sol brilla a través de las nubes más oscuras, así se asoma el honor bajo el más humilde hábito». (*La fierecilla domada*, IV.3)

Comportándose de este modo Petruchio consigue producir un efecto constructivo en quienes le rodean. Es un ejemplo de la técnica de choque mediante la cual se expone al discípulo a determinado impacto que afecta a su ser interior. Petruchio no se preocupa por sí mismo ni por lo que los demás puedan pensar de él. Está ayudando a otros a darse cuenta de que hay otra forma de ver la situación, otra forma de pensar, otra forma de evaluarse a sí mismos y a quienes les rodean. El público que asiste a la representación está sometido al mismo impacto.

Tras la boda Petruchio se sirve de formas aparentemente extrañas de imponer su enseñanza a Catalina; usa diversas técnicas para «domarla». Cuando llegan a su casa declara que la «matará con bondad» fingiendo que no puede permitir que coma su comida inferior o duerma en su inferior cama. Debido a que Petruchio envuelve su intento de domarla en una retórica de amor y afecto, es imposible para ella enfrentarse a él con ira. Sólo cuando ella comprende que le es beneficioso ser obediente puede Petruchio quitar el velo de fierecilla. En consecuencia, ella despierta gradualmente de su «sueño». Así el acatamiento de Catalina a la doma de Petruchio la coloca en una posición en la cual empieza paulatinamente a darse cuenta de que está descubriendo algo más allá de lo ordinario.

Al final de la obra Catalina pronuncia su famoso parlamento. La antigua fierecilla declara ahora que:

«Tu marido es tu señor, tu vida, tu guardián, tu cabeza, tu soberano, el que cuida de ti y que para mantenerte somete su cuerpo a dolorosos trabajos por tierra y mar, vela de noche entre tormentas y de día pasa frío mientras tú, en casa, estás en la cama cálida, segura y a salvo. Y él no desea otro tributo de tus manos que el amor, la belleza y la auténtica obediencia: exiguo pago para deuda tan grande». (*La fierecilla domada*, IV.3)

Es evidente que la anterior cita no se refiere al matrimonio ordinario. Si recordamos que en el lenguaje de Petruchio «marido» significa guía espiritual y ejemplo de hombre plenamente desarrollado, las palabras de Catalina cobran un sentido totalmente distinto. Describe a un guía espiritual como el señor, rey y gobernante del discípulo. El guía es para el discípulo como el rey para sus súbditos, y si el discípulo se comporta con mal genio está traicionando a un rey amoroso. A cambio, el guía sólo pide al discípulo amabilidad y auténtica obediencia, que no es más que un pequeño pago para tan gran deuda. Dice que el guía sostiene y protege a la humanidad mientras vive una vida de trabajo duro y responsabilidad.

El parlamento final de Catalina demuestra el efecto del desvelamiento de su belleza interior realizado a lo largo de la obra y también que Catalina desarrolló una comprensión que no es la de una fierecilla domada sino la de una persona que ha alcanzado un nivel de ser superior. Tal comprensión no se obtiene siguiendo el protocolo social. Catalina la ha logrado mediante un método espiritual y es un subproducto de la «doma» de Petruchio.

Igual que Lucio en *Medida por medida* y Touchstone en *Como gustéis*, Petruchio actúa de Comodín y reemplaza al aspecto ausente de la facultad corazón. Tiene que casarse con Catalina para que Italia esté debidamente preparada para la exposición a la energía unitiva. Recordemos que todos los fiascos evolutivos descritos anteriormente eran el resultado de que el hombre había fracasado en la asimilación correcta del impulso del espectro evolutivo representado por Catalina. Es decir, el fiero comportamiento de Catalina es el resultado del previo maltrato humano de este impulso. La doma de Catalina es, en realidad, el proceso de quitar la «ceguera» espiritual de quienes la rodean, lo que significa que domar a Catalina es sólo un paso intermedio del proceso.

Es importante llamar la atención del lector sobre el hecho de que Petruchio ha domado a Catalina para que pudiera desempeñar un papel crítico en la etapa actual, y en las futuras, del proceso. Su función es doble: como Cata (un impulso activo) y como Diana (un impulso pasivo). Petruchio se refiere a ello en el siguiente comentario:

«¡Oh, sé Diana y que ella sea Cata; y luego que Cata sea casta y Diana juguetona!». (*La fierecilla domada*, II.1)

En el caso de Lucencio Catalina hace un papel pasivo. Aunque Lucencio y Bianca se casan, el impulso de energía unitiva (*rojo*) permanece borroso, lo que se indica con el amargo comentario de Lucencio sobre la desobediencia de Bianca:

«Pero duro de oír cuando la mujer es desobediente».
(*La fierecilla domada*, V.2)

El desarrollo futuro del ser de Italia depende del impacto que tenga la Catalina domada sobre Lucencio. Por eso, justo después del parlamento de Catalina, Petruchio sale de escena, lo que es acorde con el método de enseñanza pues, en este punto, el guía debe retirarse. Ahora Lucencio tiene que digerir el impacto. La última línea de la obra contiene su ambivalente comentario acerca del impacto:

«Con vuestro permiso, es asombroso que haya sido así
domada». (*La fierecilla domada*, V.2)

Es una reacción mixta de asombro, duda y una insinuación sobre la posibilidad de domar... a Bianca, su esposa, desvelando así su todavía borrosa belleza interior.

Ahora el ser de Italia tiene que moverse por la ruta del corazón de Shakespeare desde Padua hasta la siguiente etapa de desarrollo, representada simbólicamente por la ciudad de Verona. Se ilustra en *Romeo y Julieta*. Allí el público encontrará el sentido de la última frase de Lucencio.

Romeo y Julieta

Este drama es, en cuanto a desarrollo, la continuación de *La fierecilla domada*. Describe la sexta etapa consecutiva de la rama italiana (brotada de Bohemia en época del *Cuento de invierno*). Por tanto, para entender su propósito hay que analizarlo en el contexto de las otras obras italianas. Esta es la etapa más difícil, correspondiente a un intervalo o brecha en una rama o ciclo. En este aspecto la obra es paralela a *Tito Andrónico* en la rama romana, *Macbeth*, en la rama celta y *Hamlet* en la bohemia. Es decir, describe una experiencia difícil e inevitable del proceso evolutivo que es una preparación para las siguientes, las cuales conducen a un resultado constructivo.

Igual que Venecia y Padua, la ciudad de Verona representa el estado ordinario de Italia, consecuencia de las experiencias previas descritas en *La fierecilla domada*. En concreto la obra indica que la acción tiene lugar «unos veinticinco años» después de la boda de Lucencio:

«¡Qué dices, hombre! No hace tanto, no hace tanto: desde las bodas de Lucencio, venga Pentecostés tan rápido como quiera, hace unos veinticinco años; y entonces nos enmascaramos». (*Romeo y Julieta*, I.5)

El Coro, en el prólogo, señala la característica determinante de Verona, o su enfermedad actual: un viejo rencor, es decir, lo mismo que hizo colapsar la antigua civilización griega como describe Shakespeare en *Troilo y Cresida*. Shakespeare recalca la conexión con *Troilo y Cresida* incluyendo a Paris y la «vivaz Helena» en los invitados a la «antigua fiesta de los Capuletos». Como los troyanos y los griegos, las familias enemistadas de los Capuletos y Montescos de *Romeo y Julieta* representan diversos aspectos corruptos y perturbadores. Pero hay una diferencia importante entre la Grecia de *Troilo y Cresida* y la Italia de *Romeo y Julieta*: en la época de *Troilo y Cresida* Grecia estaba desconectada de la cadena de transmisión mientras que la rama italiana ha sido cuidadosamente diseñada y preparada. En tiempos de *Romeo y Julieta* la infraestructura evolutiva se ha reconstruido y Verona está conectada a la cadena de transmisión. El estado actual de Verona es el resultado del trabajo preparatorio ejecutado anteriormente por Otelo, don Pedro, Portia y Petruchio. Es decir, se repite la historia de *Troilo y Cresida* pero en un contexto perteneciente a una vuelta superior de la espiral evolutiva.

La carga evolutiva presente en Verona está representada por Julieta y su prima Rosalina. En *La fierecilla domada* estos dos impulsos los representaban dos hermanas, Bianca y Catalina, respectivamente. Julieta y Rosalina pertenecen a la familia Capuleto. Rosalina es un impulso totalmente desvelado pero pasivo de energía creativa (*amarillo*). No aparece en la obra, sólo se hace referencia a ella y es, en este sentido, como sus predecesoras, elocuentemente silenciosa. Al principio del drama Romeo está enamorado de ella, pero Rosalina le ignora. Romeo se queja de que ella está fuera de su alcance; Rosalina «tiene el ingenio de Diana».

Recordemos que esta etapa de la rama italiana se solapa con *Bien está lo que bien acaba* de la rama francesa, en la que Rosalina aparece como Diana Capilet en Florencia. Después se transfiere a Francia, que era, en realidad, su entorno previsto originalmente. Por eso no podía asimilarse plenamente en la rama italiana.

Julieta simboliza un impulso de energía unitiva (*rojo*). Bianca encarnaba una manifestación borrosa de dicho impulso en *La fierecilla domada*. Pero ahora Bianca, como Julieta, ha cambiado mucho, lo que se manifiesta en su comentario sobre el amor ilimitado:

> «Mi liberalidad es tan ilimitada como el mar y tan profundo como él es mi amor: cuanto más te entregue, más tengo, pues ambos son infinitos». (*Romeo y Julieta*, II.2)

Ello indicaría que, entretanto, este impulso ha pasado por un proceso de desvelamiento y confirma que Bianca ha sido «domada». Lo que aclara el comentario ambivalente de Lucencio al final de *La fierecilla domada*. La aparición de una Julieta «domada» es otra indicación de que *Romeo y Julieta* es la continuación del proceso descrito en *La fierecilla domada*.

Según el código de Shakespeare respecto a los impulsos evolutivos, Julieta tiene que ser medio huérfana, lo que indicaría que la señora Capuleto no puede ser su madre. Efectivamente, Capuleto hace alusión a la muerte de la madre de Julieta:

«La tierra se ha tragado todas mis esperanzas pero ella, ella es la esperanzada dama de mi tierra». (*Romeo y Julieta*, I.2)

La nodriza, conversando con la señora Capuleto, indica que Capuelto volvió a casarse cuando Julieta tenía tres años.

Romeo es la proyección actual del aspecto que anteriormente representaba Lucencio de Padua, el cual estaba relacionado con Casio de Florencia en *Otelo*, Benedicto de Padua en *Mucho ruido y pocas nueces* y Bassanio en *El mercader de Venecia*. Su apellido, Montesco, confirma el vínculo con Casio de Florencia (Montano era el representante de Otelo en Chipre, puesto que ocupa Casio al final de *Otelo*) y Benedicto de Padua (signior Montano en *Mucho ruido y pocas nueces*). Igual que Lucencio, Romeo encarna un aspecto de la facultad corazón parcialmente purificado pero sin reformar. Su padre compara tal estado desequilibrado con «el brote mordido por un gusano envidioso». Según el método de desarrollo avanzado la reforma del corazón de Verona puede lograrse con una exposición simultánea a impulsos reformadores y purificadores, lo que se presenta como la atracción que siente Romeo por Rosalina y Julieta.

Al principio de la obra Romeo se siente atraído por Rosalina pero es incapaz de reconocer su belleza interior. Le mueve la sensualidad y una obsesión corriente. Rosalina sabía que el amor de Romeo era falso. La frialdad de Rosalina lleva a Romeo a la confusión, la tristeza y la melancolía. Cuando se encuentra con Julieta, la atracción de Romeo por Rosalina desaparece en seguida:

«Es el Este y Julieta es el sol. Levanta, hermoso sol y mata a la envidiosa luna que ya está enferma y pálida de pena porque tú, su doncella, eres más agraciada que ella». (*Romeo y Julieta*, II.2)

El efecto de Julieta es mucho más fuerte, por eso Romeo la compara con el sol mientras que Rosalina se convierte, para él, en «la envidiosa luna».

El perceptivo Mercucio identifica la causa de los problemas de Romeo y Julieta: la culpable es la reina Mab. La descripción que de ella da Mercucio la equipara a Cupido e, igual que éste, la reina Mab opera mediante sueños y fantasías:

«Y en este estado galopa, noche tras noche, por el cerebro de los amantes, y entonces sueñan con el amor».

«...sobre los labios de las damas, que enseguida sueñan con besos que con frecuencia la airada Mab infecta con ampollas porque su aliento está teñido de dulces».
(*Romeo y Julieta*, I.4)

La imaginación, los deseos y las fantasías provocadas por la reina Mab desencadenan un amor apasionado entre Romeo y Julieta, pero la principal dificultad es que ninguno de los dos está preparado para semejante encuentro. Al principio del drama Julieta no es lo suficientemente madura para cumplir su función correctamente; su insistencia en casarse inmediatamente con Romeo causa trágicos sucesos. En *Trabajos de amor perdidos* Shakespeare inserta un breve episodio que hace referencia a la muerte de Julieta. Catalina, que aparece en *Trabajos de amor perdidos*, es una proyección de Rosalina, la prima de Julieta. En este episodio Catalina indica que la muerte de su «hermana» la causó Cupido, «que ha sido niño cinco mil años»:

«La tornó melancólica, triste y pesada y así murió».
(*Trabajos de amor perdidos*, V.2)

En este contexto es interesante observar con más detenimiento a fray Lorenzo, un consejero espiritual bienintencionado pero no cualificado. Está al tanto del proceso espiritual general, lo ha estudiado y ha adquirido cierto conocimiento al respecto. Fray Lorenzo considera que Romeo es su discípulo y le enseña el concepto de amor, indicándole la diferencia entre la obsesión sensual y el verdadero amor. También sabe de la experiencia de «morir antes de morir» y de la secuencia general del proceso evolutivo:

> «No está bien casada la que vive casada mucho tiempo; la mejor casada es la que muere joven». (*Romeo y Julieta*, IV.5)

En esta cita «matrimonio» significa ser discípulo, «muerte» alude a la experiencia de «morir antes de morir» o «morir para vivir». Fray Lorenzo dice que un «matrimonio» exitoso se completa con la «muerte», es decir, la meta final de un discípulo es superar sus deseos egoístas. No obstante, el conocimiento teórico de fray Lorenzo no está acompañado de una verdadera comprensión del proceso. No tiene la capacidad ni las habilidades para ser un guía, no puede percibir el diseño operativo actual, no entiende esta determinada etapa del desarrollo. Por eso los actos de Romeo le confunden. Fray Lorenzo espera reconciliar a las dos familias mediante la boda de sus hijos. Igual que fray Francisco en *Mucho ruido y pocas nueces*, fray Lorenzo intenta conseguir su objetivo mediante una estratagema; le propone a Julieta una copia del remedio de fray Francisco que, en su forma externa de «morir para vivir», es idéntico. Con la mejor intención, fray Lorenzo ofrece esta propuesta sin percatarse de lo que es necesario para administrar un remedio eficaz. Actúa como los supuestos místicos que repiten mecánicamente ciertos procedimientos del pasado sin comprender el proceso entero y sin conocer la proyección actual del diseño de desarrollo. Cada paso instigado por fray Lorenzo lleva a nuevas complicaciones y a consecuencias aparentemente inesperadas. Sigue un camino de prueba y error.

Romeo y Julieta empiezan a entender gradualmente que siguen un camino rígido con un destino ineludible. Ambos se percatan de que no pueden escapar de él. Sus opciones son limitadas, deben aceptar su destino y seguirlo. Ambos tienen que morir y deben hacerlo para generar una recriminación que impacte y despierte a Verona. Sólo así podrá prepararse el entorno general de Verona para la siguiente etapa del proceso.

Al final del drama el Príncipe resume el efecto de la recriminación:

«¿Dónde están esos enemigos? ¡Capuleto! ¡Montesco! Ved qué azote ha caído sobre vuestro odio que el cielo encuentra la forma de matar vuestras alegrías por medio del amor».
(*Romeo y Julieta*, V.3)

La historia de Romeo y Julieta carecería de sentido si se considerara fuera del contexto de las otras obras italianas. En efecto, analizado como drama independiente puede fácilmente calificarse de historia trágica y emocionalmente cargada sin ningún sentido interno. De hecho, *Romeo y Julieta* es sólo un episodio de la historia. Julieta y Romeo reaparecen en un entorno más avanzado y, entonces, pueden completar su viaje espiritual. El público los vuelve a encontrar en *Los dos hidalgos de Verona*.

Los dos hidalgos de Verona

La ruta del corazón italiana va de Venecia a Padua, de Padua a Verona y de Verona a Milán, que representa simbólicamente la última etapa de las obras italianas. Milán se conoció en una época como la Nueva Atenas. Recordemos que la rama italiana brotó de la bohemia, que se inició en Atenas.

En *Los dos hidalgos de Verona* hay dos impulsos evolutivos representados por Silvia y Julia. Este es el comentario de Julia sobre Silvia:

«Su cabello es cobrizo, el mío es de un amarillo perfecto». (*Los dos hidalgos de Verona*, IV.4)

Lo que indica que Silvia encarna el impulso de energía unitiva (*rojo*, cobrizo) y Julia el de la creativa (*amarillo*).

Julia es el equivalente de Rosalina de *Romeo y Julieta*. Como se indicó en el comentario sobre *Bien está lo que bien acaba*, este impulso lo representaba Violenta, que se hallaba en la casa de la Viuda en Florencia. Recordemos que Violenta era una «gemela» espiritual de Rosalina. Rosalina estaba destinada a la rama francesa y Violenta a la italiana, por eso había que intercambiarlas, lo que ocurre en Florencia en época de *Bien está lo que bien acaba*. Ahora Violenta aparece en Verona como Julia.

Silvia es la proyección actual de Julieta Capuleto, de *Romeo y Julieta* cuyas experiencias le permitieron madurar. Silvia, a diferencia de Julieta, se da cuenta de que no se trata de sus asuntos personales; su matrimonio es una cuestión para toda Italia. Silvia no se deja llevar por sus deseos sensuales. Maneja su relación amorosa de forma parecida a como trató Portia a Bassanio en *El mercader de Venecia*. Silvia sabe que su matrimonio es parte de un tema más grande:

«Para evitar un enlace muy impío, al que el cielo y la fortuna siguen enviando plagas». (*Los dos hidalgos de Verona*, IV.3)

Así pues, su «enlace impío» causaría desastres («plagas») pero un «enlace sagrado» correctamente ejecutado traerá la paz y la armonía. Un «enlace sagrado» significa una asimilación completa del impulso evolutivo, que sólo puede llevarse a cabo mediante la formación de un cuadrángulo de la facultad corazón, que se compone de dos aspectos de dicha facultad. Sólo entonces puede asimilarse correctamente la energía unitiva del amor.

La reforma de Verona en época de *Romeo y Julieta* condujo a la aparición de dos aspectos de la facultad corazón. Ahora Romeo aparece como Proteo y Valentín. Este último comenta el origen de ambos aspectos:

> «Le conozco como a mí mismo pues desde la infancia hemos conversado y pasado el tiempo juntos».
> (*Los dos hidalgos de Verona*, II.4)

Valentín y Proteo abarcan las experiencias por las que pasó Romeo. Valentín encarna a un Romeo más maduro. Este aspecto avanzado de la facultad corazón se ha formado como consecuencia de las experiencias descritas en *Romeo y Julieta* a las que hace referencia Valentín en su encuentro con los bandidos en el bosque cerca de Mantua:

> «Maté a un hombre, de cuya muerte mucho me arrepiento, pero le maté con hombría en un duelo, sin falsa ventaja ni baja traición». (*Los dos hidalgos de Verona*, IV.1)

La cita alude al duelo en el que Romeo mató a Paris.

Proteo, por otra parte, contiene las características del Romeo inmaduro.

Al principio de la obra Valentín se prepara para partir de Verona rumbo a Milán. Está ansioso de viajar en busca de «las maravillas» que no puede encontrar en Verona:

> «Para ver las maravillas del mundo en lugar de vivir aletargado y aburrido en el hogar y así malgastar tu juventud en ociosidad informe». (*Los dos hidalgos de Verona*, I.1)

Proteo se da cuenta de que Valentín persigue el «honor» para poder aportar dignidad a sí mismo y a sus amigos:

> «Él va en busca del honor, yo del amor; él abandona a sus amigos para dignificarlos más, yo me abandono a mí mismo, a mis amigos y a todo por amor». (*Los dos hidalgos de Verona*, I.1)

Esta cita proporciona una pista importante de la historia: indica que la búsqueda de Valentín contiene un elemento de generosidad mientras que los actos de Proteo están impulsados totalmente por sus deseos sensuales y egoístas. Valentín ruega a Proteo que le acompañe pero éste se niega porque está enamorado de Julia. Valentín marcha a Milán solo y, allí, se encuentra con Silvia, la hija del Duque y se enamora de ella.

Proteo sigue dirigido por sus emociones y deseos sensuales. En este contexto es interesante citar una conversación entre el padre de Proteo, Antonio, y su sirviente Pantino que le transmite un mensaje de su hermano referente a la educación de Proteo:

> «Se asombraba de que vuestra señoría tolerase que pasara en casa su juventud, cuando otros hombres, de menor reputación, envían fuera a sus hijos en busca de promoción: algunos a las guerras, a probar fortuna, otros a descubrir lejanas islas, algunos a estudiar a las universidades, pues para cualquiera de estos ejercicios, dijo, es apto vuestro hijo Proteo; y me pidió que os importunara para que no permitáis que continúe en el hogar pues, de mayor, resultaría una grave inhabilitación no haber viajado en su juventud». (*Los dos hidalgos de Verona*, I.1)

El tío de Proteo parece conocer bien el proceso de desarrollo. En su mensaje a Antonio menciona varias etapas del mismo: «estudiar en las universidades», «las guerras» y «descubrir islas». Estudiar en las «universidades» indica estudios introductorios; «las guerras» señalan la etapa de reforma; «descubrir lejanas islas» es la activación de estados superiores. El tío de Proteo vigila discretamente y dirige el proceso de desarrollo descrito en *Los dos hidalgos de Verona*. Interviene en el proceso justo después de que Julia y Proteo intercambien votos de amor. Entonces se envía a Proteo a la corte del Duque en Milán, decisión que acongoja a Proteo y Julia. Antes de marcharse de Verona Proteo promete no dejar de amar a Julia nunca.

Los acontecimientos posteriores no deben sorprender al público. Las características iniciales de Proteo indican con claridad que es incapaz de mantener su promesa, no debido a su intención o voluntad: es una cuestión de capacidad. Su estado de desarrollo actual, recalcado por el significado de su nombre, es tal que no puede comprometerse de ese modo. Como Romeo, está impulsado por sus burdos deseos y tendrá que atravesar un conjunto de experiencias específicamente diseñadas.

La inconstancia de los deseos de Proteo se manifiesta en cuanto llega a Milán y se encuentra con Silvia. Inmediatamente, se olvida de su amor por Julia:

«Al principio adoraba a una estrella centelleante, pero ahora venero a un sol celestial». (*Los dos hidalgos de Verona*, II.6)

Proteo compara a Julia con una «estrella centelleante», atenuada por Silvia, que es un «sol celestial». Es muy similar a cuando Romeo se encuentra con Julieta y la compara con el sol mientras que Rosalina es la luna. Es decir, el proceso descrito en *Los dos hidalgos de Verona* sigue la misma secuencia descrita en *Romeo y Julieta*. Pero hay un momento en que las dos obras empiezan a divergir, porque la acción de *Los dos hidalgos de Verona* tiene lugar en un entorno muy distinto. A consecuencia de las experiencias descritas en *Romeo y Julieta*, Verona está limpia de tendencias negativas y perturbadoras, por eso Julia, a diferencia de Rosalina, corresponde al amor de Proteo. Cuando Proteo se enamora de Silvia, Julia percibe intuitivamente que algo va mal. Se disfraza de un chico llamado Sebastián y parte a Milán.

La corte del Duque en Milán se menciona como «nuestra real corte» y «da corte del emperador». El Duque es el aspecto principal de la facultad intelecto. Es la primera vez, en las obras italianas, que el Duque se involucra personalmente en la ejecución del proceso. El avanzado estado del Duque se recalca por su atracción hacia «una dama de Verona, a la que se refiere en su conversación con Valentín:

«Hay aquí una dama en Verona por la que siento afecto, pero es amable y tímida y no aprecia mi añeja elocuencia».
(*Los dos hidalgos de Verona*, III.1)

La dama es la proyección actual de Mariana que, como Violenta, apareció en Italia en época de *Bien está lo que bien acaba*. Mariana se hallaba presente en la casa de la Viuda en Florencia y después acaba en Verona. Esta dama representa un impulso evolutivo (*blanco*) coloreado para el intelecto.

El Duque sabe bien el afecto que sienten Silvia y Valentín. Vigila a los enamorados y lo que hacen. Por eso Silvia se siente observada:

«Temo que me siguen unos espías».
(*Los dos hidalgos de Verona*, V.1)

El Duque utiliza intencionadamente al grosero Turio como instrumento del proceso. La insistencia del Duque en casar a Silvia con Turio es una prueba para los jóvenes enamorados. Si su amor es realmente auténtico, podrán superar el obstáculo que arroja el Duque en su camino. Cuando descubre que Valentín tiene intención de huir con Silvia, le destierra de Milán.

Mientras viaja de Milán a Mantua, un grupo de bandidos desterrados por «practicar el rapto de una dama» le captura en un bosque:

«Sabed, pues, que algunos de nosotros somos caballeros a quienes la furia de una juventud ingobernada expulsó de la compañía de hombres atemorizados: yo mismo fui desterrado de Verona por practicar el rapto de una dama, una heredera, muy allegada al duque». (*Los dos hidalgos de Verona*, IV.1)

Los bandidos representan las experiencias por las que atravesó el corazón italiano anteriormente. Recordemos que Lorenzo en *El mercader de Venecia*, Lucencio en *La fierecilla domada* y Romeo en *Romeo y Julieta* eran todos culpables de raptar a una dama a su padre. Todos seguían el ejemplo de Otelo. Los bandidos estaban esperando en el bosque la llegada de su rey, es decir, un aspecto correctamente desarrollado capaz de completar el proceso para que pudieran obtener su verdadera nobleza.

Todo el argumento de la obra está diseñado para llevar los dos aspectos de la facultad corazón a un estado de unión. Si ambos se alinean correctamente y si las tendencias negativas y perturbadoras no interrumpen el proceso, podrán entonces formar un cuadrángulo y experimentar un estado de unión espiritual. El cuadrángulo se formará mediante la asimilación de dos impulsos. En este caso el cuadrángulo se compone de Silvia, Valentín, Julia y Proteo. Por eso Valentín no puede unirse a Silvia mientras Proteo siga ciego a la belleza interior de Julia. Tanto Silvia como Valentín entienden la situación: no pueden casarse antes de que el otro aspecto de la facultad corazón se reforme. Esto es muy similar a la formación de la unión descrita en la rama francesa al final de *Como gustéis*, cuando Orlando no podía unirse a Rosalinda antes de la reforma de Oliver.

Después del destierro de Valentín, Silvia huye de Milán y va a buscarle. Cuando viaja por el bosque la atacan los bandidos y ella intenta defenderse. Para entonces el Duque, Julia (disfrazada de Sebastián) y Proteo han llegado al bosque buscándola. Mientras Valentín observa la escena sin ser visto, Proteo rescata a Silvia.

Proteo exige a Silvia una muestra de favor por liberarla, pero ella se niega en redondo. Cuando Proteo intenta violarla Valentín le detiene. El intento de violación de Proteo es una muestra simbólica de su tendencia destructiva, la cual impide que el ser complete el proceso. En el siguiente comentario Silvia señala el reto al que todos se enfrentan:

> «Si me capturara un león hambriento, preferiría ser el desayuno de la bestia a que me rescatara el falso Proteo».
>
> (*Los dos hidalgos de Verona*, V.4)

Silvia se refiere al hecho de que el potencial espiritual no realizado («el falso Proteo») sitúa al hombre por debajo de su estado animal ordinario de «león hambriento». La atracción sensual que siente Proteo por Silvia no le deja ver la esencia evolutiva que contiene Julia. Es decir, en este momento al ser todavía se le impide experimentar el estado de unión. La reforma de Proteo sólo puede completarse con una recriminación hábilmente asestada. Ha de hacerlo Valentín. Cuando ve que Proteo intenta violar a Silvia pronuncia esta recriminación:

> «¿De quién fiarse cuando la propia mano derecha va contra su corazón? Proteo, lamento no poder confiar en ti nunca más y que, por tu culpa, el mundo sea extraño para mí».
>
> (*Los dos hidalgos de Verona*, V.4)

Es similar a cuando Orlando salva a Oliver de una leona hambrienta antes de la formación de la unión francesa. Debido a sus experiencias preparatorias, la respuesta de Proteo a la recriminación es inmediata:

> «La vergüenza y la culpa me consumen. Perdóname, Valentín: si el dolor de corazón es suficiente para expiar mi ofensa, aquí te lo ofrezco; ciertamente sufro tanto como el padecimiento que he causado». (*Los dos hidalgos de Verona*, V.4)

En este momento, el aspecto representado por Proteo se reforma instantáneamente. Entonces Valentín prepara el terreno para la segunda recriminación cuyo objetivo es la unión espiritual:

> «Entonces estoy pagado y de nuevo te recibo honradamente. Quien no se da por cumplido con el arrepentimiento no es del cielo ni la tierra, pues ellos están satisfechos. La cólera del Eterno se ha aplacado con la penitencia y, para que mi amor sea simple y libre, todo lo que era mío en Silvia te lo entrego».
> (*Los dos hidalgos de Verona*, V.4)

Las dos últimas líneas de esta cita son las más significativas de todo el conjunto de las obras italianas. Pero es difícil entender su sentido si se intentan analizar desde un punto de vista ordinario o convencional. Sólo puede interpretarse la escena correctamente si se analiza en el contexto del proceso descrito más arriba. Es decir, la escena ilustra el momento en el que el aspecto de la facultad corazón representado por Valentín se ha purificado completamente («para que mi amor sea simple y libre»). En tal estado Valentín es capaz de absorber el impulso de energía unitiva que le está destinado y que encarna Silvia. Recordemos la descripción que da Julieta del potencial de este impulso:

> «Mi liberalidad es tan ilimitada como el mar y tan profundo como él es mi amor: cuanto más te entregue, más tengo, pues ambos son infinitos». (*Romeo y Julieta*, II.2)

El intento anterior de Julieta de pasar su «liberalidad» a Romeo no pudo realizarse. Ni Verona ni Romeo estaban preparados para ello. Sin embargo, ahora, Valentín sí lo puede asimilar. Es más, debido a su pureza espiritual es capaz de pasárselo a Proteo. Este es el significado de las palabras «todo lo que era mío en Silvia te lo entrego». Por supuesto Silvia no protesta por el gesto de Valentín porque «cuanto más te entregue, más tengo». Es entonces cuando se desmaya Julia. Al volver en sí, se quita el disfraz y pronuncia la recriminación final:

«¡Oh Proteo, que este hábito te sonroje! Avergüénzate de que me haya vestido con tan inmodestas ropas, si es que hay vergüenza en un disfraz por amor: la modestia encuentra que la falta es menor cuando las mujeres cambian de forma que cuando los hombres cambian de opinión».
(*Los dos hidalgos de Verona*, V.4)

En ese momento desaparece el velo que cegaba a Proteo y puede ver la verdadera belleza de Julia:

«¡Oh cielos! Si el hombre fuera constante, sería perfecto. Ese solo error le llena de faltas, le hace recorrer todos los pecados. La inconstancia sucumbe antes de empezar. ¿Qué hay en el rostro de Silvia que veo más fresco en el de Julia con una mirada constante?». (*Los dos hidalgos de Verona*, V.4)

Tal belleza tiene la misma naturaleza que la de Silvia pero está destinada, o coloreada, para Proteo, que sólo puede verla ahora. Por eso la percibe como «más fresca». La respuesta constructiva de Proteo a la recriminación permite la unión del corazón, lo que indica el comentario final de Valentín:

«Una fiesta, una casa, una felicidad mutua».
(*Los dos hidalgos de Verona*, V.4)

La unión italiana se compone de dos parejas casadas. Debido a la ruptura en la cadena de transmisión en época del *Cuento de invierno*, se ha perdido una parte del potencial evolutivo. En las obras italianas no hay Dama Oscura. La ausencia del impulso *negro* impide la formación del segundo cuadrángulo. Sólo se puede activar el del corazón al término de las obras italianas. Este corazón espiritual unido se usó para activar una nueva célula evolutiva en el Nuevo Mundo. Los detalles del siguiente episodio se describen en *La tempestad*.

La tempestad

El propósito general del desarrollo espiritual es formar un ser avanzado capaz de asumir una nueva función evolutiva. Por eso un ser avanzado recién formado o bien tiene que volver al mundo ordinario para cumplir su función evolutiva adquirida o bien se le envía a otro lugar para iniciar o revitalizar allí el proceso evolutivo.

Próspero es la proyección actual del Duque de Milán de *Los dos hidalgos de Verona*. Puede suponerse que su elevado estado se activó casándose con «una dama de Verona» que representaba un impulso de energía creativa (*blanco*). Después a Próspero, guiado por «una muy propicia estrella», se le extrae de Milán y se le arroja, junto a su pequeña hija, en una Isla. Una isla representa simbólicamente un estado superior. Miranda, la hija de Próspero, representa un impulso de energía unitiva (*rojo*). En época de *Los dos hidalgos de Verona* este impulso se dividió en Silvia (*rojo*) y Julia (*amarillo*), pero al finalizar la obra el impulso se unificó.

Mientras está en la Isla, Próspero perfecciona su «arte» y cumple con su función evolutiva. Debe realizar varias tareas.

Primero, ha de experimentar un estado superior nuevo, representado por la Isla, un lugar imaginario, que es necesario para iniciar una nueva célula evolutiva. Como Pentápolis, dicho estado se proyectará al futuro y proporcionará una nueva célula dentro del Nuevo Mundo. La cualidad espiritual de la Isla es un reflejo del desarrollo espiritual dentro de la rama italiana. Recordemos que a causa de la ruptura con Sicilia en tiempos del *Cuento de invierno*, la rama italiana carecía del impulso de energía unitiva (*negro*) necesario para purificar la facultad intelecto. Mientras está en la Isla, Próspero puede ser expuesto a ese impulso, representado simbólicamente por diosas míticas. Así puede salvar la brecha causada por la ruptura siciliana. Pero un encuentro tal es más difícil porque implica un impulso arcaico y, por tanto, maculado.

En segundo lugar Próspero puede revitalizar parte del antiguo reino de Sicilia, representado por el reino de Nápoles que se separó de Sicilia en época del *Cuento de invierno* y que, desde la ruptura, ha permanecido espiritualmente estéril. La estructura interna de Nápoles que se presenta en *La tempestad* es un reflejo de la Sicilia descrita en *El cuento de invierno*. En aquel momento Sicilia estaba representada por el rey Leontes, su «hermano» Polixenes, los hijos de Leontes, Mamilio y Perdita, y Camilo. Leontes reaparece ahora como Alonso, rey de Nápoles. Sebastián es su hermano. Sus hijos están encarnados por Fernado y Claribel. Como Perdita en *El cuento de invierno*, Claribel representa simbólicamente un impulso de energía creativa (*blanco*). El príncipe Fernando encarna un aspecto de la facultad corazón que, anteriormente, estaba latente y lo representaba Mamilio. Camilo reaparece como el señor Gonzalo. Igual que Camilo, que actuaba de mediador entre Bohemia y Sicilia, Gonzalo lleva a cabo una función similar entre Nápoles y Milán. El reino de Nápoles puede revitalizarse mediante la activación de su corazón espiritual, la purificación de su intelecto y la reforma de su facultad ego.

En tercer lugar y lo más importante, toda Europa occidental necesita las experiencias de Próspero en la Isla. Desde allí, Próspero regresará a Milán, o la Nueva Atenas, que es la etapa final de la rama italiana. Las experiencias de Próspero son necesarias para la demorada activación del octógono italiano.

El proceso descrito en *La tempestad* está vinculado a sucesos previos ocurridos en la península italiana, relacionados con el inicio y fin de la rama evolutiva romana. Shakespeare usa a Dido, la legendaria fundadora y primera reina de Cartago, para explicar los acontecimientos que condujeron a la fundación de Roma. En *La tempestad*, llama la atención del público sobre Dido insertando la siguiente conversación entre Gonzalo y Adrián, uno de los cortesanos napolitanos:

Gonzalo:

«Creo que nuestras ropas están ahora tan frescas como cuando nos las pusimos por primera vez en África, en la boda de la bella hija del rey, Claribel, con el rey de Túnez».

Adrián:

«Jamás fue Túnez agraciado con semejante ejemplar de reina».

Gonzalo:

«No desde tiempos de la viuda Dido».

(*La tempestad*, II.1)

Cuando Adrián cuestiona la analogía entre Cartago y Túnez, el perceptivo Gonzalo insiste:

«Esta Túnez, señor, era Cartago». (*La tempestad*, II.1)

Haciendo que Gonzalo recalque la equivalencia de Túnez y Cartago, Shakespeare indica que el proceso ilustrado en *La tempestad* está relacionado con sucesos asociados a la fundación de Roma. La referencia a Dido señala que *La tempestad* describe una etapa evolutiva similar pero en una vuelta superior de la espiral evolutiva. En este contexto es interesante ver la secuencia de acontecimientos presentados en *La tempestad*, que resume el comentario final de Gonzalo:

«En un viaje Claribel encontró a su marido en Túnez y Fernando, su hermano, encontró una esposa cuando él mismo se perdió; Próspero encontró su ducado en una pobre isla y todos nosotros a nosotros mismos cuando nos habíamos perdido». (*La tempestad*, V.1)

La alusión a «un viaje» es tanto al actual como al anterior, que llevó a Eneas de la corrupta Troya, pasando por Cartago, a fundar Roma, un nuevo mundo de la antigüedad. El viaje de Eneas lo dirigían semidioses corruptos y acabó con el fracaso del ciclo romano. Unos dos milenios y medio más tarde Fernando repite el viaje de Eneas, episodio dirigido en esta ocasión por Próspero, un hombre desarrollado en la rama evolutiva italiana moderna.

El viaje de Fernando le lleva desde la corrupta Nápoles, vía Túnez («esta Túnez, señor, era Cartago») a fundar un Nuevo Mundo. En el mismo periplo Claribel es transportada a Túnez, que representa un estado intermedio de la cadena de transmisión. Para que el viaje de Fernando tenga éxito, él debe pasar por Túnez y Claribel ha de quedarse allí con su marido, repitiendo así el papel de Dido. El comentario de Adrián «jamás fue Túnez agraciado con semejante ejemplar de reina» recalca el papel constructivo del actual rey de Túnez. Anteriormente Eneas no había cumplido esta función correctamente. En *El cuento de invierno* Florizel predice este viaje cuando presenta a Perdita como una princesa africana. Lo importante es ver que el viaje de Fernando está mejor preparado y se ejecuta eficazmente.

La Isla de *La tempestad* es una réplica moderna de la situación del pasado. Shakespeare indica que el hombre del siglo XVII se enfrentaba a un reto similar. No obstante, había una distinción importante. A diferencia de los antiguos semidioses, el hombre del siglo XVII había asimilado parcialmente un impulso de energía unitiva. Shakespeare señala que la Isla sólo se podía «descubrir» tras completar el viaje por la ruta del corazón en la rama italiana. El tío de Proteo en *Los dos hidalgos de Verona* lo predice:

«Algunos a las guerras, a probar fortuna, otros a descubrir lejanas islas». (*Los dos hidalgos de Verona*, I.1)

El viaje de Próspero representa una transición ascendente de un estado ordinario a uno superior. Podemos observar que el bucle ascendente-descendente tiene algo de histéresis, es decir, no se solapan. Debido a las imperfecciones de las estructuras interiores formadas en el estado ordinario, los estados ascendentes contienen impurezas heredadas del pasado. Por eso la Isla no es completamente «nueva». En ella hay habitantes del «viejo» mundo y Shakespeare indica con precisión su origen. Antes de la llegada de Próspero los únicos mortales que habitan la Isla son Sycorax y su hijo Calibán. Sycorax, «esta vieja de ojos azules», era una bruja:

> «Su madre era una bruja y tan poderosa que podía controlar la luna, generar mareas». (*La tempestad*, V.1)

Fue desterrada de Argel y «abandonada por los marineros» en la Isla mucho antes del comienzo de la obra. Calibán, «no ennoblecido con una forma humana», ilustra un aspecto de la degenerada facultad ego que aún se deformó más al criarse en un entorno desconectado de la cadena de transmisión. En su conversación con Ariel, Próspero indica que, aunque la desterraron de Argel, no nació allí. Shakespeare deja una pista para identificar su origen:

> «Esta maldita bruja Sycorax, por sus muchas maldades y maleficios demasiado horribles para el oído humano, como sabes, fue desterrada de Argel; pero por alguna razón no le quitaron la vida».

A pesar de sus perversidades y brujerías, no se podía matar a Sycorax. Por algún motivo estaba protegida. Sólo hay un villano en las obras de Shakespeare que consigue asegurarse semejante protección: Aarón el moro de *Tito Andrónico*, la última obra del ciclo romano, en cuyo final Tamora, la reina de los godos y amante de Aarón, da a luz a su ilegítimo descendiente. Aarón finge que es un niño pero cuando está a solas con el bebé se queja de que es «mitad yo y mitad tu madre»

> «¡Calla, oscuro esclavo, mitad yo y mitad tu madre! Si tu color no traicionara quién es tu padre, si la naturaleza te hubiera dado el aspecto de tu madre, villano, podrías haber sido un emperador; pero cuando el toro y la vaca son blancos como la leche, nunca engendran un ternero negro como el carbón». (*Tito Andrónico*, V.1)

El bebé tenía el cutis del moro («mitad yo») pero el sexo de Tamora («y mitad tu madre»), es decir, era una niña negra. Vemos ahora que Sycorax, la madre de Calibán, era la hija de Aarón, nacida en el imperio romano en el siglo IV, en tiempos del final del ciclo romano (en esa época Argel era parte del imperio romano occidental). No podían matarla debido al juramento de Lucio, por lo que es desterrada de Argel y transferida a la Isla. Sycorax y Calibán representan impurezas heredadas de la acabada rama romana. Sycorax se transfiere a la Isla unos doce «años» (siglos) simbólicos antes de la llegada de Próspero. Observemos que Próspero sigue la misma ruta que Sycorax, desde la península italiana, a través del norte de Africa hasta la Isla.

Ariel representa cierta capacidad asociada a un aspecto purificado de la facultad intelecto, capacidad de la que el hombre ordinario estaba desconectado a consecuencia de la Caída. En *La tempestad* se ilustra con el encarcelamiento de Ariel por parte de Sycorax en un pino hendido. Ariel representa fuerzas que pueden ayudar al hombre a ascender a esferas más elevadas de funcionamiento. Es interesante observar que es la primera vez, en la narrativa de Shakespeare, que un espíritu semejante aparece como sirviente de un mortal. Anteriormente se hallaban bajo el control de fuerzas corrompidas. Hay que darse cuenta, también, de que aunque Ariel es demasiado delicado para obedecer las órdenes de Sycorax, tiene un carácter travieso y temperamental. Por eso, ocasionalmente, Próspero ha de amenazarle para asegurar sus servicios. Tal comportamiento de Ariel es muestra de cierta debilidad de Próspero.

La situación de Próspero en la Isla corresponde a la de la humanidad tras la Caída. A Próspero se le ha proporcionado acceso a técnicas de desarrollo y se le envía a la Isla donde puede practicar y llevar a cabo su «arte». Esto se ilustra simbólicamente porque es capaz de liberar a Ariel y, en ese momento, se establece un enlace con el Dominio. En las obras de Shakespeare, cuando se activa un enlace semejante aparece la «música de las esferas». Antes de la llegada de Próspero la Isla estaba llena de los gemidos de Ariel que:

«Hacían aullar a los lobos y penetraban el pecho de furibundos osos». (*La tempestad*, I.2)

Pero ahora la Isla está «llena de ruidos, sonidos y dulces melodías que deleitan». Incluso a Calibán le afecta esta música:

«La Isla está llena de ruidos, sonidos y dulces melodías que deleitan y no dañan. A veces mil instrumentos tararean en mis oídos y a veces hay voces que, si he despertado de un largo sueño, me hacen dormir de nuevo y, entonces, soñando, pienso que las nubes se abren y muestran tesoros prestos a caer sobre mí, de forma que al despertar, lloro para volver a soñar». (*La tempestad*, III.2)

Liberando a Ariel Próspero accede a otros poderes que le permiten controlar las fuerzas de la naturaleza. Lo importante es recordar que Próspero sólo puede ejercerlos en presencia de la «música», que es la que le capacita, le guía y le permite tener los mismos poderes que los semidioses míticos. De hecho, Próspero tienen acceso a poderes más potentes. Por ejemplo, Ariel señala que podía superar la velocidad de los rayos de Júpiter y sacudir el tridente de Neptuno:

«Los rayos de Júpiter, los precursores de espantosos truenos, no eran más momentáneos y difíciles de ver; el fuego y el estallido de un rugido sulfuroso parecían asediar al poderoso Neptuno y sacudir sus bravas olas, sí, y hacer temblar su temido tridente». (*La tempestad*, I.2)

Asimismo, Calibán admite que Próspero es más poderoso que Setebos, el semidiós de Sycorax. Sin embargo Próspero no es un maestro de la música, lo que significa que hay en la Isla otro que lo es cuyo poder sobrepasa el de los antiguos dioses. Recordemos que, anteriormente, Neptuno y Júpiter dirigían las aventuras de Pericles y Póstumo. Ahora este guía invisible vigila y supervisa las acciones de Próspero.

Shakespeare describe el efecto de dicha música en otras obras. Por ejemplo, cuando Pericles llega a Pentápolis se convierte en «maestro de la música». En *El cuento de invierno* la música permite la resurrección de Hermiona. A Otelo le ayudaba la «música que no se puede oír» cuando levantó una tormenta que arrasó a la flota truca. De igual modo, asistida por la armonía de «almas inmortales» en *El mercader de Venecia*, Portia de Belmont pudo destruir y después recuperar milagrosamente las naves de Antonio. Es decir, la «música de las esferas» indica la presencia de energía supra-cognitiva, que es la energía evolutiva más elevada disponible en la galaxia.

En la antigüedad la humanidad desarrolló una capacidad similar pero, al acceder a estos poderes extraordinarios, la humanidad falló. Abusando de los poderes, los antiguos quitaron un velo que los desconectó de la «música de las esferas» y empezaron a actuar como semidioses. Se centraron en perseguir objetivos inferiores. Los misterios antiguos y las prácticas ocultistas similares son registros fragmentados de tal mala aplicación de las técnicas de desarrollo.

***

Para revitalizar el reino de Nápoles, Próspero tiene que llevar a la Isla al rey, su hijo y sus cortesanos. En el principio de la obra Próspero adivina que Alonso, rey de Nápoles, se halla en un buque que pasa cerca de la Isla. El barco regresa de la boda de la hija de Alonso, Claribel, y el rey de Túnez. A bordo van también el hermano de Próspero, Antonio, el hermano de Alonso, Sebastián, el hijo de Alonso, Fernando, el consejero real de Alonso, Gonzalo, los nobles Adrián y Francisco y los sirvientes de Alonso, Estéfano y Trínculo. Con la ayuda de Ariel, Próspero levanta una tempestad que hace que el buque encalle en la Isla. Separa a los supervivientes napolitanos en tres grupos, cada uno representando una de las facultades ordinarias que, después, serán expuestas a distintas experiencias. Diversos aspectos de la facultad intelecto están personificados por el rey Alonso, Sebastián, Antonio, Gonzalo, Adrián y Francisco. Fernando, el hijo de Alonso, encarna a la facultad corazón. Los sirvientes de Alonso, Trínculo y Estéfano, son aspectos de la facultad ego.

Ayudado por Ariel, Próspero expone a Alonso y sus compañeros a una música solemne, que hace que se duerman todos menos Alonso, Sebastián y Antonio. Los aspectos más corruptos, Sebastián y Antonio («esta fangosa vestidura de descomposición»), son inmunes a la música:

Sebastián:

«¡Qué extraña somnolencia les aqueja!»

Antonio:

«Es efecto del clima».

Sebastián:

«Entonces, ¿por qué no cierra nuestros párpados? No me encuentro dispuesto a dormir».

Antonio:

«Ni yo; mis espíritus están ligeros. Cayeron todos juntos, como de común acuerdo, sucumbieron como golpeados por un rayo».
(*La tempestad*, II.1)

En cuanto los demás se «duermen», los aspectos corrompidos se manifiestan con mayor prominencia, lo que se ilustra con el intento de Sebastián y Antonio de matar a sus compañeros dormidos. Es decir, que la experiencia permite identificar y separar a los aspectos más destructivos. Ariel impide el asesinato. En la siguiente etapa del proceso, los aspectos destructivos del intelecto se expondrán a una recriminación reformadora.

Próspero también emplea música cuando trabaja con Fernando. En este caso, la música permite que Fernando alcance un estado en el que se percibe el amor como la prioridad suprema, por encima de ataduras emocionales como la pena, la furia y la pasión. El siguiente comentario de Fernando es una descripción precisa de cómo funciona la música en la facultad corazón:

«Sentado en la orilla, llorando otra vez el naufragio de mi padre, esta música se deslizó junto a mí sobre las aguas, calmando tanto su furia como mi pasión con su dulce melodía: desde allí la he seguido o más bien ella me ha traído. Pero se ha marchado. No, vuelve a comenzar». (*La tempestad*, II.1)

Fernando sigue la música, acaba encontrándose con Miranda y se enamoran. Según el plan inicial, el destinado para esta experiencia era Mamilio de Sicilia, el predecesor de Fernando.

Próspero pone en práctica un enfoque algo diferente al tratar con los diversos aspectos de la facultad ego. Separa de los demás a Estéfano y Trínculo y los junta con Calibán, lo que fomenta que muestren su comportamiento más destructivo. Calibán pide a Estéfano que sea su dios:

«Te enseñaré cada pulgada fértil de la isla y besaré tu pie: te lo suplico, sé mi dios». (*La tempestad*, II.2)

Estéfano acepta contento el papel de dios de Calibán, quien le anima a matar a Próspero y convertirse en el rey de la Isla. Pero una música que toca Ariel conduce a los conspiradores a una charca sucia y cenagosa:

«Hechicé sus oídos de tal modo que, como terneros, siguieron mis mugidos a través de espinosas zarzas, punzantes genistas, desgarradores cardos y aliagas que perforaban sus frágiles canillas; finalmente los dejé en una charca sucia y cenagosa detrás de vuestra celda donde el agua fétida les llegaba hasta la barbilla». (*La tempestad*, IV.1)

Todo ello es una preparación para la recriminación de la escena final en la que Próspero y Ariel hacen que les persigan espíritus con forma de perros de caza. Al final de esta experiencia entienden cuál es su verdadera posición con respecto a los demás. El efecto general lo resume un Calibán sorprendentemente arrepentido:

«A partir de ahora seré listo y buscaré el perdón. ¡Qué tres veces doble burro he sido para tomar a este borracho por dios y adorar a tan estúpido necio!» (*La tempestad*, V.1)

Al final de la obra se reúnen las tres facultades formando un nuevo ser de Nápoles parcialmente purificado y reformado.

El principal reto de Próspero es usar su poder correctamente. Los poderes se han puesto a su disposición para realizar tareas concretas y no deben usarse con propósitos egoístas o para ventajas personales. Próspero se enfrenta al mismo reto que los antiguos: no debe abusar de su poder.

Hay un momento en que Próspero pide a Ariel que convoque a ciertos espíritus para que representen una mascarada para Fernando y Miranda:

«Tú y tus subordinados habéis cumplido bien vuestro último servicio y debo usaros en otro truco similar. Ve y trae a este lugar a la ralea sobre la que te he dado poder».
(*La tempestad*, IV.1)

Los espíritus adoptan la forma de tres diosas, Juno, Ceres e Iris. Observemos que Próspero se refiere a ellas como «subordinadas» de Ariel y «la ralea sobre la que te he dado poder». Esto confirma una nueva jerarquía en el mundo invisible: a Próspero se le ha otorgado un poder temporal sobre Ariel y Ariel puede mandar a las antiguas diosas.

La aparición de Juno es otra referencia a la historia de Dido e ilustra el progreso evolutivo logrado con la puesta en marcha de las ramas evolutivas modernas. Las semidiosas son los restantes cómplices del Jabalí de *Venus y Adonis*. Las diosas representan una mascarada breve celebrando los ritos del matrimonio y la fertilidad de la tierra. La mascarada es una demostración de los poderes de Próspero quien, al pedir a Ariel que traiga a Juno, Ceres e Iris manifiesta que las controla, pero la mascarada no es parte del proceso. Shakespeare señala que Próspero la ha organizado sólo para presumir de sus poderes ante Fernando y Miranda, e indica su debilidad. Recordemos que todos los espíritus, incluyendo las semidiosas, odian a Próspero. Así lo comenta Calibán:

«Ellos le odian tan profundamente como yo».
(*La tempestad*, III.2)

Por eso Juno intenta aprovecharse de la debilidad de Próspero. Ahora podemos reconocer en ella a una Dama Oscura maculada. Juno manda a Iris a que convoque a los espíritus llamados Náyades. La aparición de las Náyades es peligrosa porque distraen la atención con su desconcertante belleza. Las Náyades llegan y bailan con unos cosechadores. Próspero se complace aún más admirando la «cosecha» y confundiéndola con su propio logro. En este momento Próspero no recuerda que la semilla de esta cosecha se preparó hace mucho tiempo y que él no tuvo nada que ver con su cultivo. También olvida que esta cosecha de acción de gracias es una referencia a un tiempo futuro. Este «oasis» evolutivo aún no está listo para recolectar. Es decir, en ese instante a Próspero le impulsan «alguna vanidad» y «fantasías». A pesar de su estado de desarrollo relativamente elevado y de que tiene acceso a poderes extraordinarios, Próspero no está completamente libre de deseos egoístas, debido a lo cual casi fracasa en su empresa, como hicieron los antiguos. Calibán está a punto de conseguir destruir la semilla de la siguiente célula evolutiva. En el último momento, Próspero recibe un aviso en forma de:

«Un ruido extraño, hueco y confuso».

(*La tempestad*, IV.1, instrucciones escénicas)

Próspero despierta de sus fantasías y consigue evitar cometer un error que podría convertir su proyecto en un fracaso total. A Fernando y Miranda les sorprende el enfado de Próspero, causado al darse cuenta de que casi incurre en la misma equivocación que los antiguos.

El episodio de la mascarada indica que el viaje y las experiencias de Próspero están siendo dirigidos: su trato con las fuerzas naturales se vigila cuidadosamente; es decir, está siendo guiado. Pero el guía de Próspero es invisible para el público; se identifica en *Sueño de una noche de verano*, la obra final de la narrativa de Shakespeare.

En el último acto de la obra Shakespeare incluye una escena en la que Fernando y Miranda juegan al ajedrez. Es una referencia a la situación descrita en *Otelo*. Miranda representa el mismo elemento de energía unitiva que Desdémona. Como Otelo y Desdémona, Fernando y Miranda no pueden consumar su matrimonio antes de que se haya completado todo el proceso. No obstante, Fernando no sigue el modo de Otelo y no le exige a Miranda que atraviese las dolorosas experiencias a las que se enfrentó Desdémona. Por eso a Miranda le preocupa que Fernando no esté jugando limpio con ella:

«Mi dulce señor, me hacéis trampas».

Cuando Fernando protesta:

«No, queridísimo amor, no lo haría ni por todo el mundo».

Miranda, como Viola en la escena final de *Noche de epifanía*, demuestra su madurez espiritual expresando su disposición a aceptar lo que sea necesario para conseguir su meta espiritual:

«Sí, podríais hacerlo por una veintena de reinos y yo lo llamaría juego limpio». (*La tempestad*, V.1)

Miranda no tiene que pasar por tan arduas experiencias porque Desdémona despejó el camino al estado superior. Miranda ya está en él, lo que corresponde a la Mauritania de Desdémona.

Tras sus aventuras en la Isla, Fernando y sus compañeros regresarán a Nápoles y sus experiencias en la Isla se convertirán simplemente en un sueño mágico. Este sueño les empujará a regresar al «oasis» del Nuevo Mundo.

Próspero tiene que volver a Milán para trabajar en su próxima misión. Antes de marcharse de la Isla, Próspero rompe su bastón y tira su libro. Estos instrumentos de «tosca magia» tienen una aplicación limitada; sólo son eficaces al tratar con hombres ordinarios, sin desarrollar. Rompiendo su bastón y deshaciéndose de su libro Próspero indica que ha completado su tarea actual:

«Pero abjuro aquí de esta tosca magia y, cuando haya requerido alguna música celestial, lo que hago ahora, para conseguir mi propósito con sus sentidos, que es la meta de este aéreo encantamiento, romperé mi varita y la enterraré varias brazas en la tierra y, más profundo de lo que jamás haya llegado una plomada, ahogaré mi libro». (*La tempestad*, V.1)

Claramente, Próspero entiende la importancia de «alguna música celestial»: proporciona guía; quienes la pueden oír y seguir no necesitan un equipo de magia.

Al final de la obra, en el epílogo, Shakespeare ofrece una prueba para que los espectadores puedan experimentar un atisbo de los retos de Próspero. La función de la prueba es la misma que la de la mascarada: maniobrar al público ofreciéndole poderes ilusorios:

«Ahora mis hechizos están rotos y la fuerza que tengo es la mía propia, que es muy débil: ahora, es cierto, debo quedar aquí confinado por vosotros o ser enviado a Nápoles. No me dejéis, pues ya he recuperado mi ducado y perdonado al traidor, residiendo en esta isla por vuestro sortilegio; liberadme de mis ataduras con ayuda de vuestras buenas manos: suave aliento vuestro ha de llenar mis velas o fallará mi proyecto, que era complacer. Ahora carezco de espíritus que mandar, de arte para encantar y mi final es la desesperación, a no ser que me auxilie la plegaria que traspasa tanto que asalta a la propia misericordia y libra de todas las faltas. Igual que os gustaría que os perdonaran vuestros crímenes, permitid que vuestra indulgencia me libere».
(*La tempestad*, Epílogo)

Aparentemente, el público puede decidir si libera a Próspero de la Isla o lo retiene allí. Lo que se le ofrece a los espectadores es similar a lo que pretendían las diosas durante la mascarada: mantenerlos dormidos complaciéndolos con poderes ficticios. Si aceptan la fantasía y creen en ella, no pasarán la prueba; permanecerán dormidos.

La rama evolutiva inglesa

Según la presentación de Shakespeare, se eligió la rama inglesa como lugar donde aparecería un guía espiritual que dirigiría el proceso en la Europa del siglo XVII. El plan requería que un monarca reinante adquiriera tal capacidad. Un guía visible y reconocible proporcionaría las condiciones para que se pusieran en práctica eficazmente las siguientes fases del proceso evolutivo.

Las preparaciones para la aparición del guía se iniciaron después de los sucesos descritos en *Macbeth*, es decir, tras el final de la rama celta. En el siglo XII, Godofredo el Hermoso, duque de Anjou entró en contacto con una fuente genuina de actividades de desarrollo. Adoptó como emblema familiar la planta genista (aulaga, retama) con la que se hacían escobas, de ahí el nombre de Plantagenet. En el lenguaje simbólico de esta enseñanza la escoba indica una «ocasión energética», es decir, el reconocimiento del «momento correcto, la gente correcta, el lugar correcto» para activar una fase concreta del proceso evolutivo. Godofredo, al utilizar la escoba como símbolo, indicaba que era capaz de reconocer tal ocasión y de usarla para propósitos de desarrollo. Fue entonces cuando se activó la rama evolutiva inglesa. Toda la dinastía Plantagenet estuvo profundamente implicada en actividades que, entre otras cosas, condujeron a la creación de las órdenes de caballería en Europa.

La rama inglesa se activó con el propósito de desarrollar una estructura interior adecuada, capaz de asimilar toda la carga evolutiva. Pero algo se estropeó. A consecuencia de la ruptura con Navarra, Inglaterra quedó desconectada del enlace chipriota. Es una situación similar a la ocurrida en Italia cuando Bohemia se separó de Sicilia en época del *Cuento de invierno*. Los impulsos evolutivos destinados a la rama inglesa no se pudieron transmitir. Como se describe en el comentario de *Como gustéis*, dichos impulsos se conservaron en el bosque de Arden, es decir, dentro de la rama francesa. Hubo varios intentos sin éxito de unir las ramas inglesa y francesa, que se manifestaron históricamente como la Guerra de los Cien Años, una serie de conflictos entre Inglaterra y Francia ocurridos durante los siglos XIV y XV.

Debido a la ruptura, no se pudo proporcionar a la rama inglesa las energías creativa y unitiva, sin las que no era posible llevar a cabo el método avanzado. En vez de ello, la rama inglesa tuvo que desarrollarse usando impulsos de energía consciente, un modo anterior del espectro evolutivo. Como el canal regio se volvió estéril, la energía consciente hubo de invertirse fuera de «la sangre real». Se describe simbólicamente como impulsos de energía consciente representados por mujeres jóvenes que no pertenecen a las familias reales. Sin embargo, los reyes de las obras históricas se casan con princesas españolas, francesas e inglesas. Por eso no hay «enamoramientos» en las obras históricas. Los matrimonios se conciertan por motivos políticos y estratégicos ordinarios.

Sin la presencia de los modos superiores de energía, el desarrollo global de la rama inglesa debía seguir el enfoque tradicional, limitado al correcto alineamiento de las facultades ordinarias, el cual proporciona una estructura interior capaz de contener los impulsos elevados. Todavía cabía una posibilidad de que, más tarde, la situación general cambiara y que los impulsos elevados estuvieran disponibles.

Los esfuerzos dirigidos a mantener el potencial evolutivo de Inglaterra se describen en las obras históricas de Shakespeare. *El rey Juan* ilustra la primera etapa de la rama evolutiva inglesa.

El rey Juan

Como resultado de su contacto inicial con un centro de desarrollo, la rama inglesa adquirió un nuevo aspecto en su interior, relacionado con la energía consciente. Al principio del proceso dicho aspecto podía describirse como un extranjero o un bastardo, haciendo un paralelo con una estructura social o familiar, que sólo reconocerían o aceptarían los elementos más equilibrados del ser. Sin embargo, en la etapa inicial el entorno general no estaría preparado para que un bastardo hiciera el papel principal y, por tanto, éste tendría que operar en segundo plano, controlando discretamente el proceso.

El Bastardo, un personaje del *Rey Juan*, hace ese papel en la primera obra de la rama inglesa. La acción se sitúa al principio del siglo XIII, es decir, en la misma época que *Bien está lo que bien acaba*. El Bastardo representa el enlace con la fuente original de actividades evolutivas. Shakespeare indica que el Bastardo está relacionado con la figura histórica de Ricardo Plantagenet:

«El rey Ricardo Corazón de León fue vuestro padre».
(*El rey Juan*, I.1)

Ricardo Plantagenet, rey de Inglaterra y señor de Chipre fue el famoso Corazón de León, nombre que contiene las palabras iniciáticas «corazón» y «león». El «corazón» se refiere a la facultad corazón espiritual. «León» significa un «hombre del camino», es decir, un aspirante en el camino a un desarrollo superior. Así pues, el apodo de Ricardo es un anuncio, para quienes entienden, de que ha sido iniciado.

El Bastardo es el personaje más decisivo de la obra. Su lealtad al rey es inquebrantable pero, a la vez, no teme señalar los errores que comete el monarca. Por ejemplo, denuncia los acuerdos del rey Juan con el rey de Francia y con el Papa. Critica el deseo de riquezas del soberano y su egoísmo. En otras palabras, el Bastardo guía discretamente al ser de Inglaterra.

Al final del drama el rey Juan muere. El Bastardo y los nobles se someten al hijo de Juan, el príncipe Enrique, que se convierte en el rey Enrique III y todos le juran lealtad sobre el cadáver de su padre. El Bastardo pronuncia el parlamento final de la obra en el que aclama la inconquistable fuerza de Inglaterra:

«Esta Inglaterra jamás cayó y nunca lo hará bajo el orgulloso pie del conquistador, a no ser ella misma la que se hiera primero».
(*El rey Juan*, V.7)

El Bastardo confirma el potencial de Inglaterra para el desarrollo pero indica que el ser ha de reformarse antes de estar preparado para cumplir su función evolutiva.

Ricardo II

Después de la ruptura de transmisión con Navarra, hizo falta un esfuerzo añadido para intentar reconectar la rama inglesa a su fuente original. Con ese objeto había que formar un grupo de miembros dedicados que intentaría continuar el trabajo de desarrollo y adoptaría ciertos colores como símbolos de sus propósitos de desarrollo. Por ejemplo, su objetivo principal era la reforma espiritual, por lo que probablemente adoptaría el oro y el azul que simbolizan el sol en el cielo. El cielo azul despejado simboliza una mente equilibrada en la que puede empezar a verse el «oro», primera señal de que un corazón reformado está funcionando. Este código de colores en concreto es el origen de la «nobleza de sangre azul», término que indicaba la existencia de hombres espiritualmente desarrollados entre la humanidad ordinaria. La unidad básica de semejante grupo se llamaría círculo, el cual podría simbolizarse con una liga o jarretera.

Hay registro histórico de un grupo así, llamado la Orden de la Jarretera, creada en 1348. La inspiró el rey Eduardo III. Los miembros se dividieron en dos jarreteras de trece, una encabezada por Eduardo III y la otra por su primogénito, el Príncipe Negro. Sus colores eran el oro y el azul, sus metas abiertamente caballerescas y su patrón era san Jorge, un sirio. Eligieron como eslogan un saludo al copero, es decir, a su guía espiritual. En su idioma original este saludo sonaba de forma muy parecida al francés «*Honi soit qui mal y pense*». Más tarde, este sonido se adoptaría como su traducción: «Deshonrado sea quien piense mal de ello».

La primera tarea del grupo sería identificar las limitaciones de las ambiciones y deseos mundanos. Ricardo II indica muestras de semejante reconocimiento en su monólogo:

«Daré mis joyas por un rosario de cuentas, mi suntuoso palacio por una ermita, mis lujosas ropas por el traje de un mendigo, mis copas labradas por un cuenco de madera, mi cetro por el bastón de un peregrino, mis súbditos por una par de efigies de santos y mi extenso reino por una pequeña tumba, una tumba muy pequeña, una tumba oscura». (*Ricardo II*, III.3)

Ricardo es el personaje principal de la segunda obra histórica, cuya acción es casi dos siglos posterior a la del *Rey Juan*. Nótese que Ricardo II fue el primer rey que se inició en la Orden de la Jarretera. Otro personaje histórico de la obra es Juan de Gante, que también fue caballero de dicha orden.

Ricardo, que llegó al trono joven, es una figura regia y señorial pero es derrochador y poco hábil en su elección de consejeros y está apartado de su país y de su pueblo. Pasa demasiado tiempo siguiendo las últimas modas, gastando dinero y recaudando impuestos para financiar sus guerras preferidas en Irlanda y otros lugares. Cuando empieza a alquilar terrenos ingleses a ciertos nobles ricos con objeto de sacar fondos para una de sus guerras y se apodera de las tierras y el dinero de su recientemente fallecido y muy respetado tío, los plebeyos deciden que Ricardo II ha ido demasiado lejos.

Ricardo tiene un primo llamado Enrique Bolingbroke que es el favorito de los plebeyos ingleses. Enrique es hijo del tío de Ricardo, Juan de Gante. Es mucho más pragmático y capaz que Ricardo.

Al principio de la obra, Ricardo destierra de Inglaterra a Enrique durante seis años debido a una desavenencia no resuelta por un asesinato político anterior. El tío fallecido de cuyas tierras se apodera Ricardo era Juan de Gante. Cuando Enrique se entera de que Ricardo le ha robado su herencia, reúne un ejército e invade Inglaterra. Los plebeyos, partidarios de Enrique y resentidos con Ricardo por su mal gobierno del país, aprueban su invasión y se unen a sus tropas. Los aliados de Ricardo le van abandonando y se pasan al bando de Enrique. No se produce ninguna batalla, Enrique toma prisionero a Ricardo pacíficamente y lo encarcela en un castillo remoto. Enrique es coronado como Enrique IV. Más tarde, un asesino, cumpliendo el ambivalente deseo de Enrique, mata a Ricardo.

El rey, los miembros de su familia y sus cortesanos representan diversos aspectos de las facultades ordinarias del ser de Inglaterra. Desde la iniciación siempre hay un aspecto que proporciona un enlace con el impulso de desarrollo original. Tales aspectos forman una cadena de transmisión interna dentro de la rama inglesa. Al mismo tiempo, hay algunas personas entre las que representan a los diversos aspectos de la facultad intelecto que son conscientes del propósito más elevado del ser. No obstante, tal conciencia aparece infrecuentemente y durante breves momentos. Muchas veces estos destellos de percepción parecen confusos e imprecisos. Ocurren en situaciones en las que los actos del rey son cuestionables o van contra la moral ordinaria, la religiosa o las normas sociales. Parece haber un conocimiento, al menos en algunos de sus cortesanos, del concepto de «rey», de su papel y de su función. Pero en esta etapa del desarrollo todavía no son capaces de reconocer al rey justo. Suponen que el monarca reinante representa al ser supremo. Por ello se encuentran confusos ya que utilizan medios artificiales para determinar quién es el rey o a quién habría que reconocer como tal. En esta etapa del desarrollo, el ser de Inglaterra todavía no ha saboreado los estados perfeccionados. Por lo tanto la comprensión y el comportamiento de los varios aspectos de este ser se guían por creencias teóricas y conceptuales.

Por ejemplo, Juan de Gante rechaza tomar represalias contra el rey Ricardo. Su razonamiento se basa en su creencia conceptual de que Dios es quien designa al rey de la nación. Se niega a atacar a los asesinos de su hermano porque el más culpable del crimen es el propio rey Ricardo. Gante se resiste a luchar contra el monarca, no por lealtad hacia él como pariente, ni por temor al poder del soberano sino más bien porque cree, como muchos otros personajes de la obra, que el rey de la nación fue designado por Dios y que la rebelión contra el monarca sería una blasfemia. Si Ricardo ha provocado la muerte del hermano de Gante, el cielo es quien debe vengarse, pues Ricardo es el «sustituto» del Señor y como dice Gante:

«Nunca levantaré el brazo colérico contra Su ministro».
(*Ricardo II*, I.2)

La brecha entre el concepto de «rey» y la persona que lleva la corona es lo que impulsa los argumentos de las obras históricas. Shakespeare usa el término «la corona hueca» para diferenciar entre un «Rey» y un rey. Así lo comenta Ricardo II:

«Pues dentro de la corona hueca que rodea las sienes mortales del rey, la muerte tiene su corte y allí se sienta burlándose de su estado y sonriendo ante su pompa». (*Ricardo II*, III.2)

La corona está «hueca» o «vacía» porque el estado de «Rey» no corresponde a la persona que la lleva. Según la presentación de Shakespeare, el verdadero estatus de «Rey» no lo determina la corona sino el ser interior de una persona. La de Ricardo estaba «hueca» porque él no había alcanzado el estado de auténtico Rey. Las obras históricas son una ilustración del proceso que lleva gradualmente al desarrollo de la verdadera «realeza».

En esta etapa de desarrollo Ricardo empieza a darse cuenta de que, como todas las personas no desarrolladas, tiene una personalidad múltiple y variable. Lo describe hábilmente en el monólogo de la prisión. Ricardo indica al público que sus propios pensamientos pueden representarse como diversas personas:

«Compararé mi cerebro con la hembra de mi alma, y mi alma con el padre; ambos engendran una generación de pensamientos que engendran, a su vez, a otros, y estos mismos pueblan este pequeño mundo». (*Ricardo II*, V.5)

Las palabras de Ricardo pueden parecer enigmáticas si los espectadores no entienden que Shakespeare está describiendo cierta etapa del ciclo de desarrollo.

Enrique IV

La conciencia de las múltiples y cambiantes personalidades provoca una actividad mental constructiva que puede conducir a la reforma de algunas de las tendencias principales del ser. Shakespeare ilustra esta etapa del ciclo de desarrollo en *Enrique IV*.

El drama sucede durante los primeros años del siglo XV. En esa época Inglaterra se halla sumida en una guerra civil. Poderosos rebeldes se han unido contra Enrique IV para destronarlo. El rey Enrique ha enfermado a causa de la angustia que le causa la guerra, su implicación en la muerte del rey Ricardo y el mal comportamiento de su primogénito, el príncipe Enrique. Mientras tanto, los cabecillas rebeldes reúnen a sus tropas para luchar contra el rey.

A lo largo de la obra Enrique se mantiene firme en el trono y nunca pierde su majestad. Permanece íntegro y resuelto pero ya no es la fuerza de la naturaleza que parecía ser en *Ricardo II*. Sin embargo, reflexiona sobre su función y responsabilidades. Su despertar gradual se señala en esta meditación sobre el sueño:

«¡Cuántos miles de mis más pobres súbditos duermen a esta hora! Oh sueño, oh amable sueño, bondadoso sanador de la naturaleza, ¿cómo te he ahuyentado para que ya no peses sobre mis párpados ni bañes mis sentidos con olvido? ¿Por qué, sueño, yaces en ahumados graneros, tendiéndote en incómodos camastros donde el zumbido de las moscas nocturnas te adormece, en lugar de en las perfumadas alcobas de los nobles, bajo suntuosos doseles, arrullado por el sonido de dulces melodías? Oh torpe dios, ¿por qué te acuestas con los viles en camas repugnantes y dejas que el lecho real sea un garito de guardia o una vulgar campana de alarma? ¿Sellarás los ojos del grumete en el vertiginoso mástil y acunarás su cerebro con el impetuoso oleaje y la visita de los vientos, que agarran la cresta de las temibles olas, rizando sus cabezas monstruosas y colgándolas de las resbaladizas nubes con clamor tan ensordecedor que hasta la propia muerte se despierta?»
(*Enrique IV, segunda parte*, III.1)

Shakespeare usa los personajes de Enrique IV y su primogénito, el príncipe Harry, para ilustrar la diferencia entre la capacidad innata y la experiencia adquirida. El príncipe Harry que aparece por primera vez en Enrique IV se pasa el tiempo en las tabernas con una pandilla de holgazanes. Al rey Enrique le preocupa mucho el mal comportamiento de su hijo. Es importante advertir que el rey

Enrique no se basa en su conocimiento y percepción interiores para comprender la conducta de su vástago, sino que lo valora según opiniones propias y ajenas y de acuerdo con sus experiencias previas. Así le amonesta por no comportarse correctamente. Dice a su hijo que se ha vuelto casi totalmente ajeno a la corte y los miembros de la familia real y que se han desvanecido sus esperanzas y expectativas, por lo que todos predicen su desmoronamiento. El rey dice que si él hubiera aparecido tanto en público y estado tan accesible y disponible a las hordas vulgares, la opinión pública, que le ayudó a obtener la corona, habría permanecido leal al anterior rey Ricardo. Él seguiría en el destierro, sin reputación ni esperanza de éxito. Pero se le veía tan poco que, cuando aparecía, todos le miraban asombrados como si fuera un cometa. Los hombres decían a sus hijos: «¡Es ése!» Otros preguntaban: «¿Dónde? ¿Cuál es Enrique?» Entonces, él adoptaba modos cortesanos y se volvía tan humilde que ganaba la lealtad de los hombres. Incluso le trataban como a la realeza en presencia del actual rey Ricardo. Era como un manto ceremonial que no suele verse y por eso embelesa. Mientras tanto, el frívolo rey Ricardo iba con compañeros superficiales y era de chiste fácil. Degradó su dignidad y su nombre permitiendo que los necios se burlaran de él y riéndoles las gracias a los chicos tontos. Se pasaba el tiempo en sitios vulgares, en busca de la popularidad. Pronto, el verle tanto, fue como una sobredosis de miel. Y cuando quiso aparecer como rey, igual que el cuco en junio, se le oía pero no le hacían caso. Se le veía pero estaban tan acostumbrados que lo daban por sentado. Estaban hartos de su presencia. Y ahí exactamente, según el rey Enrique, es donde está el príncipe Harry, perdiendo su dignidad al asociarse con vulgares criminales y haciendo que todo el mundo esté ahíto de verle constantemente.

Sin embargo, al príncipe Harry le movía su percepción interna y no se apoyaba en la opinión de su padre o los otros cortesanos. Seguía a su voz interior; sabía que tenía un papel importante que hacer. Tenía que emplear un enfoque muy diferente para tener éxito, simbolizado por los colores oro y azul de la Orden de la Jarretera. Justo al principio dice que sabe cómo son sus vagos y escandalosos compañeros y que, por tanto, los tolerará una temporada. Pero al hacerlo será como el dorado sol que se deja ocultar por las nubes y que, cuando desea, aparece a través de ellas y entonces se le quiere más debido a su ausencia previa. Y porque le echaban tanto de menos, están más impresionados con su aparición. Si todos los días fueran vacaciones, jugar sería tan aburrido como trabajar pero cuando sólo hay algunos festivos, se esperan con ganas. Nada es tan apreciado como algo inesperado. Así que cuando deje de comportarse mal y acepte las responsabilidades de ser rey, parecerá mejor y atraerá a más gente. Como un resplandeciente metal sobre un fondo oscuro, su reforma brillará más al contrastarse con su ignominioso pasado. Así pues, de momento, continuará siendo tan desenfrenado que hará del desenfreno su arte, pero se redimirá cuando el mundo menos se lo espere.

Las quejas del rey Enrique acerca de su hijo resultan irónicas porque Harry sigue la misma estrategia que su padre. La diferencia es que Harry debe hacer ambos papeles: el de su padre y el del rey Ricardo. Por eso, al principio. Harry imita el comportamiento de Ricardo II para establecer un marco de referencia a efectos de su futura reforma. El perceptivo Warwick explica así el comportamiento de Harry:

«Mi gracioso señor, vais demasiado lejos enjuiciándole: el príncipe simplemente estudia a sus compañeros como si fuera un idioma extranjero del que, para dominarlo, es necesario asimilar hasta la palabra más inmodesta y una vez aprendidas, como sabe vuestra majestad, ya no se vuelven a usar salvo para conocerlas y odiarlas. Así pues, igual que con las palabras groseras, cuando llegue el momento el príncipe se desprenderá de sus seguidores; y su recuerdo vivirá como patrón con el que medirá las vidas de los demás, transformando males pasados en ventajas». (*Enrique IV, segunda parte*, IV.4)

La explicación de Warwick es una descripción precisa del enfoque del príncipe Harry. Cuando llegó el momento adecuado, Harry se transformó notablemente. Esta reforma puede compararse a la aparición de una nueva flor o un nuevo árbol que ha enraizado en el jardín y muestra sus primeros brotes. Shakespeare la describe con precisión como el cambio que se observa en el joven príncipe Enrique cuando fallece su padre:

«La trayectoria de su juventud no lo auguraba, mas en cuanto el aliento abandonó el cuerpo de su padre, su insensatez pareció morir también; sí, en ese preciso instante la reflexión, como un ángel, expulsó fuera de él al pecador Adán dejando su cuerpo como un paraíso destinado a servir de envoltura y a contener espíritus celestiales. Jamás se vio un sabio tan repentinamente creado: jamás vino la reforma en una oleada de tan impetuosa corriente para limpiar sus fallos y jamás una tozudez de cabeza de hidra fue desterrada tan pronto y tan de repente como con este rey». (*Enrique V*, I.1)

Debe recalcarse que fue el Bastardo en *El rey Juan* quien plantó la semilla de este nuevo árbol.

En su descripción del comportamiento de Ricardo II, Enrique IV y el príncipe Harry Shakespeare describe tres etapas consecutivas del proceso que conduce a la auténtica «realeza». La primera etapa está encarnada por el rey Ricardo II, que no tenía la cualidad real ni el talento para fingir que la tenía. Enrique IV era lo bastante listo para simular que era digno. El príncipe Harry era lo suficientemente ingenioso para poner en práctica la estrategia más eficaz.

Enrique V

La reforma del joven Enrique afectó a su conocimiento de las cuestiones teológicas, la política interior, la estrategia bélica y los temas políticos. Este renacimiento de Enrique extrañó a muchos pues de joven solía pasar mucho tiempo bebiendo con compañeros incultos, rudos y superficiales. Acostumbraba a emborracharse para divertirse y aparentemente no tenía interés alguno en el saber ni en la contemplación.

Sin embargo dicha transformación requiere que Enrique deje atrás a sus antiguos compañeros, incluyendo a Sir John Falstaff. Tiene que abandonarlos porque no han sido capaces de percibir y entender la transformación que ha tenido lugar y, por tanto, no han podido armonizarse con esta nueva fase de la función y misión de Enrique V.

La misión de Enrique V se describe simbólicamente como la batalla de Francia. Para comprender el proceso descrito conviene recordar que la meta de Enrique V es restablecer un enlace con la fuente, lo cual puede hacerse logrando acceso a los impulsos evolutivos. Como se indica en el comentario a las obras francesas, dichos impulsos se han guardado en Francia.

Enrique reclama ciertas partes de Francia basándose en su remota descendencia de la familia real francesa y en una interpretación muy técnica de antiguas leyes territoriales. Cuando el príncipe de Francia le envía a Enrique un mensaje insultante en respuesta a sus reclamaciones, Enrique decide invadir Francia. Apoyado por los nobles y el clero ingleses, Enrique reúne a sus tropas para la guerra. El momento culminante de la contienda es la famosa batalla de Agincourt, donde los franceses superan cinco a uno en número a los ingleses. Cuando Enrique pronuncia su famoso discurso del día de San Crispín sobre el honor, está hablando de energías evolutivas que existen como una mercancía positiva que puede acumularse y almacenarse. Cuando llega el momento adecuado, pueden dejarse salir al mundo. Enrique describe las energías evolutivas como una cantidad fija de «honor» que se dividirá entre los vencedores. Por eso no hay lugar para soldados no aptos. Así pues, Enrique les da a sus tropas libertad para elegir si luchan con él o regresan a casa. A los que decidan quedarse y combatir se les concederá nobleza, serán hermanos, se les ascenderá a un nivel más elevado del ser:

> «Los pocos de los nuestros, los felices pocos, nuestra banda de hermanos; pues quien hoy derrame su sangre conmigo será mi hermano; por muy vil que sea, esta jornada ennoblecerá su condición; y los caballeros que ahora duermen en Inglaterra se sentirán malditos por no haber estado aquí y despreciarán su hombría cuando escuchen hablar a los que lucharon con nosotros el día de San Crispín». (*Enrique V*, IV.7)

Shakespeare utiliza la batalla de Agincourt para describir un ejemplo de ocasión energética. Para comprender el resultado de la batalla, es de ayuda observar que una unión espiritual octogonal se había activado en la rama francesa en época de *Como gustéis*. Una ola de «gloria» generada por el octógono llega a Agincourt y Enrique V y las tropas que quedan son capaces de absorberla. Los ingleses vencen a los franceses a pesar de estar en franca minoría. Enrique se da cuenta de que la victoria no ha sido cosa suya:

> «¡Alabado sea Dios por ello, y no nuestras fuerzas!».
> (*Enrique V*, IV.7)

Sin embargo, en la escena final Enrique V exige una recompensa: quiere casarse con Catalina, la princesa francesa:

> «Pero dejad a nuestra prima Catalina aquí con nos: es nuestra exigencia principal, prioritaria en nuestros artículos».
> (*Enrique V*, V.2)

Enrique V se casa con Catalina, hija del rey francés. La boda refuerza el acuerdo de paz entre Inglaterra y Francia.

Puede parecer que este matrimonio es el resultado que se necesitaba en la actual situación pero, desde la perspectiva del proceso evolutivo, no era la solución óptima. Parece que Enrique siguió el plan original según el cual la carga evolutiva estaba invertida en Francia y, por eso, casarse con la princesa era «prioritario en nuestros artículos». Debido a la ruptura con Navarra, el impulso de energía unitiva destinado a la facultad intelecto de la rama inglesa permanecía en el bosque de Arden. Lo representaba la pastora Phoebe. Parece que Enrique no era consciente del cambio. Tendría que haber abandonado la corte real y haber ido al bosque de Arden para encontrarse con Phoebe. De lo contrario, según Touchstone, Enrique, como William, estaba «condenado como un huevo mal frito sólo por un lado».

En su juventud, Enrique percibió la necesidad de abandonar la corte y así lo hizo. Pero en lugar de ir a Arden, pasó el tiempo en las tabernas y burdeles de Londres. En esa época se encontró con Nell, la hermana de Poins. Quizás Harry se sintió atraído por ella. Puede suponerse que Nell representaba el impulso de energía consciente disponible dentro de la rama inglesa y, por tanto, casarse con Nell hubiera sido la segunda mejor opción. Pero casarse con una mujer de clase baja no estaba en la lista del príncipe Harry. Esto se indica en un episodio de *Enrique IV* en el que Harry acaba de recibir una carta de Falstaff acusando a Poins de esparcir el rumor de que Harry iba a casarse con Nell:

Príncipe Harry:

«¿Tengo que casarme con tu hermana?

Poins:

«¡Que Dios no le mande a la muchacha peor fortuna! Pero yo nunca lo he dicho».
(*Enrique IV, segunda parte*, II.2)

Pero incluso esta opción era imposible para Harry. Como Hamlet, Harry no pudo reconocer su máxima prioridad. Era «de una región demasiado alta» para considerar casarse con una plebeya. No estaba preparado para renunciar a su «hueca corona».

En este momento empieza la intervención bohemia en los Balcanes como describe *Noche de epifanía*, uno de cuyos objetivos era desarrollar rápidamente un intelecto altamente desarrollado como sustituto del príncipe Harry. Este aspecto era necesario para la formación del octógono inglés.

Enrique VI

La batalla de Agincourt señala la marea alta de la ola evolutiva, provocada por el suceso ocurrido en el bosque de Arden. No obstante, Inglaterra todavía no es capaz de aprovecharlo plenamente. Por tanto, este ser tiene que pasar por un periodo de de suspensión hasta que llegue la siguiente cresta. La obra *Enrique VI* describe un periodo en el que aspectos destructivos anteriormente latentes empiezan a estropear el ser. El Coro en *Enrique V* se refiere a la presencia de dichos elementos destructivos:

«¡Oh Inglaterra! Modelo de tu grandeza interior, como un pequeño cuerpo con un gran corazón, ¡qué no podrías hacer que el honor te pidiera si tus hijos fueran leales y afectuosos!»

La desunión de los diversos aspectos de Inglaterra se describe como un enfrentamiento entre el duque de York y el de Somerset. Los lores ingleses eligen rosas rojas o blancas para indicar quién consideran que tiene razón. Después, todos miran a Enrique VI para ver a quién va a apoyar. Enrique dice que no importa la rosa que lleve, pues siente afecto por ambos lores, pero al decirlo, coge la rosa roja de Somerset. Al alinearse con Somerset Enrique está poniendo en marcha las Guerras de las Rosas.

Hay dos atracciones en la naturaleza del hombre. Una es para que ascienda a esferas de funcionamiento más elevadas. Otra es para rebajarlo a una especie de vida inferior, animal. Por ello se necesitan dos formas de agentes externos para hacer operar dichas atracciones. El agente externo que conduce la atracción a formas superiores de vida se suele llamar ángel y el que descarría al hombre se llama demonio. No obstante, en la vida humana hay cuantiosas combinaciones de ambos extremos que llevan a que entre los agentes existan muchas mezclas, grados y tonos. Estas diversas atracciones suelen describirse en los mitos tradicionales como hadas, espíritus y fantasmas. Por ello cuando una persona entra en el viaje espiritual, encuentra una especie de dicotomía. Por un lado a su ser se le provee de nuevas formas de protección, seguridad y guía. Por otro, está expuesto a nuevos desafíos que le distraen.

La presencia de las atracciones invisibles en *Enrique VI* viene indicada por la aparición de Juana de Arco y de Talbot. Juntos son una representación simbólica de las rosas desunidas.

Juana de Arco es hija de un pastor. Juana relata que un día, cuando cuidaba a las ovejas, se le apareció una visión que le dijo que liberara a su país de la calamidad. Esta imagen se mostró en toda su gloria; los rayos divinos le dieron a Juana su belleza. La aparición de Juana es un efecto secundario de la activación del octógono francés. Ella ha interceptado accidentalmente la onda generada por el octógono. Es la misma onda que condujo a la gloria a Enrique V en la batalla de Agincourt. Juana se da cuenta de que puede ejercer su extraordinario poder. Supone que, tras la muerte de Enrique V, ha llegado su momento de dominar el mundo. Compara su papel al de Cleopatra:

«Con la muerte de Enrique termina el círculo inglés;
desperdigadas están las glorias que contenía. Ahora soy como
esa nave orgullosa y retadora que llevaba a la vez a César y a su
fortuna». (*Enrique VI, primera parte*, I.2)

Juana representa el aspecto del intelecto que se ha elevado al entrar en contacto con la onda evolutiva. A consecuencia de ello, se le ha concedido una cierta presciencia sobre los acontecimientos presentes y futuros. Por ejemplo, le dice al Delfín de Francia que ella conducirá las tropas francesas para romper el sitio de Orleans. Sus palabras se cumplen, debido a lo cual el Delfín de Francia queda muy impresionado.

La aparición de Juana es sólo una indicación del potencial de las fuerzas evolutivas. Pero su egocentrismo la aleja del cumplimiento óptimo y constructivo de dicho potencial. Primero malinterpreta su papel; en segundo lugar, al guiarse por motivos egoístas, utiliza mal la capacidad que se le ha dado. Es decir, representa un aspecto de la facultad intelecto parcialmente purificado; es una manifestación de una rosa blanca maculada. En sus métodos de lucha Juana ignora el código caballeresco. Durante un breve período de tiempo ejerce su influencia destructiva.

La aparición de Juana está ligada al personaje de Talbot. Talbot representa un aspecto de la facultad corazón parcialmente purificado. Es una manifestación de una rosa roja. Talbot conoce el origen y la capacidad de Juana. Así la describe:

«Aquí, aquí viene. Quiero combatir contigo; diablo o hembra de diablo, te conjuro: te haré sangrar, eres una bruja, entrega sin demora tu alma a aquél a quien sirves».
(*Enrique VI, primera parte*, I.5)

Talbot lucha por el honor del rey y de la patria. Su comportamiento y métodos militares se basan en la noble conducta caballeresca. También muestra poderes extraordinarios. Los franceses le temen tanto que, cuando lo capturan, hay arqueros vigilándolo incluso mientras duerme. Tras su liberación, conquista muchas ciudades y fortalezas en Francia hasta que se encuentra con Juana. Talbot queda atrapado en el campo de batalla de Burdeos, donde muere.

Tras la caída de Talbot, Juana tampoco puede durar mucho más. En una situación crítica, pide ayuda a sus agentes invisibles. Previamente Juana los había descrito como portadores de rayos de gloria. Sin embargo, en ese momento su estado corrupto es tal que los ve como demonios. Los «demonios» se niegan a hablar con ella. Ella les recuerda que siempre les ha entregado su sangre a cambio de su ayuda. Pero los «demonios» no muestran ningún interés en sus ofrendas. Juana, sin el apoyo de los agentes invisibles, debe caer. Es capturada y quemada en la hoguera.

Talbot y Juana son otro ejemplo de dos fuerzas opuestas que operan juntas para conseguir un mismo objetivo. Ilustran simbólicamente la referida situación de dicotomía. El destino de Juana y Talbot muestra el limitado valor de experiencias asociadas al despertar prematuro de una intuición más profunda y un extraordinario poder. Juana estaba conectada con las fuerzas invisibles. No obstante, su naturaleza todavía egoísta no le permitía utilizar esta experiencia de forma constructiva. Por otra parte, la intención de Talbot estaba correctamente alineada con el curso global del proceso y tenía también acceso a un poder extraordinario, pero le faltaba la visión intuitiva de los acontecimientos. Por ello no podía usar eficazmente sus poderes. Las capacidades encarnadas por Juana y Talbot se manifiestan como mutuamente destructivas porque el corazón y el intelecto están desunidos y nublados por elementos negativos latentes. Así pues, el ser debe ir más allá de esas experiencias para continuar su progreso.

La desaparición de Juana y Talbot permite que la facultad ego domine al ser durante un breve periodo. Lo cual se ilustra con la revuelta de los plebeyos cuyo líder es Cade. La violencia de Cade está dirigida a quienes saben leer o escribir y mata a los que están a favor de las escuelas. Su reinado del terror barre cualquier derecho de las mujeres levantando la veda para que las violen. Es decir, ataca a quienes representan simbólicamente las facultades intelecto y corazón.

A las tropas de Cade les gustan más los placeres del gobierno de la turba que cualquier promesa de progreso o libertad. Su violencia muestra los peligros del gobierno popular: representa al ser conducido por el «lobo universal», es decir la facultad ego corrupta. Esta revuelta representa una situación en la que la facultad ego vuelve a ser prominente y toma el control sobre las facultades intelecto y corazón.

Ricardo III

La obra *Ricardo III* describe una etapa en la que los aspectos destructivos previamente desenterrados se reducen gradualmente.

Los aspectos destructivos no se encaran directamente, sino que se selecciona o implanta un aspecto negativo de los ya presentes y se le permite manifestarse con toda su fuerza. Siguiendo la regla, «los iguales se atraen», todos los aspectos destructivos se aglomeran a su alrededor. Después dichos aspectos aglomerados se aíslan de los demás, lo cual conduce a una situación en la que los aspectos negativos no tienen más remedio que dirigir sus energías destructivas contra sus propios miembros más débiles. Una vez debilitados por esta autodestrucción inducida, se les puede reducir con más eficacia. Es decir, sucesos aparentemente desafortunados pueden, en realidad, ser parte de un mecanismo correctivo. Un mecanismo así se describe con precisión, paso a paso, en *Ricardo III*.

Tras una larga guerra civil entre las familias reales de York y Lancaster, Inglaterra disfruta de un breve periodo de paz bajo el rey Eduardo IV. Pero al hermano menor de Eduardo, Ricardo, le enoja el poder de éste y la alegría de los que le rodean. Ricardo es malévolo, está hambriento de poder y amargado por su deformidad física. Ricardo empieza a aspirar a la corona en secreto y declara abiertamente que no se parará ante nada para lograr sus perversas metas:

«Puedo sonreír y asesinar mientras sonrío, y exclamar "¡alegría!" a lo que aflige a mi corazón, y humedecer mis mejillas con lágrimas artificiales, y adaptar mi cara a cualquier ocasión. Ahogaré a más marineros que las sirenas, mataré a más mirones que un basilisco, representaré a un orador tan bien como Néstor, engañaré más arteramente que Ulises y, como un Sinón, tomaré otra Troya. Puedo añadir colores al camaleón, intercambiar más formas que Proteo y enviar a la escuela al sanguinario Maquiavelo. ¿Soy capaz de todo esto y no voy a conseguir una corona? Bah, aunque estuviera más lejos, la arrancaría». (*Enrique VI*, *tercera parte*, III.2)

Hay muchas personas entre la corona y él. Ricardo decide matar a cualquiera que se interponga y consigue convertirse en el rey de Inglaterra.

Ricardo es un símbolo imperioso de la forma degenerada de la facultad intelecto. A pesar de su abierta alianza con el mal, es una figura carismática y fascinante, debido a lo cual algunos personajes bienintencionados de la obra no tienen más remedio que simpatizar e incluso sentirse atraídos por él. Por ejemplo Lady Ana, que conoce su maldad explícitamente, se deja seducir por su brillante elocuencia. Accede a casarse con él.

Pero su reinado del terror logra que el pueblo inglés le tema y le odie y, paulatinamente, se distancia de todos los nobles de la corte. Cuando empiezan a correr los rumores sobre un pretendiente al trono que está reuniendo tropas en Francia, la mayoría de los nobles desertan para unirse a él. Se trata del conde de Richmond, perteneciente a una rama secundaria de la familia Lancaster. Mientras tanto Ricardo intenta consolidar su poder. Ordena matar a su mujer Ana para poder casarse con su sobrina, ya que tal alianza le reafirmaría en el trono. Pero en este punto Ricardo empieza a perder el control de los acontecimientos.

Richmond invade Inglaterra. La noche anterior a la batalla decisiva, cuando ambos caudillos duermen, empiezan a soñar. Esta escena es ejemplo de una situación en la que los agentes invisibles se involucran en el proceso. Aparece en escena un desfile de los fantasmas de todos aquéllos a quienes Ricardo ha asesinado. Primero, cada uno se detiene para hablar con Ricardo, le condena amargamente por su muerte y le dice que perecerá en la batalla a la mañana siguiente. Luego cada fantasma se traslada y habla con el durmiente Richmond, contándole que está de su lado y que Richmond gobernará Inglaterra y engendrará una raza de reyes. De este modo, once fantasmas recorren el escenario. Ricardo se despierta sudando y jadeando. Por primera vez, está verdaderamente aterrorizado.

Luego Ricardo habla con brusquedad a los seguidores que le quedan. En ese momento se encuentra esencialmente aislado de sus cortesanos y familiares. A causa de su malvada naturaleza ha matado a cualquiera que le fuera cercano: sus hermanos, sobrinos y hasta su propia esposa han muerto por su mano; su madre le ha maldecido y abandonado; incluso Buckingham, que era su más íntimo amigo, ha sido ejecutado. Ricardo ha destruido gradualmente a los que estaban cerca de él. Ahora tiene el poder pero está solo. En su arenga de la batalla Ricardo simplemente se burla de los soldados enemigos llamándoles «escoria de bretones y campesinos viles y lacayos». Sus tropas triplican en número a las de Richmond; por ello Ricardo está seguro de que la fuerza hace el derecho y que:

«La conciencia no es más que una palabra que usan los cobardes, inventada en principio para imponer respeto a los fuertes». (*Ricardo III*, V.3)

En contraste Richmond, que es lo opuesto de Ricardo, afirma que lucha por honor. Es cortés y amable tanto con sus nobles como con sus soldados. Richmond pide a sus hombres que recuerden la belleza de la tierra que están salvando de un tirano y las mujeres y niños a los que liberarán. Les recuerda qué él mismo morirá en la batalla si no puede vencer, y si tiene éxito recompensará a todos sus soldados. Richmond saca nuevamente la técnica caballeresca, el código de la conducta correcta.

Ricardo muere en la batalla y Richmond se corona como Enrique VII. Prometiendo una nueva era de paz para Inglaterra, el reciente rey se promete con la joven princesa Isabel para unir a las casas enfrentadas de Lancaster y York. Las rosas roja y blanca se unen.

Enrique VIII

El drama *Enrique VIII* describe la última etapa de la rama inglesa. Una vez reducidos los aspectos negativos es posible formar un ser equilibrado y unido. En este momento todos sus aspectos importantes empiezan a ser conscientes del propósito global.

Enrique VIII narra una circunstancia significativa de la historia inglesa, la ruptura religiosa con Roma y la Iglesia Católica. En 1531 el rey Enrique VIII, decepcionado porque su esposa Catalina no le había dado un heredero varón, decidió divorciarse de ella. Sus consejeros argumentaron que el matrimonio no era válido, pero el Papa se pronunció en contra del divorcio. No obstante, Enrique se divorció y se casó con Ana Bolena, la hija de un caballero.

Es evidente que el personaje de Enrique VIII es plenamente consciente de la norma «da gente correcta, el lugar correcto, el momento correcto». Enrique no interfiere con el flujo de los acontecimientos. Sólo actúa cuando una ocasión energética requiere su intervención. Por ejemplo, no interviene cuando Buckingham, su esposa Catalina o su mano derecha Wolsey tienen problemas. Sin embargo sí participa activamente cuando los cortesanos conspiran contra Cranmer, su leal consejero. Es la primera vez que le vemos como un rey activo. Antes, Enrique nunca parecía prestar atención a las intrigas que se urdían entre bastidores poniendo y quitando a sus favoritos. Sin embargo, se lanza a salvar a Cranmer. ¿Por qué le protege?

La respuesta a esta pregunta es la clave para entender toda la serie de dramas históricos de Shakespeare. Cranmer debe representar un papel fundamental en la etapa final del proceso. Todos los personajes previamente eliminados tenían que irse porque su presencia obstaculizaba las circunstancias que llevarían al resultado final del proceso: el nacimiento de Isabel. Buckingham debía desaparecer porque creía tener derecho al trono; Catalina también porque no daba a luz a los herederos adecuados y Wolsey porque se oponía al matrimonio de Enrique y Ana.

Es importante advertir que, aunque Ana proviene de una familia noble, no es de sangre real. Así lo comenta Wolsey:

«¡Que la antigua dama de la reina, la hija de un caballero, sea la señora de su señora! ¡La reina de la reina!»
(*Enrique VIII*, III.2)

Esto indica que Ana representa el impulso de energía consciente disponible en ese momento. En la época de *Enrique IV*, lo encarnaba Nell, la hermana de Poins, impulso que debía haber asimilado el príncipe Harry. Lo que significa que el «matrimonio» se retrasó unos cien años. Cranmer se da cuenta de la importancia de la boda y ayuda a organizar las circunstancias para que Enrique pueda casarse con Ana. Puede presumirse que Cranmer representa el aspecto del ser que proporciona el enlace con la cadena de transmisión evolutiva, injertado en el ser de Inglaterra cuatrocientos años antes. Es el mismo impulso que portaba el Bastardo en *El rey Juan*.

Podemos observar que, en esta etapa del proceso, los personajes principales se están percatando del propósito general. Al margen de sus propios destinos individuales, todos aceptan generosamente la cadena de acontecimientos, aunque implique su caída o muerte. Por ejemplo, en sus últimas palabras Buckingham reza y pide bendiciones para el rey:

«Mis votos y oraciones siguen siendo para el rey y hasta que entregue el alma rogaré bendiciones para él: ¡que viva más años de los que yo tengo tiempo de contar!» (*Enrique VIII*, II.1)

Después de haber sido expulsado de la corte, Wolsey admite sus errores y expresa su gratitud al rey:

«El rey me ha curado, lo agradezco humildemente a Su Gracia; y de estos hombros, estas columnas en ruinas, por misericordia ha quitado una carga que hundiría a un buque, demasiado honor». (*Enrique VIII*, III.2)

Cuando Catalina se entera de la muerte de Wolsey, es capaz de perdonarle cómo la había tratado. Luego recalca su propia humildad ante el rey. A todos los que el rey ha abandonado les surge la humidad y el perdón.

Cranmer debe estar presente en el alumbramiento y bautizar a la recién nacida. Puede darse cuenta de que Isabel ha heredado la «bendición» del rey Eduardo el Confesor. Como se señala en el comentario sobre *Macbeth*, Ana Bolena, la madre de Isabel, heredó la corona del rey Eduardo:

«La corona de Eduardo el Confesor, el cetro, el ave de la paz y todos estos emblemas se dispusieron noblemente sobre ella». (*Enrique VIII*, IV.1)

En la última escena Cranmer bautiza a Isabel y anuncia su futura grandeza:

«Esta infanta real (que el cielo gire a su alrededor), aunque todavía en la cuna, promete a esta tierra mil millares de bendiciones que el tiempo hará fructificar. Será (mas muy pocos que ahora viven pueden contemplar tal bondad) un modelo para cuantos príncipes vivan con ella y todos los que les sucedan: la reina de Saba nunca deseó más sabiduría y virtud que las que tendrá esta alma pura: todas las gracias principescas que modelan tan poderosa criatura, con todas las virtudes que adornan a los buenos serán dobles en ella. La verdad será su nodriza, pensamientos sagrados y celestiales la aconsejarán. Será amada y temida, los suyos la bendecirán; sus enemigos temblarán como un campo de trigo trillado e inclinarán sus cabezas con pesar: el bien crece con ella. En su reinado, cada cual comerá a salvo, bajo su propia viña, lo que plante y cantará alegres canciones de paz a sus vecinos: Dios será verdaderamente conocido y quienes la rodeen aprenderán de ella los modos perfectos del honor por los que medirán su grandeza, y no por la sangre. No dormirá la paz con ella pues igual que cuando muere la maravillosa ave, la virginal fénix, sus cenizas crean otro heredero, tan admirable como ella, del mismo modo ella dejará su bendición a uno, cuando el cielo la reclame de esta nube de oscuridad, el cual, de las sagradas cenizas de su honor surgirá como una estrella, tan grande en renombre como ella y quedará fijado. La paz, la abundancia, el amor, la verdad, el terror que eran siervos de esta niña elegida serán entonces suyos y crecerán en él como una vid. Dondequiera que brille el radiante sol del cielo, allí estarán su honor y reputación y creará nuevas naciones. Florecerá y, cual cedro de montaña, sus ramas alcanzarán a todas las llanuras que le rodeen. Los hijos de nuestros hijos lo verán y bendecirán al cielo».
(*Enrique VIII*, V.5)

Cranmer dice que la niña alberga una enorme promesa para Inglaterra y que pocos pueden imaginar ahora los grandes logros que alcanzará. Conocerá la verdad, será amada y temida y será una gran soberana. En otras palabras, Cranmer anuncia la actualización de la «inconquistable fuerza de Inglaterra» y de la «grandeza interior» predichas por el Bastardo en *El rey Juan* y por el Coro en *Enrique V*. Cuando muera, renacerá como el fénix en su heredero «tan admirable como ella».

La descripción que da Cranmer del heredero de Isabel concuerda con la profecía de las brujas de *Macbeth*. Cranmer añade que el heredero de Isabel «de las sagradas cenizas de su honor surgirá como una estrella». Las circunstancias que conducen a la aparición de este «heredero» se describen en *Las alegres comadres de Windsor*.

Las alegres comadres de Windsor

En *Las alegres comadres de Windsor* se presenta una nueva célula evolutiva, brotada de la rama inglesa, que marca el comienzo del siguiente ciclo evolutivo.

La etapa inicial de un nuevo ciclo viene determinada por la proyección actual de la matriz cósmica y los logros evolutivos conseguidos durante las fases anteriores del proceso. Idealmente, la primera etapa del nuevo ciclo debería ser la continuación de la última del ciclo previo. No obstante, debido a las imperfecciones y errores humanos, puede haber retrasos e interrupciones. Por eso la primera etapa puede solaparse con ciertas etapas intermedias del ciclo anterior, lo que indicaría que un determinado ser debe exponerse varias veces a la misma plantilla evolutiva para asimilarla eficazmente. Es decir, las diversas exposiciones funcionan como múltiples «capas» que pueden ser necesarias para completar el proceso.

Las alegres comadres de Windsor es la única obra de Shakespeare que describe la vida de la clase media inglesa durante la época isabelina. Sin embargo Shakespeare lleva a Windsor a sir John Falstaff junto con su paje Pistol, a Nym, Bardolph y la señora Quickly que aparecieron por primera vez en *Enrique IV* y *Enrique V*, obras que transcurren unos doscientos años antes. La anacrónica reaparición de Falstaff y sus compañeros indica que la primera etapa del nuevo ciclo evolutivo iniciado en la Inglaterra isabelina se solapa con la tercera y cuarta etapa del ciclo anterior, ilustrado en las obras históricas.

De acuerdo con el plan inicial, los logros evolutivos conseguidos en la rama francesa debían trasladarse a Inglaterra. Debido a la ruptura con Navarra, los impulsos destinados a Inglaterra no pudieron transferirse en época de *Enrique V*. En su lugar, se hizo el esfuerzo de usar la carga evolutiva francesa para revitalizar la corte real de Navarra pero, como se describe en *Trabajos de amor perdidos*, esta empresa no tuvo éxito. Mientras tanto, se hizo disponible en la rama inglesa un recipiente capaz de contener la carga evolutiva avanzada. Se señala simbólicamente con el nacimiento de Isabel al final de *Enrique VIII*. Así pues, la carga evolutiva ya podía transferirse de Francia a Inglaterra. La presencia de dicha carga evolutiva se señala simbólicamente en un episodio con Caius, un médico francés. Recordemos que la carga francesa incluía cuatro impulsos, *rojo*, *amarillo*, *negro* y *blanco*. Al unirse, esos impulsos se transmutan en *verde*, «el color de los amantes». El doctor Caius posee una caja verde («*un boitier vert*») que pretende entregar a la corte real inglesa («*Je m'en vais à la cour*»):

> «Por favor, traed de mi armario *un boitier vert*, una caja, una caja verde: ¿entendéis lo que digo? Una caja verde».
>
> «*Je m'en vais à la cour – la grande affaire*[10] ».
> (*Las alegres comadres de Windsor*, I.4)

Esta caja verde es una indicación simbólica de que el recipiente puede contener la unión octogonal transferida de Francia a

---

[10] N. de la T. En francés, en el original: Me voy a la corte, un asunto importante.

Inglaterra, lo que el doctor Caius denomina «la grande affaire». Es una confirmación de que Shakespeare usa a Isabel I como recipiente simbólico capaz de llevar toda la carga evolutiva invertida en Inglaterra en esa época. En esta presentación, Isabel I es el octavo rey que aparecía en la profecía de las brujas en *Macbeth*.

El octógono francés se formó en *Como gustéis*, la obra que ocurre en el mismo momento histórico que *Enrique V*. Pero en ese momento no era posible transferir la carga evolutiva a Inglaterra y el príncipe Harry fue incapaz de viajar al bosque de Arden. No obstante, ahora se puede cumplir la función original de la rama inglesa. Pero ello exige solapar *Las alegres comadres de Windsor* no sólo con *Enrique IV* y *Enrique V* sino también con *Como gustéis*. Así pues, podemos esperar encontrarnos en Windsor con algunos personajes que habían aparecido en el bosque de Arden.

A pesar de ser capaz de contener toda la carga evolutiva, el canal inglés se volvió estéril. En el lenguaje simbólico de Shakespeare se hace referencia a una situación semejante con un periodo de castidad cuando, por ejemplo, una mujer se hace devota de Diana. Oberón, en su comentario a Puck en *Sueño de una noche de verano* indica claramente que esa devota fue Isabel («una bella vestal entronizada por occidente»):

«Cupido todo armado volando entre la fría luna y la tierra: apuntó a una bella vestal entronizada por occidente y disparó su flecha de amor agudamente desde su arco, como para perforar cien mil corazones; pero pude ver la fogosa saeta del joven Cupido apagada por los castos rayos de la acuosa luna; y la devota imperial pasó, en meditación de doncella, sin trabas».
(*Sueño de una noche de verano*, II.1)

El hecho de que «Isabel» sea inmune a la flecha de Cupido señala su perfección interior. No obstante, mientras permaneciera «virgen» no podría cumplir su función evolutiva. Debido a la esterilidad de «Isabel», la carga evolutiva tuvo que ser transferida a otro entorno dentro de la rama inglesa. Por ello, en esa época, la «nobleza» cambió de canal, cambio señalado también en la procesión de reyes de las brujas:

> «Pero aparece un octavo con un espejo que me muestra muchos más y algunos veo que llevan dobles globos y triples cetros».
> (*Macbeth*, IV.1)

Hay una brecha en la procesión de los reyes: los seguidores del octavo aparecen en otro entorno; son reflejos en un espejo sujetado por Isabel. En su descripción de ella Cranmer también hace referencia a la transmisión «no por la sangre» sino por otra vía:

> «Quienes la rodeen aprenderán de ella los modos perfectos del honor por los que medirán su grandeza, y no por la sangre».
> (*Enrique VIII*, V.5)

Veamos las características principales de Windsor tal como se presentan en *Las alegres comadres de Windsor*. Esto nos permitirá identificar de qué manera y adónde se ha transferido la carga evolutiva.

Los dos personajes principales de la obra son la señora Page y la señora Ford, las alegres comadres de Windsor. Sus maridos, el señor Page y el señor Ford son dos aspectos del corazón, lo que implica que las alegres comadres representan dos impulsos que ha asimilado la facultad corazón. La señora Page (*rojo*) y la señora Ford (*amarillo*) controlan el ser de Windsor. Previamente, ambos impulsos aparecían en el bosque de Arden como Rosalinda y Celia y, como ellas, descritas como «tú y yo somos una», las alegres comadres son inseparables. Así lo comenta el señor Ford:

> «Creo que si vuestros maridos murieran, vosotras dos os casaríais». (*Las alegres comadres de Windsor*, III.2)

Es importante resaltar dos nuevas características del ser de Inglaterra comparado con el presentado en las obras históricas. En primer lugar, se trata de la primera vez que la facultad corazón es la que dirige el ser. En segundo lugar, los aspectos principales están en la clase media representada por las familias del señor Page y el señor Ford. En una ocasión Falstaff se dirige al señor Ford como «mecánico», es decir, de la clase trabajadora:

«¡Que le ahorquen, bribón mecánico de mantequilla salada!»
(*Las alegres comadres de Windsor*, III.2)

Anteriormente eran los miembros de la familia real quienes protegían el proceso evolutivo. Esto indicaría que, en época de *Las alegres comadres de Windsor*, se necesitó un canal de transmisión nuevo para asegurar el proceso. El cambio de la realeza a la clase media permitió la formación de una facultad corazón mucho más fuerte. No es coincidencia que la nueva etapa se solape con la descrita en *Enrique V*. En su arenga de san Crispín, el rey Enrique menciona la transición de «nobleza». Dijo que los hombres ordinarios que eligieran permanecer y luchar a su lado «ennoblecerían» su condición. En este contexto «nobleza» indica una capacidad de participar activamente en el proceso evolutivo.

Las señoras Page y Ford y sus maridos representan el cuadrángulo de corazón transferido del bosque de Arden a la rama inglesa. En ese momento, los otros dos impulsos estaban representados por Phoebe (*negro*) y Audrey (*blanco*). Si el estado actual de Windsor es el resultado de un solapamiento con el bosque de Arden, entonces estos dos impulsos también deben estar presentes en Windsor. Recordemos que, desde la activación del enlace chipriota, ambos estaban destinados a la rama inglesa.

Ana Page, la hija de la señora Page, representa el tercer impulso. Shakespeare ayuda al público a identificar su función evolutiva. En la escena final, los dos pretendientes a la mano de Ana, maese Slender y el doctor Caius, son incapaces de reconocer el verdadero «color» de Ana. Ana va disfrazada de una de las hadas que aparecen en la mascarada que se representa en el parque de Windsor. Las hadas llevan varios colores, «negro, gris, verde y blanco». Slender se va con «un niño de blanco» y el doctor Caius acaba casándose «con un niño de verde». Por tanto, el impulso que encarna Ana no es ni *blanco* ni *verde*. Es *negro*. Es decir, es un impulso de energía unitiva designado para un aspecto de la facultad intelecto. Ana de Windsor no es ni desdeñosa ni sarcástica. Parece que el entorno equilibrado de Windsor permitió que este impulso se limpiara de sus antiguas impurezas. Previamente lo representaba Phoebe, una pastora del bosque de Arden y, en esa época, el príncipe Harry fue incapaz de encontrarse con ella. *Las alegres comadres de Windsor* repite aquella situación, pero el príncipe Harry está visiblemente ausente de Windsor. Sin embargo, hay otro príncipe real capaz de cumplir esta función evolutiva.

Maese Fenton es el compañero designado para Ana pero es un forastero en Windsor, lo cual es una de las razones para que el señor Page no lo acepte como pretendiente adecuado para su hija. Según él, Fenton «es de una región demasiado alta» para ser un marido apropiado para Ana:

> «El caballero no tiene porvenir: alternaba con el príncipe salvaje y Poins; es de una región demasiado alta, sabe demasiado».
> (*Las alegres comadres de Windsor*, III.2)

El señor Page acusa a Fenton de codearse con «el príncipe salvaje y Poins». Esta cita hace referencia al príncipe Harry y a Poins, que aparecían en *Enrique IV*. Pero no hay rastro de Harry y Poins en Windsor. Parece que Fenton proviene de un mundo muy distinto. Así pues, la cita anterior sirve más como comparación que como descripción del origen de Fenton. El señor Page quiere decir que Fenton es como Harry. Es una referencia al episodio en el que Harry y Poins hablan de Nell, la hermana de éste. El señor Page indica que Fenton es, como Harry, «de una región demasiado alta» para poderse fiar de él. El afecto de Fenton por Ana no puede ser sincero. El señor Page cree que lo que quiere es la dote de Ana.

El origen de Fenton se revela en una conversación con la señora Quickly en la que Shakespeare llama la atención sobre la «verruga» de Fenton:

Señora Quickly:

«Maese Fenton, puedo jurar sobre un libro que os ama. ¿No tiene vuestra señoría una verruga encima del ojo?»

Fenton:

«Sí, pardiez, la tengo; ¿y qué?»

Señora Quickly:

«Bueno, hay toda una historia: a fe mía, es otra Nan, pero, detesto, la doncella más honrada que jamás comiera pan: estuvimos una hora hablando de esa verruga».

«Y le contaré a vuestra señoría más acerca de la verruga la próxima vez que nos hagamos confidencias; y sobre otros pretendientes».
(*Las alegres comadres de Windsor*, I.4)

Shakespeare usa una verruga o lunar como señal o «marca natural» de ciertos miembros apartados de las familias reales. Así señala el origen real de Fenton («hay toda una historia»). Recordemos la reunión de Sebastián y Viola al final de *Noche de epifanía*:

Viola:

«Mi padre tenía un lunar en la frente».

Sebastián:

«Y el mío también». (*Noche de epifanía*, V.1)

El padre de Viola y Sebastián era «rey» espiritual de Mesalina. Así Shakespeare indica que Fenton está vinculado a la «realeza» de la rama bohemia. En tiempos de *Hamlet* este aspecto lo representaba el príncipe danés, el cual, en la escena final, transfiere su mandato a Fortinbras, un joven príncipe noruego. Después Fortinbras viaja por mar a Inglaterra, llevando allí de este modo la experiencia bohemia. En la época de *Las alegres comadres de Windsor* Fortinbras aparece como maese Fenton. Es un príncipe noruego y, a la vez, proporciona un enlace con la realeza espiritual de la cadena de transmisión evolutiva. A diferencia del príncipe Harry, Fortinbras pudo renunciar a su «hueca» corona noruega. Abandonó la corte, cruzó el mar y llegó a Windsor donde se encontró con Ana, la Dama Oscura de Windsor, y se enamoró de ella. Pero ahora «no tiene porvenir».

La llegada de Fenton a Windsor señala el cumplimiento del tercer objetivo de la intervención bohemia: el desarrollo de un aspecto principal del intelecto para la rama inglesa. Fenton abarca las experiencias del duque Orsino, el duque Vincencio de Viena, Hamlet y Fortinbras. En tales experiencias previas este aspecto fue expuesto a diversas manifestaciones de la Dama Oscura: Viola, Isabela y Ofelia, por tanto, está debidamente preparado para encontrarse con Ana. Esto confirma que Windsor está en el punto en el que se superponen las ondas evolutivas generadas por los octógonos vienés y francés.

Windsor es bastante equilibrado y armónico. Tal ser armonioso es capaz de tratar con las interferencias causadas por unas pocas impurezas, que están representadas por Falstaff. El intento de Falstaff de seducir a las señoras Page y Ford es una muestra de interferencia en el proceso. Las alegres comadres diseñan y ejecutan un plan de protección en cuanto detectan el conato de perturbar el equilibrio de Windsor. Mientras limpian Windsor de impurezas, las alegres comadres preparan las condiciones para la activación de una estructura octogonal en la sociedad inglesa. La señora Page dirige parte del proceso. En su aparición anterior como Rosalinda, la señora Page ha conseguido experiencia en la formación de semejante estructura octogonal. Sabe desde el principio quién es Fenton y cuál es su potencial: es el marido previsto para su hija. Pero la señora Page tiene que afrontar dos retos. En primer lugar, no quiere enfrentarse directamente a su marido, que quiere casar a Ana con Slender. En segundo lugar, quiere asegurarse de que la joven pareja está preparada para su matrimonio. La señora Page se refiere a estos retos hablando con Fenton:

«Vamos, no os preocupéis. Buen maese Fenton, no seré ni vuestra amiga ni vuestra enemiga: preguntaré a mi hija cómo os ama y, según la encuentre, así me afectará. Hasta entonces, adiós señor, ella debe entrar; su padre se enfadará».
(*Las alegres comadres de Windsor*, III.4)

Por eso organiza una serie de obstáculos para la joven pareja. Si Ana y Fenton se aman realmente, podrán superarlos.

Ana Page conocía los planes preparados por sus padres, por lo que dependía de ella tomar la decisión final. La estratagema de Ana se lleva a cabo durante la mascarada de la Reina de las Hadas en el parque de Windsor. No es de sorprender que, al final de la obra, la señora Page acepte el casamiento de Ana y Fenton sin ninguna objeción:

«Bien, no cavilaré más. Maese Fenton, ¡que el cielo os dé muchos, muchos días felices! Buen esposo, vayamos todos a casa y riamos de este juego junto a una hoguera campestre, incluido sir John».

Ana y Fenton fueron capaces de comprender su situación y demostrar que eran maduros y estaban preparados.

El proceso se completa durante la mascarada de la Reina de las Hadas. Una vez más, la que ha propuesto y diseñado el evento es la señora Page, usando el viejo cuento de «Herne el cazador» como pretexto para llevarlo a cabo.

La mascarada de la Reina de las Hadas parece ser una ceremonia folclórica asaz tonta e irrelevante pero, en realidad, es una ilustración de un acontecimiento espiritual bastante avanzado. Todas las tareas de esta etapa de desarrollo se llevan a cabo durante la mascarada. En primer lugar, Windsor queda limpio de sus impurezas espirituales: se expone y neutraliza la infidelidad de Falstaff, el señor Ford se cura de sus celos y el doctor Caius y Slender demuestran ser indignos de casarse con Ana porque no son capaces de reconocer su verdadero «color». En segundo lugar, la limpieza permite la formación de una unión octogonal.

La mascarada se interpreta en el parque de Windsor. El evento comienza con una invocación de la señora Quickly:

«Hadas negras, grises, verdes y blancas, festivas de luz de luna y sombras de la noche, herederas huérfanas de inexorable destino, atended a vuestro oficio y cualidad».

Luego Pistol anuncia las tareas concretas que hay que realizar:

«Elfos, decid vuestros nombres; silencio, juguetes aéreos. Grillo, salta hasta las chimeneas de Windsor; donde encuentres fuegos sin rastrillar y hogares sin barrer, pellizca a las doncellas hasta que estén azules como arándanos: nuestra radiante reina detesta a las descuidadas y al desaliño».
(*Las alegres comadres de Windsor*, V.5)

Aunque la frase «nuestra radiante reina» puede entenderse como una referencia a la reina Isabel I, su sentido interior alude a la Reina de las Hadas, representada simbólicamente por Ana Page. Todo este evento en el parque de Windsor a medianoche es la preparación para la boda de Ana. Podemos entender que los fuegos «sin rastrillar» y los hogares «sin barrer» son referencias simbólicas a la presencia de impurezas en el canal anterior de la transmisión evolutiva.

La mascarada contiene referencias directas a la Orden de la Jarretera. La siguiente cita describe la cámara donde se reúnen los caballeros de la Orden de la Jarretera durante sus asambleas anuales:

> «Recorred el castillo de Windsor, elfos, por dentro y por fuera;
> esparcid buena suerte, duendecillos, en todo aposento sagrado:
> para que permanezca hasta el sino perpetuo en un estado tan
> incólume como corresponda al estado, digno del dueño y el
> dueño de él. Restregad las diversas sillas de la orden con jugo de
> bálsamo y toda flor preciosa: ¡que cada asiento, escudo y
> emblema sea por siempre bendito con leal blasón!»
> (*Las alegres comadres de Windsor*, V.5)

«Las diversas sillas de la orden» es una referencia a los asientos individuales asignados a los miembros de la Orden en la capilla de san Jorge del castillo de Windsor, lugar de reunión tradicional para los caballeros de la Orden. En la siguiente cita la señora Quickly, disfrazada de hada, da instrucciones a las otras hadas. Los lectores pueden ver que contienen elementos de una reunión ceremonial de la Orden:

> «Y todas las noches, hadas de los prados, cantad en círculo
> como la Jarretera: que su expresión sea verde, más fresca y fértil
> que todo el campo que se ve; y escribid "Honi soit qui mal y
> pense" en penachos esmeraldas, flores púrpuras, azules y
> blancas; que el zafiro, la perla y los ricos bordados se abrochen
> bajo la rodilla doblada de la hermosa caballería: las hadas usan
> flores como caracteres de escritura».
> (*Las alegres comadres de Windsor*, V.5)

Se pide a las hadas que usen «penachos esmeraldas» y flores para expresar el lema de la Orden «*Honi soit qui mal y pense*», que, como se indica en el comentario de *Ricardo II*, es el saludo al «portador de la copa», su guía espiritual. El acontecimiento tiene lugar en un círculo (una «jarretera») que forman los participantes. Tal «jarretera» se refiere a la unidad básica de un grupo de iniciados. La cita anterior menciona el púrpura, el azul y el blanco, colores adoptados por la Orden de la Jarretera en el siglo XVI.

Sin embargo, hay una cosa importante: son las «hadas» y no los caballeros, quienes realizan el evento. En segundo lugar, sus participantes son miembros de las clases media y trabajadora. Entre las hadas se cuentan la señora Quickly, sir Hugh Evans y Pistol. Previamente, la señora Quickly y Hugh Evans no se entendían debido a sus deficiencias lingüísticas, pero ahora sir Hugh Evans ha sido «milagrosamente» curado de sus idiosincrasias al hablar. La señora Quickly, que antes confundía el sentido de las palabras, pronuncia impecablemente un mensaje poético que incluye una frase en francés. Así indica Shakespeare que la señora Quickly representa el cuarto impulso (*blanco*) de la carga evolutiva. En *Como gustéis* este impulso lo representaba Audrey, una pastora. La señora Quickly y Pistol forman la cuarta pareja del octógono.

Shakespeare insertó un breve episodio para mostrar cómo puede una persona corriente entrar en contacto con una actividad de desarrollo, cuando Pistol se encuentra con la señora Quickly e inmediatamente se percata de que tiene algo especial:

«Esta ramera es mensajera de Cupido: izad más velas, perseguid, alzad la lucha, disparad: ¡ella será mi botín o que el océano los sumerja a todos!» (*Las alegres comadres de Windsor*, II.2)

Al final de la obra Pistol es una persona diferente. Durante la mascarada habla con fluidez y sin errores. Recordemos que Pistol luchó en la batalla de Agincourt. Como indicó el rey Enrique V en su arenga del día de san Crispín, esa experiencia «ennobleció su condición».

Durante la mascarada de la Reina de las Hadas, la carga evolutiva que llevaba «Isabel» se transfiere a las clases media y trabajadora de la Inglaterra del siglo XVII. Las señoras Page y Ford, Ana Page y la señora Quickly representan las manifestaciones actuales de la carga evolutiva invertida en Windsor. A diferencia de los octógonos formados previamente en el bosque de Arden y en Viena, el que se activa en Windsor está plenamente equilibrado. No hay necesidad de parches. Por eso aparece el color verde («que... sea verde»). La estéril caja verde del doctor Caius se reemplaza por una estructura activa. Como se ha indicado anteriormente, la aparición del color verde señala la formación de un eneágono: surge una novena punta en la estructura interior octogonal. Esto permitirá que se añada una dimensión extra a la nueva estructura, es decir, que se expanda a un estado superior.

William Page

Es importante observar que entre los colores de la Orden de la Jarretera no estaba el *verde* porque se relacionaban con las fases anteriores del proceso. Pero ahora aparece el *verde* en la sociedad inglesa, señal de que las condiciones estaban adecuadamente preparadas para la aparición de un rey espiritual, tal como predijeron las brujas de *Macbeth*.

Entonces ¿quién es este rey?

Robin es un paje de Falstaff que, anteriormente, servía al príncipe real. Hay un momento en que la señora Page exige a Falstaff que le entregue a Robin como muestra de su amor, a lo que Falstaff accede. Esta es la conversación de la señora Page con Robin:

Señora Page:

«Vamos, sigue andando, pequeño galante; solías ser un seguidor, pero ahora eres un líder. ¿Prefieres guiar mis ojos o mirar los talones de tu señor?»

Robin:

«En verdad prefiero ir ante ti como un hombre que seguirle como un enano»

Señora Page:

«Ay, niño adulador: ahora veo que llegarás a ser cortesano».
(*Las alegres comadres de Windsor*, III.2)

«Eres un buen chico: este secreto tuyo será un sastre para ti que te coserá unas calzas y un jubón nuevos».
(*Las alegres comadres de Windsor*, III.3)

El señor y la señora Page adoptan como hijo a Robin y cambian su nombre a William Page. William aparece en el siguiente episodio cuando la señora Page pide a sir Hugh Evans que examine a su hijo para ver cuánto ha aprendido en el colegio:

«Sir Hugh, mi marido dice que mi hijo no aprovecha sus estudios. Os ruego le hagáis algunas preguntas de gramática».

Tras el examen, la señora Page concluye:

«Es mejor estudiante de lo que yo pensaba».
(*Las alegres comadres de Windsor*, IV.1)

Como se ha señalado en el comentario de *Como gustéis*, Shakespeare usa el personaje de «William» para describir algunas de sus propias experiencias.

Se dice que a un hombre corriente le costaría mil años experimentar lo que un sabio en una vida. Shakespeare incorpora esta relación en su teatro y en los sonetos, respectivamente. El teatro abarca el progreso evolutivo de la civilización occidental a los largo de varios milenios históricos mientras que los sonetos describen el progreso personal de Shakespeare conseguido durante su vida. Para calibrar los dos tipos de experiencias, Shakespeare tuvo que incluirse en las obras de teatro, revelando detalles sobre sí mismo y sus antecedentes al elegir a «William Page» como personaje para representarle. Pero incluso estos pocos detalles sobre el autor están codificados de forma intrincada. Así indica Shakespeare que tenía que permanecer anónimo para maximizar el efecto de sus escritos, lo que concuerda con la regla de que el trabajo del verdadero artista es anónimo porque así nada se interpone entre el que aprende y lo que debe aprender.

Shakespeare inserta algunos episodios de su propia vida en varias obras. Para ser consistente con su narrativa, «William» aparece sólo en las obras que se solapan con *Las alegres comadres de Windsor*: *Enrique IV*, *Enrique V* y *Como gustéis*. Ahora está claro por qué, en *Como gustéis*, Touchstone no deja que William se case con Audrey: no era su función. William tenía que desempeñar otro papel pero, en ese momento, ni William de Arden ni la situación general en la rama francesa estaban listas para que se cumpliera dicha función.

Una etapa anterior de William Page se ilustra en *Enrique IV*.
Aparece como paje[11] del príncipe Harry y hay un momento en que
éste le entrega el muchacho a Falstaff:

«Y el chico que le di a Falstaff: se lo entregué cristiano y mira si
el gordo bribón no lo ha transformado en simio».
(*Enrique IV*, *segunda parte*, II.2)

Las palabras anteriores las pronuncia el príncipe Harry en el
mismo episodio en el que habla con Poins de su hermana Nell,
conversación que escucha el chico; es decir, fue testigo de la causa
de esterilidad de la rama inglesa.

Durante la guerra en Francia en época de *Enrique V* el muchacho
era sirviente de Pistol. Se dio cuenta de que Pistol y sus dos
compañeros no eran más que ladrones y embusteros: robarían
cualquier cosa y lo considerarían un trofeo. En lugar de luchar, se
ocuparían de afanar. El chico se queja de que querían que se uniera
a ellos en sus fechorías y se negó porque quitarle a alguien algo del
bolsillo y meterlo en el propio era un puro y simple robo. Tales
villanías le asquean:

«Joven como soy, he observado a estos tres bravucones. Soy un
niño para ellos pero los tres juntos, aunque fueran mis
sirvientes, no serían ni un hombre para mí, pues tales
mamarrachos no suman un hombre. […] Roban cualquier cosa
y lo llaman comprar. [...] Debo dejarles y buscar mejor servicio:
su villanía revuelve mi delicado estómago y he de vomitarlo».
(*Enrique V*, III.2)

Después acaba con Pistol en la batalla de Agincourt, sabiendo
francés. Hace de traductor para Pistol cuando éste captura a
monsieur le Fer:

---

[11] N. de la T. Paje, en inglés es page.

Pistol:

«Ven aquí, niño: pregunta a este esclavo en francés cómo se llama».

Paje:

«Ecoutez: comment êtes-vous appelé?»
(*Enrique V*, IV.4)

El muchacho no podía cumplir su función estando en compañía del príncipe real Harry, que no reconocía su potencial. Despreocupadamente, Harry le entrega el chico a Falstaff. El niño tuvo que esperar hasta que la situación general estuviera correctamente alineada. Después reaparece como Robin en Windsor en época de *Las alegres comadres de Windsor*. Observemos que, entre los presentes en Windsor, sólo el niño y Pistol habían experimentado la batalla de Agincourt, es decir, el chico también había obtenido «nobleza».

La soltura con que habla francés demuestra que nació o se crió en una familia noble de origen francés. Podemos suponer que, según la costumbre, a los siete años se le envió a la corte para ser un paje. Como paje, montar a caballo, la caza, la cetrería, el combate, el canto, el ajedrez y demás serían parte de su entrenamiento. Shakespeare incluyó en sus obras varios episodios con pajes, unos de sus personajes más respetados. Cuando Rosalinda se disfraza de chico, se cambia el nombre por el de Ganímedes, el paje de Júpiter:

«Mi nombre será nada menos que el del paje del propio Júpiter, así pues llámame Ganímedes». (*Como gustéis*, III.1)

En otras palabras, un *paje* de Shakespeare hace de mensajero del Dominio. En consecuencia, los pajes de Shakespeare participan activamente en el servicio al proceso evolutivo. Por ejemplo, en *Timón de Atenas* un Paje transmite las instrucciones de Marina a Timón. Polilla, el paje de don Adriano en *Trabajos de amor perdidos*, explica el significado del código de colores empleado en la ilustración simbólica de los impulsos evolutivos.

William se ha entrenado en el parque de Windsor, que es un equivalente del bosque de Arden. Participa en la mascarada cuando se activa el octógono de Windsor; después, está listo para la segunda parte de su entrenamiento. Según la señora Page, William va a ser un cortesano. Es decir, va a «tostarse» por las dos caras: se entrenará en el «bosque» y en la «corte». Entonces se encontrará con el príncipe indio. El príncipe le preparará para asimilar toda la carga evolutiva activada en el parque de Windsor. Los detalles del entrenamiento espiritual de William y sus experiencias se describen en los sonetos. Finalmente, aparecerá como guía en *Sueño de una noche de verano*, la obra que concluye la narrativa de Shakespeare.

A William se le ha entrenado para convertirse en el futuro rey espiritual que dirigirá la siguiente etapa del proceso evolutivo. Se crió en una familia de custodios. A través de la señora Page de Windsor, Rosalinda de Arden y Helena del Rosellón, es el heredero espiritual de Gerardo de Narbona, el último trovador. A lo largo de muchas generaciones esta familia ha estado activamente implicada en la conservación del proceso evolutivo, inicialmente en la rama francesa y después en la inglesa. Los miembros de esta «familia» eran los custodios de la carga evolutiva invertida en «Isabel I».

William absorbió la carga espiritual de «Isabel» asimilando el octógono de Windsor. Al final de *Enrique VIII*, Cranmer indica la aparición de este rey espiritual que renacería «de las sagradas cenizas de su honor»:

«Pues igual que cuando muere la maravillosa ave, la virginal fénix, sus cenizas crean otro heredero, tan admirable como ella, del mismo modo ella dejará su bendición a uno, cuando el cielo la reclame de esta nube de oscuridad, el cual, de las sagradas cenizas de su honor surgirá como una estrella, tan grande en renombre como ella».

En el soneto 1, el príncipe indio hace referencia al futuro papel de William:

«Tú que eres ahora el fresco adorno del mundo
Y único heraldo de la vistosa primavera».
(Soneto 1, 9-10)

Ya es posible apreciar plenamente el progreso realizado entre la época de *Enrique IV* y la de *Las alegres comadres de Windsor*. La impotencia espiritual de Inglaterra en tiempos de *Enrique IV* se ilustra simbólicamente en el episodio en el que el príncipe Harry y Poins hablan de Nell, la hermana de éste. Ahora, esta disposición se sustituye por Fenton, William y su hermana Ana. Fenton se casa con Ana, William es el futuro guía. La impotencia evolutiva de la realeza medieval se transmuta en la plena potencia de un miembro de la clase media de la Inglaterra del siglo XVII.

Las alegres comadres de Windsor contiene un mensaje importante para quienes conocen el proceso evolutivo, cuya naturaleza sugiere que la intención era representar la obra durante una de las fiestas de la Jarretera. Puede presumirse que la obra sirvió como anuncio de la transferencia del canal de transmisión de los caballeros de la Orden de la Jarretera a un grupo selecto de la clase media y baja. La transferencia era necesaria para aumentar la eficacia del proceso. El canal anterior estaba exhausto, había perdido su capacidad de desarrollo y se había convertido gradualmente en ceremonias estériles. Isabel I, la Reina Virgen fue el último eslabón del canal de transmisión previo. La proyección avanzada requería un entorno nuevo y fértil. Parece que ciertos miembros de las clases media y trabajadora estaban debidamente capacitados para cumplir tan noble función.

EL SEGUNDO MILENIO

Según la presentación de Shakespeare el ciclo evolutivo moderno se completó a principios del siglo XVII. En ese momento convergieron los enlaces siciliano y chipriota y formaron una nueva célula evolutiva en Europa. Entonces se cumplió el oráculo de Júpiter:

«Se talen ramas que, tras muchos años muertas, revivirán, se unirán al antiguo linaje y crecerán de nuevo». (*Cimbelino*, V.4)

La nueva célula estaba incrustada en cierta parte de la sociedad europea. Este grupo experimentó un atisbo de la perfección humana. Fue una experiencia breve y fugaz pero marcó el inicio del segundo milenio espiritual del mundo moderno. Shakespeare describe esta experiencia en *Sueño de una noche de verano*, obra que es la conclusión de la narrativa de Shakespeare.

Sueño de una noche de verano

La Atenas que se presenta en *Sueño de una noche de verano* abarca las experiencias europeas de los ciclos evolutivos más recientes, así como de los anteriores. Recordemos que Shakespeare usa Milán como la Nueva Atenas para describir el progreso evolutivo en el enlace siciliano. Atenas en *Sueño de una noche de verano* es el lugar del episodio final de la secuencia que incluye Atenas en *Timón de Atenas*, Milán en *Los dos hidalgos de Verona* y Milán en *La tempestad*. La estructura interior de la Atenas de *Sueño de una noche de verano* se ha desarrollado en las etapas finales de la rama evolutiva italiana. Sus aspectos principales son Teseo, Lisandro y Demetrio. Teseo representa el intelecto de Atenas y Lisandro y Demetrio son dos aspectos del corazón.

Los jóvenes enamorados Demetrio y Lisandro son los reflejos actuales de Valentín y Proteo de *Los dos hidalgos de Verona*. Abarcan las experiencias de los hombres jóvenes de la rama italiana. De forma similar, Helena y Hermia son las proyecciones actuales de los correspondientes impulsos invertidos en la rama italiana. La aparición de Helena y Hermia en Atenas significa que Miranda no fue a Nápoles. Tras su encuentro con Fernando en la Isla de Próspero, este impulso se transfirió de vuelta a Atenas (Milán). Al entrar en el estado ordinario de Atenas, el impulso se vuelve a dividir en dos. La más alta, Helena, representa un impulso de energía unitiva (*rojo*), Hermia es un impulso de energía creativa (*amarillo*). Previamente, ambos impulsos se habían manifestado en la rama italiana como Silvia y Julia en *Los dos hidalgos de Verona*, Julieta y Rosalina en *Romeo y Julieta*, Bianca y Catalina en *La fierecilla domada* y Portia y Jessica en *El mercader de Venecia*.

Las aventuras de Demetrio y Lisandro demuestran claramente que no se han purificado de sus deficiencias espirituales; aún se ven impulsados por sus deseos sensuales, lo que se indica por su vulnerabilidad a un jugo mágico y a una hierba llamada el brote de Diana. El jugo mágico se hace con la flor de Cupido y el brote de Diana es su antídoto:

> «El brote de Diana contra la flor de Cupido tiene tal fuerza y bendito poder». (*Sueño de una noche de verano*, IV.1)

En sus últimos dos sonetos Shakespeare explicó que la flor de Cupido y el brote de Diana sólo afectan a los hombres corruptos. Los hombres y mujeres espiritualmente desarrollados son inmunes a esta «magia tosca».

No obstante, la inconstancia de Demetrio se arregla con la flor de Cupido y el amor de Lisandro por Hermia se recupera con ayuda del brote de Diana. Esto significa que la unión del corazón ocurrida en el bosque cerca de Mantua al final de *Los dos hidalgos de Verona* no fue permanente. La breve experiencia era necesaria con objeto de preparar el impulso de energía unitiva para el proyecto de Próspero. A su regreso a Milán desde el bosque, los dos aspectos del corazón italiano se separan y sus estados interiores revierten a los ordinarios.

Teseo es la representación actual del duque de Milán y abarca las experiencias de Próspero. Se presenta como el conquistador de Hipólita, reina de las amazonas. Según Shakespeare, las amazonas representaban a los sentidos ordinarios. (Como se describe en *Timón de Atenas*, las amazonas estaban gobernadas por Cupido). Próspero era proclive a la influencia perturbadora de Juno, que era una manifestación de una Dama Oscura maculada. Pero gracias a esta experiencia Teseo estaba bien preparado para conquistar a Hipólita, que es la manifestación actual de la Dama Blanca.

El país de las hadas de Oberón y Titania es más fértil que la desnuda isla de Próspero. Vemos ahora que la Isla de *La tempestad* representaba sólo un pequeño fragmento del País de las Hadas descrito en *Sueño de una noche de verano*. Este estado superior se activó antes de la llegada de Próspero.

El mundo de las hadas es una ilustración simbólica de un estado superior, adherido ahora a Atenas, que opera fuera de las limitaciones espaciotemporales. Las hadas representan las diversas fuerzas invisibles que actúan dentro del estado superior. Mediante este estado es posible ejercer capacidades y poderes extraordinarios que controlan todo el entorno. La cualidad y características del reino de las hadas son un reflejo de la pureza espiritual de un determinado ser. Cuanto más avanzado es el ser, más puras y cooperativas son las fuerzas invisibles vinculadas y conjugadas con él. En *Sueño de una noche de verano* el rey Oberón y la reina Titania representan estos aspectos supracorpóreos.

Las hadas son las diferentes manifestaciones de Ariel, el espíritu que servía a Próspero. Al final de *La tempestad*, Ariel quedó liberado del mando de Próspero y así describe su libertad futura:

«Donde liba la abeja, ahí libo yo: en la campanilla de una prímula me acuesto; allí duermo cuando ululan los búhos. Vuelo sobre el lomo del murciélago tras el verano alegremente». (*La tempestad*, V.1)

Una de las hadas de *Sueño de una noche de verano* proporciona una pista sobre el tipo de libertad concedido a Ariel. Esta es la descripción que hace el hada acerca de sus servicios actuales:

«Y yo sirvo a la reina de las hadas, para poner rocío sobre los círculos del verde. Las altas prímulas son sus damas de compañía, las motas que ves sobre sus capas son rubíes, obsequio de las hadas, en esas pecas está su perfume: y debo buscar aquí gotas de rocío para colgar una perla de la oreja de cada prímula». (*Sueño de una noche de verano*, II.1)

La liberación de Ariel significó su regreso al País de las Hadas. Ariel quería salir del control de Próspero, un mero mortal, para poder servir a Oberón, rey del País de las Hadas. Ahora Ariel aparece como Puck y así comenta sus sentimientos sobre los mortales:

«¡Señor, qué necios son estos mortales!» (*Sueño de una noche de verano*, III.2)

Una de las características nuevas del País de las Hadas es la presencia de Oberón. Shakespeare toma el personaje de Oberón de un hechicero de la historia legendaria de la Galia del siglo V. Oberón es la primera aparición de una nueva línea de deidades sometidas pertenecientes a la tradición europea occidental. Es el reemplazo actual del Jabalí, el consorte celoso de Venus en *Venus y Adonis*. Oberón explica a Puck que son un tipo distinto de espíritus:

«Pero somos espíritus de otra clase». (*Sueño de una noche de verano*, III.2)

Debido a la ruptura en el enlace siciliano, el estado superior está contaminado por impurezas residuales heredadas de la antigüedad. Titania representa a una semidiosa que, como Juno, está manchada por experiencias pasadas: es la manifestación actual de una Dama Blanca maculada (Phoebe, que da nombre a la Dama Oscura del bosque de Arden, era también una de los mitológicos titanes). Su impureza se resalta porque es susceptible al efecto del jugo mágico. Su deficiencia se manifiesta en su pelea con Oberón, la cual se proyecta en el estado ordinario y perturba Atenas. Primero, afecta a Hipólita que, en un par de ocasiones, muestras atisbos de desafiar a Teseo. Otro efecto de la transgresión de Titania se manifiesta en el inexplicable cambio de sentimientos de Demetrio, que abandona a Helena y persigue a Hermia. Esta perturbación se agrava con la animadversión que siente Egeo hacia el viejo Nader, padre de Helena. Egeo, padre de Hermia, intenta utilizar la atracción que siente Demetrio por ella para vengarse del padre de Helena. Tal inquina entre los padres es un eco de un antiguo rencor heredado de Verona.

A pesar de su avanzado estado, Teseo no puede arreglar la situación. Como Próspero, está parcialmente maculado por las impurezas del País de las Hadas. Por cuestiones de eficacia, un viajero experimentado, es decir, un guía, debe poner en marcha una acción correctiva en el País de las Hadas. Por eso Teseo tiene que pedir ayuda. Afortunadamente, hay un guía así en Atenas y responde a la petición de Teseo.

Este aspecto guía se desarrolló en la rama inglesa al final de *Las alegres comadres de Windsor*: al término de la mascarada de la Reina de las Hadas se activó el octógono equilibrado que pudo transmutarse en un eneágono, lo que proporcionó las condiciones necesarias para que apareciera un nuevo guía, identificado como William Page. Ahora aparece en Atenas como Nick Bottom, un tejedor amante del teatro. Nick Bottom es el primero de una línea de «reyes espirituales» proyectados en la clase media de la Inglaterra del siglo

XVII y es el rey espiritual predicho por las brujas de *Macbeth* y por Cranmer al final de *Enrique VIII*.

Nick Bottom abarca las experiencias previas de las ramas francesa, bohemia e inglesa. Su estado interior está marcado por el color *verde*. En la escena final de la obra se le describe así:

«Estos labios de lirio, esta nariz de cereza, estas mejillas de amarilla prímula se han ido, se han ido: amantes, gemid, sus ojos eran verdes como los puerros». (*Sueño de una noche de verano*, V.1)

Los otros colores mencionados en esta descripción representan los impulsos presentes en la corte de Teseo durante la representación de los mecánicos: *blanco* (lirio), *rojo* (cereza) y *amarillo* (prímula) que son aplicables a Hipólita, Helena y Hermia, respectivamente. Ahora podemos apreciar plenamente la economía y eficacia de la intervención bohemia puesta en marcha en época de *Noche de epifanía*, necesaria para que la Europa occidental del siglo XVII pudiera tener un guía que dirigiera la siguiente fase del proceso evolutivo.

Nick Bottom vive con los mecánicos, que le respetan mucho. Tiene que comunicarse con ellos en la medida de su entendimiento; a pesar de sus incorrecciones lingüísticas los mecánicos le entienden perfectamente y según ellos él:

«Es sencillamente el más ingenioso de todos los artesanos de Atenas».

«Sí, y también la mejor persona y su dulce voz no tiene paragón».
(*Sueño de una noche de verano*, IV.2)

Fingiendo hacer los papeles de Tisbe y del león, Bottom enseña a los mecánicos cómo representarlos. El ensayo tiene lugar «en el roble del duque», en un bosque cerca de Atenas. Es una repetición de la mascarada de la Reina de las Hadas representada junto al viejo roble en el parque de Windsor en *Las alegres comadres de Windsor*. Este grupo en concreto se formó como resultado del solapamiento de las ramas inglesa y bohemia ilustradas en *Las alegres comadres de Windsor*. En ese momento la función evolutiva se transfiere de la realeza a unos individuos selectos de las clases media y obrera inglesas. Es decir, ahora un grupo de «mecánicos» proporciona un enlace con la cadena de transmisión. Nick Bottom y los mecánicos constituyen una célula de la nueva civilización formada dentro de la sociedad europea del siglo XVII. Su función es proteger el proceso evolutivo y hacer que avance. El grupo usaba el teatro para inyectar ideas de desarrollo en la Europa de ese siglo. En el personaje de Nick Bottom podemos reconocer al autor de las obras de Shakespeare y los «mecánicos» son los Hombres del Rey, la compañía de teatro de Shakespeare. Anteriormente, los encargados de proteger el proceso evolutivo eran los caballeros de la Orden de la Jarretera. La transferencia de esta función evolutiva se indica simbólicamente mediante la lista de Actores Principales incluida en la introducción del Primer Folio de 1623. Como los miembros fundadores de la Orden de la Jarretera, los Actores Principales se disponían en dos grupos o jarreteras de trece miembros cada una.

Recordemos que el plan original requería que un monarca reinante adquiriera tal capacidad de guía, lo que permitiría que fuera reconocible y estuviera al cargo del proceso evolutivo en Europa. Un guía visible e identificable proporcionaría las condiciones para la más eficaz puesta en marcha de las siguientes etapas del proceso. Se hizo un intento de ello previamente en Roma, donde se suponía que Julio César haría ese papel, pero no funcionó en Roma y Shakespeare indica que tampoco fue posible en la Europa del siglo XVII. Por tanto, el enfoque general debía ajustarse en concordancia. En lugar de a un monarca reinante y su corte, la función se confirió a un autor teatral y su compañía de teatro: los Hombres del Rey. Todo el proceso lo dirige Nick Bottom pero su función de guía permanece invisible para la mente racional o el intelecto especulativo. Un guía espiritual que, como Bottom, ha de trabajar disfrazado para poder cumplir su función es una de las características principales de las obras y sonetos de Shakespeare. Otelo, don Pedro, Petruchio, Feste, Lucio son personajes que representan a un guía.

Nick Bottom puede viajar al País de las Hadas para arreglar la situación que hay allí. Sólo hay dos humanos capaces de acceder a dicho país: Nick Bottom y el niño indio. Ahora podemos reconocer al príncipe indio en «un hermoso niño, raptado a un rey indio». Las visitas a la tienda del elefante, que el príncipe indio concedió al poeta, eran en realidad viajes al País de las Hadas, es decir, a un estado inspirativo superior. Bottom se refiere a estos viajes como sueños:

«He tenido una visión muy extraña. He tenido un sueño que está más allá de la inteligencia del hombre decir cuál era: el hombre no es más que un asno, si intenta explicar este sueño. Pensé que yo era... no hay hombre que pueda decirme qué. Pensé que yo era y pensé que tenía, pero el hombre no será más que un estúpido bufón si se ofrece a decir lo que yo pensaba tener. El ojo del hombre no ha escuchado, el oído del hombre no ha visto, la mano del hombre no puede saborear, su lengua concebir ni su corazón narrar lo que era mi sueño».
(*Sueño de una noche de verano*, IV.1)

Según Bottom, el hombre ordinario no tiene ni idea de esos «sueños». Él se desarrolló gradualmente durante esas visitas al País de las Hadas. Ahora este estado superior es accesible para Bottom directamente desde el bosque, que representa el estado intermedio actualmente operativo y, por eso, no tiene que atravesar mares tormentosos para llegar al País de las Hadas. Hubo un momento en que se pudo llevar allí a Próspero. Guiado por «una muy propicia estrella» a Próspero se le saca de Milán (Nueva Atenas) y se le deposita en la Isla. En la época de la visita de Próspero, el príncipe indio estaba entrenando a Nick Bottom. El príncipe indio era el guía invisible que supervisaba y dirigía las aventuras de Próspero descritas en *La tempestad* y es quien le avisó de la estratagema de Juno. También Próspero compara sus experiencias a «sueños»:

«Somos la sustancia sobre la que se hacen los sueños y un dormir tornea nuestra pequeña vida». (*La tempestad*, IV.1)

Próspero indica que el propósito de la humanidad es servir de base para desarrollar tales sueños, es decir, estados superiores de la mente («somos la sustancia sobre la que se hacen los sueños»).

En los sonetos de Shakespeare hay ecos de los viajes de Bottom al País de las Hadas. Por ejemplo, en el soneto 50 el poeta se refiere a la «bestia» que le ha llevado allí, que es una referencia al asno que permite al poeta viajar al País de las Hadas donde se encontrará con el príncipe indio. La alegría del poeta se queda en ese país, su regreso a Atenas significa separarse del príncipe indio, su guía espiritual. En este contexto, resultan evidentes el significado de «bestia» y la vacilación del poeta para moverse más deprisa. Por eso tal viaje le «apesadumbra»:

Qué apesadumbrado viajo en el camino
Cuando lo que busco (el final de mi fatigoso viaje)
Enseña a ese alivio y reposo a decir:
Hasta aquí se mide la distancia de tu amigo.
La bestia que me lleva, cansada de mi pena,
Avanza lentamente al llevar el peso que contengo,
Como si por instinto la desgraciada supiera
Que su jinete no quiere alejarse deprisa de ti;
La sangrienta espuela no le sirve de acicate
Cuando a veces la ira se la hinca en la piel,
Y responde con un profundo quejido
Más doloroso para mí que la espuela en su costado,
Pues el propio gemido me lleva a la mente:
Mi dolor se halla delante y mi alegría detrás.

El poeta se queja de que abandonar el estado superior y volver al ordinario le entristece y le angustia. Le resulta difícil separarse del príncipe indio; la «bestia» que le lleva se mueve muy despacio, reflejo de la vacilación del poeta. El poeta da a entender que la bestia sabe que él no quiere alejarse velozmente de su felicidad. Incluso con golpes furiosos el poeta no consigue que la bestia acelere; contesta gimiendo, lo que aún duele más al poeta ya que le recuerda que sus retos y dificultades se hallan ante él, mientras que la verdadera alegría queda atrás.

Los encuentros de Nick Bottom con Titania y «un hermoso niño, raptado a un rey indio» los describe Shakespeare también en sus sonetos, donde el príncipe indio aparece como el apuesto joven y Titania como la Dama Oscura. El poeta describe sus primeros encuentros con la Dama Oscura en los sonetos 127 y 128:

«En la antigüedad el negro no se consideraba bello
Y si lo era, no llevaba el nombre de belleza,
Pero ahora el negro es el heredero legítimo de la belleza».
(Soneto 127, 1-3)

En estas líneas el poeta recalca que la aparición de la Dama Oscura es una nueva experiencia para el hombre ordinario.

Ahora se pueden entender las complicaciones de los encuentros del poeta con la Dama Oscura de los sonetos. Esta amorosa Dama Oscura era la esposa de Oberón y el poeta no podía unirse a ella. En su lugar, el guía entrena al poeta para manejar con eficacia esta difícil experiencia, entrenamiento necesario para que el poeta pudiera impartir una recriminación a Titania. Para cumplir adecuadamente su función, Bottom tenía que ser inmune a la promiscuidad de Titania. Observemos que durante su encuentro con ella Bottom más bien la ignora y disfruta charlando con las hadas. El comportamiento de Bottom molesta a Titania y hay un momento en que interrumpe la charla y pide a sus hadas que le traigan «en silencio» a su pabellón:

300

«Vamos, atendedle, conducidle a mi pabellón. Sujetad la lengua
de mi amado, traedle en silencio».
(*Sueño de una noche de verano*, III.1)

El encuentro de Bottom con Titania puede fácilmente
malinterpretarse y suponer que tuvieron relaciones sexuales. Desde
luego, no fue así. Titania tentando a Bottom es equivalente al
intento de Juno de hechizar a Próspero. Si Bottom se dejara seducir
por Titania, el proyecto de Bottom quedaría invalidado. El comentario de Titania aclara la situación:

«Creo que la luna mira con un ojo acuoso y cuando llora, lloran
todas las florecillas lamentando una forzada castidad».
(*Sueño de una noche de verano*, III.1)

Titania indica que en ese preciso instante la acuosa luna obliga a
la «castidad». De hecho, la forzada «castidad» de Titania es el
momento más notable de todo el canon dramático de Shakespeare.
Encapsula el resultado del proceso evolutivo moderno. Esta
obligada castidad demuestra simbólicamente el progreso
conseguido; ya no hay semidioses corruptos actuando como los
impulsores fundamentales del destino humano. El Jabalí de *Venus y
Adonis* se sustituye por un hombre altamente desarrollado que
supervisa el proceso. Un encuentro sexual entre Titania y Bottom
haría retroceder el proceso a la antigüedad, cuando los semidioses
interferían en los asuntos humanos y, simbólicamente, anularía el
progreso evolutivo logrado a lo largo de varios milenios
espirituales.

El príncipe indio, es decir, el apuesto joven de los sonetos, era el
guía espiritual del poeta. Es importante observar que la atracción
que sentía Titania por el príncipe indio tiene la misma naturaleza
que su fascinación por Bottom. Así acaricia al niño indio:

«Le corona de flores y hace de él toda su alegría».
(*Sueño de una noche de verano*, II.1)

Y así lo hace con Bottom:

> «Pues ella rodeó sus sienes con una diadema de frescas y fragantes flores».
> (*Sueño de una noche de verano*, IV.1)

Los encuentros del príncipe indio y Bottom con Titania ayudan a entender la naturaleza de las experiencias del poeta con la Dama Oscura que describen los sonetos. Asimismo, para captar el sentido simbólico de la presentación de Shakespeare, es útil saber que, en ese momento, el proceso evolutivo estaba siendo dirigido desde «las remotas estepas de India», es decir, el centro estaba situado en el noroeste de India y lo dirigía el rey indio, padre del príncipe. Por eso Oberón también llega a Atenas desde India:

> «¿Por qué has venido desde las remotas estepas de India?»
> (*Sueño de una noche de verano*, II.1)

En Sueño de una noche de verano Shakespeare indica cómo se organizaban las visitas al País de las Hadas: se detallaban en los ensayos de los mecánicos. Aunque Pedro Membrillo trajo el guión de *Píramo y Tisbe*, fue Bottom quien lo revisó y adaptó para ser representado. Sólo Bottom podía conseguir que Puck tuviera un papel activo en el ensayo. La entrada de Puck en el ensayo viene indicada en el guión cuando Bottom va «sólo a ver un ruido que ha oído y ahora vuelve»:

> «¡Pero, oíd, una voz! Quedaos aquí un momento y reapareceré ante vosotros enseguida». (*Sueño de una noche de verano*, III.1)

Instantes después, cuando Bottom vuelve a aparecer ante los mecánicos, Puck ha transformado su cabeza en la de un asno. Bottom ha de transfigurarse para poder realizar su función. La transformación de Bottom en «una cosa vil» es necesaria para que el «jugo» tenga el impacto deseado en Titania. Es decir, dicha transformación estaba incluida en el guión original de *Píramo y*

Tisbe. Por razones obvias, no es necesario presentar este episodio ante la corte de Teseo.

Recordemos que ya habíamos encontrado a ese personaje en *Mucho ruido y pocas nueces* donde Dogberry, otro «asno», representa un papel similar. Shakespeare, sin razón aparente, quería que el público recordara que Dogberry era una clase especial de «asno»:

> «Pero maeses, recordad que soy un asno; aunque no conste por escrito, no olvidéis que soy un asno».
> (*Mucho ruido y pocas nueces*, IV.2)

Es una indicación de que este tipo de «asno» aparece en otra obra para hacer un papel análogo.

A su regreso del País de las Hadas, Bottom y sus mecánicos representan *Píramo y Tisbe* en la corte de Teseo.

Píramo y Tisbe

Bottom es quien organiza con Teseo que se elija la representación de los mecánicos de *Píramo y Tisbe*:

> «Porque lo corto y lo largo del tema es que nuestra obra es preferida». (*Sueño de una noche de verano*, V.1)

Bottom comunica este mensaje a los mecánicos antes de la conversación de Teseo con Filóstrato, maestro de festejos.

En la cena de boda de Teseo, sus invitados hablan de las aventuras de la noche anterior, intentando averiguar qué les pasó en el bosque durante tan extraña noche. Entonces llegan los mecánicos y Pedro Membrillo recita su prólogo:

«Si ofendemos, es con buena voluntad. Para que penséis que no venimos a ofender, sino con buena voluntad. Mostrar nuestra simple habilidad es el verdadero principio de nuestro fin. Considerad pues que venimos a pesar de ello. Nuestra verdadera intención es que no venimos pensando en impugnaros. Enteramente para vuestro deleite no estamos aquí. Para que aquí os arrepintáis, los actores están a mano y por su espectáculo sabréis todo lo que podéis saber».

(*Sueño de una noche de verano*, V.1)

A primera vista, las palabras de Membrillo no tienen mucho sentido. Luego el público se da cuenta de que si Membrillo lo hubiera leído con la puntuación «adecuada» querría decir:

«Si os insultamos, esperamos que sepáis que no pretendíamos ofenderos. Venimos con la buena intención de mostrar nuestros pequeños talentos. Eso es todo lo que queremos. Recordad que hemos venido para complaceros y que nuestra verdadera intención es deleitaros. No hemos venido para que os arrepintáis».

Entender así el prólogo de Membrillo es un ejemplo del funcionamiento de los reflejos intelectuales que se conectan y dan una explicación satisfactoria. Demetrio y Lisandro, así como los espectadores, están complacidos con su propia agudeza y se ríen de la representación aparentemente ridícula de los mecánicos. De este modo se pierden el mensaje preparado especialmente para ellos: que los mecánicos llegan a la corte de Teseo para explicar lo que ocurrió la noche anterior. En este contexto, la introducción de Membrillo, sin cambiar la puntuación, dice:

«Nuestra intención no es agradaros sino contaros "todo lo que podéis saber". No obstante, puede que os ofendáis por lo que descubráis de vosotros mismos. Es decir, no pretendemos alegraros. Nuestra representación cumplirá su propósito mostrándoos vuestra ignorancia para que podáis hacer algo al respecto».

La introducción de Membrillo es aplicable a todas las obras de teatro de Shakespeare y a todos los espectadores y lectores. Recordemos que el teatro de Shakespeare puede que parezca que halaga al auditorio, pero sólo si su engreimiento se lo permite.

La estructura y contenido de *Píramo y Tisbe* son bastante complejos. Con unos pocos símbolos y palabras confusas, este teatro dentro del teatro resume los logros evolutivos conseguidos en la Europa del siglo XVII; por eso Filóstrato la presenta como «tediosa» y «breve».

La historia original de *Píramo y Tisbe* se sitúa en la arcaica ciudad de Babilonia. Así indica Shakespeare que la causa de las dificultades de los amantes son sucesos ocurridos en la antigüedad. Este «antiguo rencor» condujo al colapso de la civilización helena. El mundo antiguo quedó desconectado de la cadena de transmisión; la brecha ocurrió en el estado superior y sus efectos se registraron en los mitos antiguos como la interferencia de los diversos semidioses en el progreso evolutivo humano.

Píramo y Tisbe tiene cinco episodios que pueden titularse el Muro, el León, la Luna, el Manto sangriento y la Muerte de los amantes, títulos que se refieren a varios símbolos usados por Shakespeare. Los episodios se presentan en orden cronológico inverso, empezando con el más reciente. En este sentido *Píramo y Tisbe* o la «visión muy extraña» de Bottom son similares a la visión inspirativa en cinco etapas descrita en *Pericles, príncipe de Tiro*, que resume los esfuerzos evolutivos llevados a cabo desde la antigüedad hasta el inicio de las ramas modernas de Europa occidental. *Píramo y Tisbe* compendia el resultado de dichos esfuerzos realizados en la época en que se publicaron las obras de Shakespeare.

La muerte de los amantes

Empecemos con este episodio que se refiere al principio de la historia. Se sitúa en tiempos de *Romeo y Julieta*. El hecho de que Romeo y Julieta se enfrentaran a los mismos obstáculos que sus predecesores babilonios indica que la Italia del siglo XVI encaraba el mismo reto evolutivo que la antigua Babilonia del siglo XX a.c. La muerte de Píramo y Tisbe en Babilonia no tuvo efecto alguno en la eliminación de estos obstáculos.

Hay, sin embargo, una importante diferencia entre el mundo antiguo y la Italia de *Romeo y Julieta*, en cuya época se estableció una red de distribución evolutiva a la que Italia se conectó. La historia original de *Píramo y Tisbe* se recrea en *Romeo y Julieta* pero dentro de un contexto perteneciente a una vuelta más alta de la espiral evolutiva. Fue entonces cuando el «muro», como símbolo del «antiguo rencor», cayó por primera vez y, por ello, al final de su actuación, Bottom llama la atención de los espectadores sobre este importante hecho:

«No, os aseguro: ha caído el muro que separaba a sus padres».
(*Sueño de una noche de verano*, V.1)

Bottom señala que este episodio no pertenece a la historia original babilónica, sino que describe la supresión de la primera capa del muro que reapareció en época de *Romeo y Julieta*. Se necesitaron varios milenios para llegar a este punto.

Es importante observar que el episodio final de *Píramo y Tisbe* no ocurre bajo la «luz de luna»:

«Lengua, pierde tu luz; luna, márchate».
(*Sueño de una noche de verano*, V.1)

Bottom lo recalca haciendo que la luna se vaya.

306

El león

Romeo y Julieta fue la preparación para la etapa final de la rama italiana, descrita en *Los dos hidalgos de Verona*, cuando los jóvenes enamorados podían finalmente unirse brevemente en un bosque cerca de Mantua, pero, antes, tenían que superar otro obstáculo relacionado con rastros de atracciones sensuales o bestiales. Recordemos que, en *Los dos hidalgos de Verona*, Silvia se refiere al hecho de que las atracciones sensuales reducen a Proteo al estado bestial de «león hambriento»:

«Si me capturara un león hambriento, preferiría ser el desayuno de la bestia a que me rescatara el falso Proteo».
(*Los dos hidalgos de Verona*, V.4)

Que Proteo intente violar a Silvia es una indicación simbólica de tal tendencia destructiva.

Fue también el afecto sensual («león hambriento») el que llevó al prematuro matrimonio de Romeo y Julieta. Julieta no estaba protegida por los «rayos de la acuosa luna». Por eso Bottom anuncia en el último episodio que su amada fue «desflorada»:

«Oh, naturaleza, ¿por qué diste forma a los leones? Puesto que un vil león ha desflorado aquí a mi amada, que es —no, no— que era la más bella dama que haya vivido, amado, gustado y mirado con alegría». (*Sueño de una noche de verano*, V.1)

«Puesto que un vil león ha desflorado aquí a mi amada» no es una incorrección, enuncia un hecho: que, cuando murió, Julieta ya no era virgen.

La luna

Los «rayos de la acuosa luna» pueden proteger de la «leona hambrienta». Ése es el papel de la Luna en el siguiente episodio.

Píramo señala que el incidente con el león ocurre durante la luna llena:

«Dulce Luna, te agradezco tus soleados rayos; te doy las gracias, Luna, por brillar ahora con tanto fulgor».
(*Sueño de una noche de verano*, V.1)

La luna protege a Tisbe del león. Cuando Hambrón recita:

«Este farol presenta a la luna con cuernos».

Teseo, que es el único miembro del público que entiende la obra, explica de inmediato:

«No es un creciente y sus cuernos son invisibles dentro de la circunferencia». (*Sueño de una noche de verano*, V.1)

En el episodio de la Luna, Tisbe representa a Rosalina de *Romeo y Julieta* que, en ese momento, se encuentra bajo la protección de Diana frente a los deseos sensuales de Romeo:

«No le alcanzará la flecha de Cupido; tiene el ingenio de Diana y, bien armada con fuerte prueba de castidad, vive incólume ante el infantil y débil arco del amor». (*Romeo y Julieta*, I.1)

Se hace salir a Rosalina de Verona y reaparece como Diana en las obras francesas en época de *Bien está lo que bien acaba*. Luego vuelve a aparecer como Aliena en *Como gustéis*. Esto se presenta como Tisbe huyendo del león y dejando tras de sí un manto sangriento.

El manto sangriento

La reforma de Oliver, el compañero de Aliena, estuvo marcada por una «tela ensangrentada» en *Como gustéis*, señal simbólica de que se había vencido a la «leona hambrienta». Igualmente, un «león hambriento» en el bosque cerca de Mantua fue vencido por

Valentín al final de *Los dos hidalgos de Verona*. El entorno del bosque cerca de Atenas es un reflejo actual del bosque cercano a Mantua. El «león hambriento» es parcialmente sometido aplicando el brote de Diana.

El muro

El primer episodio de la actuación de los mecánicos ilustra la situación actual de Atenas. Las jóvenes parejas se enfrentan al mismo reto que Píramo y Tisbe. El «antiguo rencor» que interfiere en el proceso se representa simbólicamente otra vez como un «muro», inadecuaciones de desarrollo presentes en Atenas que forman una barrera ante el progreso evolutivo. Hay que quitar algunos restos de «muro» para que Atenas quede limpia de impurezas. En el episodio inicial de *Píramo y Tisbe* el «muro» refleja la animosidad entre Egeo y el viejo Nedar, los padres de Hermia y Helena, respectivamente. Esta enemistad es un eco del conflicto entre Montescos y Capuletos de *Romeo y Julieta*. Pero ni Lisandro y Hermia, ni Demetrio y Helena tienen que pasar una prueba tan dolorosa como sus predecesores, porque han aprovechado las experiencias previas. Cuando los mecánicos representan la obra, este «muro» ya se ha quitado y lo indica la salida de escena de Hocico, que interpreta al Muro:

«Así yo, el Muro, he cumplido con mi parte y, habiendo terminado, como Muro me marcho».

Teseo llama la atención de los espectadores sobre este hecho recalcando el sentido de la salida de Hocico:

«Ahora ha caído el muro entre los dos vecinos».
(*Sueño de una noche de verano*, V.1)

Así señala que la capa que quedaba del «muro» se ha extirpado y ha sido en el momento del despertar de Titania. Por eso los jóvenes enamorados pueden tener un final feliz.

***

Las experiencias de Lisandro y Demetrio en el bosque eran necesarias para diagnosticar sus estados interiores que resultaron estar todavía algo corrompidos. Lo mismo le ocurre a Titania: era vulnerable al efecto del jugo. Por eso había que arreglarlos con el jugo mágico y el brote de Diana para que se pudiera formar una unión octogonal en Atenas.

Dicha unión octogonal se forma al final de la obra y se compone de cuatro parejas: Teseo e Hipólita, Oberón y Titania, Demetrio y Helena, Lisandro y Hermia. Por la presencia de Oberón y Titania el octógono formado en Atenas es ascendente, alcanza el estado superior. Proporciona una escalera para subir desde el estado ordinario de Atenas al País de las Hadas, es decir, más allá de las limitaciones espaciotemporales normales. De este modo, un selecto grupo de europeos fue expuesto a esta última experiencia del *elefante* y les dio un atisbo de un estado perfeccionado. No obstante, por sus defectos internos, la estructura octogonal no pudo mantenerse. Este octógono es inferior al formado al final de *Pericles, príncipe de Tiro*. El estado superior representado por el País de las Hadas no es, todavía, de la más alta calidad, por lo que una experiencia más completa debe dejarse para un tiempo futuro. En ese futuro, los parches aplicados a las facultades corazón e intelecto se quitarán o se sustituirán. Lo importante es que había un guía capaz de diagnosticar la situación y administrar el remedio necesario.

La formación de una unión octogonal en el bosque cerca de Atenas es el episodio que concluye el canon de Shakespeare. Describe el resultado de la fase moderna del proceso evolutivo iniciado en Europa occidental después de que se completara la misión de Pericles. La formación del octógono ateniense señaló el principio del segundo milenio espiritual del mundo moderno.

Los dos nobles parientes

El diseño interno de las obras de Shakespeare, es invisible para una mente meramente racional o un intelecto especulativo. Por eso el análisis que aquí se presenta no resultará nada convincente para quienes consideran que la lógica es el principio más elevado. Parecerá que no son más que pruebas basadas en casos seleccionados. Puede ridiculizarse con facilidad, en especial si se saca de contexto. Shakespeare ilustra esta clase de incomprensión en la reacción de los jóvenes enamorados de *Píramo y Tisbe*. De igual modo, el irritado Hamlet no captó el sentido del «Asesinato de Gonzago» cayendo así en su propia ratonera. Es decir, no hay una manera racional o lógica de probar esta interpretación ni es posible identificar la estructura interna de las obras aplicando métodos eruditos basados en criterios estéticos o lingüísticos.

Sin embargo, se puede realzar la visibilidad del diseño interior del teatro de Shakespeare. Una forma sería hacer una «obra muda» en la que se quite intencionadamente la «música que no se puede oír», basada en el argumento de una de las de Shakespeare. La obra usaría algunos de los personajes y episodios de Shakespeare pero tendría un tema ordinario, simple y moralista. La acción seguiría el pensamiento lineal y el realismo psicológico. Tendría ciertos símbolos de Shakespeare pero empleados aleatoriamente. También incluiría referencias a técnicas de desarrollo pero mal aplicadas y utilizadas con propósitos incorrectos. Y, lo más importante, se suprimiría la relación resonante entre maestro y discípulo. Es decir, la obra se esterilizaría intencionadamente quitando el contenido interior. Para cumplir su objetivo, la pieza tendría que estar escrita, al menos en parte, tan bellamente como las de Shakespeare. Así el contenido estéril se envolvería en un contenedor atractivo pero carente de significado que podría descifrarse mediante un estudio erudito o intelectual y que se aceptaría como una de las obras de Shakespeare.

Resulta que sí se compuso esa obra y se llama *Los dos nobles parientes*. Su propósito era demostrar que el progreso evolutivo logrado a lo largo de varios milenios pertenece a las zonas sutiles de la mente humana y no se puede detectar con métodos corrientes intelectuales, artísticos o científicos.

Los dos nobles parientes es una copia, esterilizada a propósito, de *Sueño de una noche de verano*. También contiene diversos episodios de otros trabajos de Shakespeare así como símbolos y referencias a técnicas de desarrollo, todos ellos usados incorrectamente y con propósitos equivocados. Para recalcar su mala utilización, las formas en que se aplican están visiblemente caricaturizadas. Lo más relevante es que el reino de las hadas de *Sueño de una noche de verano* se sustituye por dioses míticos: Marte, Venus y Diana. Como en los antiguos mitos, estos dioses corrompidos abusan de su poder con fines egoístas. Los personajes de *Los dos nobles parientes* están sometidos a tan destructiva injerencia; de este modo la obra representa una mente humana que ha permanecido inmune al impacto evolutivo del ciclo de desarrollo moderno.

Se cree que *Los dos nobles parientes* se divulgó en 1613 ó 1614. Se publicó en 1634 atribuyéndose la autoría conjuntamente a John Fletcher y William Shakespeare. La página del título tenía una breve nota que da un indicio de su propósito. En ella se denomina a Fletcher y Shakespeare como «los ilustres Notables de su época» y, podemos añadir, los Holofernes y Costard, respectivamente. Holofernes, un maestro de escuela, preparó el texto de la mascarada de los Nueve Notables en *Trabajos de amor perdidos*, Costard la utilizó para dirigir el proceso descrito en la obra. Ello indicaría que Fletcher, desconocedor del propósito general de la obra, escribió el argumento que, posteriormente, Shakespeare arregló y caricaturizó.

Por razones obvias, no se incluyó en el Primer Folio de 1623, ya que no pertenece a la narrativa de Shakespeare. No obstante, el nombre de Shakespeare era necesario para asegurar la pervivencia de la obra.

Hasta el siglo XIX se consideraba que el autor de *Los dos nobles parientes* era Fletcher pero, entonces, el «contenedor» de la obra empezó a llamar la atención de los eruditos. Los estudiosos han empleado una variedad de pruebas y técnicas para justificar la participación de Shakespeare. Peculiaridades de la métrica, vocabulario y composición de términos, la incidencia de ciertas contracciones, clases y utilización de imaginería y líneas características de ciertos tipos se han empleado para identificar la contribución de Shakespeare. Desde 1970 *Los dos nobles parientes* aparece regularmente en las recopilaciones que se editan del teatro de Shakespeare.

Sin embargo, los espectadores y lectores perciben que hay algo que no está bien en *Los dos nobles parientes*. Le falta la incandescencia e intuición de las obras de Shakespeare. Su particularidad más llamativa es la unidimensionalidad de los personajes: todos permanecen virtualmente inmutables a lo largo de toda la obra. Por estas razones, se considera que es la más anodina de Shakespeare.

Pero la realidad es que *Los dos nobles parientes* es única en la literatura inglesa. Es deliberadamente defectuosa para ayudarnos a comprender la narrativa de Shakespeare. Sin embargo, la obra sólo se puede apreciar plenamente cuando se analiza en el contexto de todo el conjunto dramático de Shakespeare. Es posible, entonces, divisar el mensaje de Shakespeare y sonreír mientras se lee o se asiste a su representación.

El lisiado y el ciego

Recordemos que las características principales del hombre del siglo XVII eran los aspectos inconstantes de la facultad corazón (Lisandro y Demetrio) y el muy desarrollado pero parcialmente maculado aspecto de la facultad intelecto (Teseo). En *El cuento de invierno* Shakespeare usa el término lisiado para describir un ser con una facultad corazón espiritual incompleta. En la meditación de Berowne sobre la *luz*, Shakespeare emplea el término «cegado» para indicar una facultad intelecto parcialmente maculada.

En el soneto 46 el poeta describe su propio estado que corresponde a la situación narrada en *Sueño de una noche de verano*. Se trata de un estado en el que el intelecto y corazón interiores todavía no son permanentes; se manifiestan sólo en ocasiones y no están armonizados. El poeta lo compara a una «guerra mortal» (otra forma de la guerra de las rosas) entre estas dos facultades sutiles que luchan entre sí por el mando. Shakespeare se refiere al intelecto interno como «ojos cristalinos» y al corazón interior como «querido corazón»:

Mi ojo y mi corazón luchan en mortal guerra
Por dividir la conquista de tu visión,
Mi ojo quiere prohibir a mi corazón la vista de tu imagen,
Mi corazón a mi ojo que disponga de ese derecho,
Mi corazón arguye que tú resides en él,
(Alacena que ojos cristalinos nunca penetran)
Pero el acusado niega esa alegación
Y afirma que en él mora tu bello aspecto.
Para decidir este litigio se ha elegido
Un jurado de pensamientos, todos inquilinos del corazón,
Y con su veredicto se determina
La parte del ojo claro y la del querido corazón.
Así pues la cuota de mi ojo es tu parte externa
Y es derecho de mi corazón tu amor interno de corazón.

El poeta dice que su ojo no permite que su corazón interior contemple la esencia del guía mientras que éste combate el derecho del ojo sobre dicha imagen del guía. El corazón interior alega que la imagen está guardada en él, un sitio fuera del alcance del ojo pero el ojo lo niega diciendo que es él quien la tiene almacenada. Para decidir quién tiene derecho, el poeta dispone un jurado. Los jurados declaran que el ojo puede admirar la bella forma del guía y el corazón tiene el deber de sumergirse en la esencia del guía.

A pesar del corazón lisiado y el intelecto en parte ciego, se podía progresar aplicando el método avanzado que estuvo disponible en esa época, según el cual había que remendar las facultades parcialmente desarrolladas y luego unirlas para que pudieran formar una unión octogonal temporal. Tal unión proporciona un atisbo de un estado superior de la mente, experiencia que despierta un hambre interior que perdura, incluso mucho tiempo después de que la unión se haya desintegrado. Esta hambre interior provoca una sed de conocimiento desconocido pero importante. Así se anima al hombre a avanzar y acercarse a completar su último propósito evolutivo.

El rey de India, padre del príncipe indio, prescribió tal estado evolutivo remendado, incluyendo una receta para progresar en la evolución. Este sabio indio, conocido como el «regenerador del segundo milenio espiritual» vivió a la vez que Shakespeare. Proporcionó el diagnóstico y el remedio en su cuento llamado *El lisiado y el ciego*. Como en los escritos de Shakespeare, el lisiado representa una facultad corazón inconstante mientras que el ciego es un intelecto parcialmente maculado. Ninguna de las dos facultades puede avanzar. La historia explica cómo se podía progresar a pesar de estas deficiencias[12]:

---

[12] Esta versión del cuento está incluida en el libro de Idries Shah, *Tales of the Dervishes* (Octagon Press, Londres, 1967)

«Un lisiado entró un día en una posada y se sentó junto a alguien que ya estaba allí.

—Nunca podré llegar al banquete del rey —suspiró— porque, debido a mi discapacidad, no puedo moverme con la suficiente rapidez.

El otro hombre levantó la cabeza.

—A mí también me han invitado —dijo—, pero mi dificultad es peor que la tuya. Soy ciego y no puedo ver el camino, aunque tenga asimismo invitación.

Un tercero que les oyó hablar dijo:

—Pero, si os dierais cuenta, entre los dos tenéis los medios para llegar a vuestro destino. El ciego puede andar con el lisiado a sus espaldas. Podéis usar los pies del ciego y que los ojos del lisiado os dirijan.

Así ambos pudieron llegar al final del camino, donde les esperaba el banquete.»

La historia condensa todo el canon de Shakespeare. El lisiado y el ciego son una instantánea del estado evolutivo de un grupo selecto de personas que vivían en Europa occidental a principios del siglo XVII. Esas personas podían avanzar pero sólo si había un tercero, un Amigo, a quien tendrían que reconocer y que les explicaría que había una dificultad y cómo superarla. Shakespeare era ese Amigo. Así, se ha proporcionado a las personas corrientes instrucciones que les permiten salir de la oscuridad y percibir la verdadera esencia del *elefante* sin forma.

REFERENCIAS

Tales of the Dervishes, Idries Shah, Octagon Press (1967)

Shakespeare for the Seeker, Volume 1, W. Jamroz, Troubadour Publications (2012). Traducción española: *Shakespeare para el buscador*, volumen 1, Editorial Sufi

Shakespeare for the Seeker, Volume 2, W. Jamroz, Troubadour Publications (2013). Traducción española: *Shakespeare para el buscador*, volumen 2, Editorial Sufi

Shakespeare for the Seeker, Volume 3, W. Jamroz, Troubadour Publications (2013). Traducción española: *Shakespeare para el buscador*, volumen 3, Editorial Sufi

Shakespeare for the Seeker, Volume 4, W. Jamroz, Troubadour Publications (2014). Traducción española: *Shakespeare para el buscador*, volumen 1, Editorial Sufi

Shakespeare's Sonnets or How heavy do I journey on the way, W. Jamroz, Troubadour Publications (2014). Traducción española: *Shakespeare y su maestro*. Los sonetos, Editorial Sufi

Shakespeare's Sequel to Rumi's Teaching, W. Jamroz, Troubadour Publications (2015). Traducción española: *Rumi y Shakespeare*, Editorial Sufi